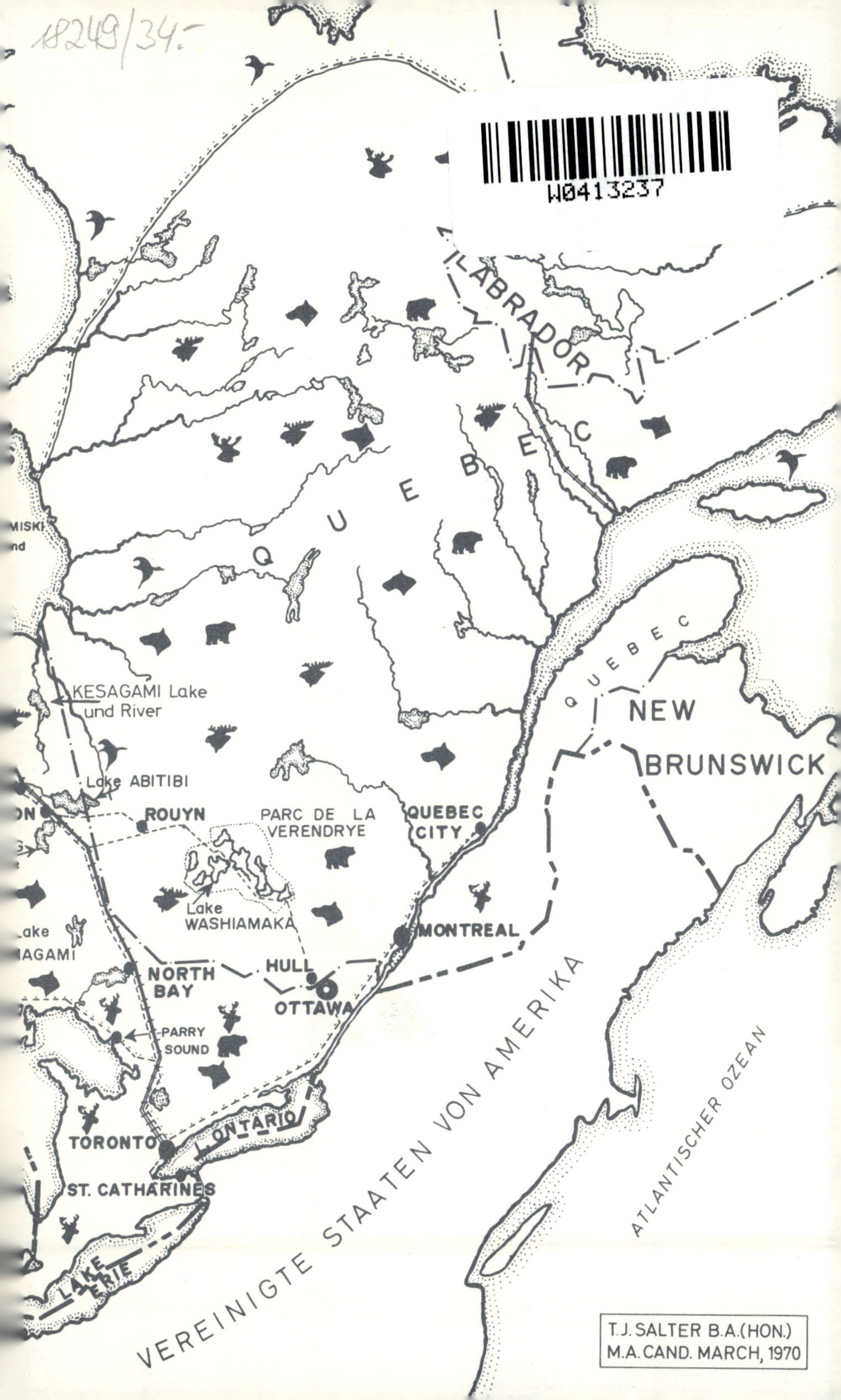
LABRADOR
QUEBEC
QUEBEC
NEW BRUNSWICK
KESAGAMI Lake und River
Lake ABITIBI
ROUYN
PARC DE LA VERENDRYE
QUEBEC CITY
Lake WASHIAMAKA
MONTREAL
HULL
NORTH BAY
OTTAWA
PARRY SOUND
TORONTO
L. ONTARIO
ST. CATHARINES
LAKE ERIE
VEREINIGTE STAATEN VON AMERIKA
ATLANTISCHER OZEAN
T.J. SALTER B.A.(HON.)
M.A.CAND. MARCH, 1970

Johannes K. Hogrebe

JOHANNES K. HOGREBE

ABENTEUER DER WILDNIS

Waidwerk und Fischwaid im kanadischen Busch

Mit 23 Abbildungen auf 15 Tafeln

VERLAG PAUL PAREY · HAMBURG UND BERLIN

Photonachweis: Gegenüber Seite 113 unten: Alberta Government Photograph; gegenüber Seite 112 und Umschlagbild: K. Grund; gegenüber Seite 96 oben: Manitoba Government Photograph; gegenüber Seite 129: National Film Board of Canada; gegenüber Seite 64 unten: National Museums of Canada; gegenüber Seite 16, 17, 48, 64 oben, 65, 97, 128 unten u. 145: Ontario, Department of Lands and Forests; gegenüber Seite 128 oben u. 144: Sport Fisheries and Wildlife, Washington. Die übrigen Photos stammen vom Verfasser.

Die Kartenskizzen auf den Vorsatzblättern zeichnete Thomas J. Salter, Elmira/Ontario.

1. Auflage September 1970

2. Auflage Januar 1972

3. Auflage Juli 1977

4. Auflage Oktober 1983

CIP-Kurztitelaufnahme der Deutschen Bibliothek

Hogrebe, Johannes K.:
Abenteuer der Wildnis : Waidwerk u. Fischwaid im kanad. Busch / Johannes K. Hogrebe. – 4. Aufl. – Hamburg ; Berlin : Parey, 1984.
ISBN 3-490-38411-3

Printed in Germany by Westholsteinische Verlagsdruckerei Boyens & Co., Heide in Holstein. Umschlag- und Einbandgestaltung: Hans Hermann Hagedorn, Hamburg.

ISBN 3-490-38411-3

Die Aufnahme, die mein Buch »Der Trapper vom Ghostriver« gefunden hat, ermutigte mich, diesen zweiten Band herauszugeben. Waren dort die Erlebnisse im kanadischen Busch um den Trapper und die Ufer des »Geisterflusses« als Mittelpunkt gruppiert, so schweifen hier meine Schilderungen in die Weite des riesigen Landes. Die Vielfältigkeit der Landschaften, ihrer klimatischen Verhältnisse und ihrer Tierwelt erlaubte mir, weit über den Rahmen des ersten Buches hinauszugreifen. So spannt sich ein Bogen von den Niagarafällen im Süden, an denen ich beheimatet bin, bis hinauf in das nördliche Reich der Eisbären.

In diesem Bereich war es mir zwanzig Jahre hindurch vergönnt, allein oder gemeinsam mit meinen Freunden Büchse und Flinte in Urwald, Busch und Tundra und Spinnrute und Schleppangel auf Seen, Strömen und Bächen zu führen. Zwei Jahrzehnte in der harten Schule der Wildnis schaffen nicht nur einen Schatz an Erinnerungen, sondern auch eine Fülle sauer verdienter Erfahrungen.

Im Zeitalter der Technik schrumpfen die Entfernungen zusammen. Immer mehr Jäger und Sportfischer aus der alten Heimat haben die Möglichkeit, die stillverträumten Paradiese Kanadas mit ihrem unerschöpflichen Reichtum an Wild und Fischen aufzusuchen. Diesen Gästen im Rahmen meiner Erlebnisschilderungen das notwendige Wissen und allerlei praktische Ratschläge mit auf die Reise zu geben, sie möglichst wenig Lehrgeld zahlen zu lassen und sie vor Enttäuschungen zu bewahren, ist ein nicht unwichtiger Nebenzweck des Buches. Da im Paradies der Jäger und Fischer aber auch vielfältige und ernste Gefahren auf den Unkundigen lauern, habe ich zugleich versucht, bei meinen Erlebnissen auch die Ursachen der häufigsten Unglücksfälle aufzuzeigen, sind sie doch fast stets auf eigenes Verschulden zurückzuführen und somit vermeidbar.

Meine Erfahrungen in der Wildnis bedürfen keiner gesonderten Zusammenfassung; sie spiegeln sich in meinen Erzählungen aus guten und schlechten Tagen und zu allen Zeiten des Jahres wider. Dadurch bin ich der festen Hoffnung, daß auch die Leser, für die eine Reise über den Atlantik ein Wunschtraum bleibt, durch den Fluß des Erzählens auf ihre Kosten kommen und daß sie durch meine Schilderungen an dem erregenden Waidwerk und der fröhlichen Sportfischerei in der Wildnis und in den Weiten Kanadas teilnehmen, als wären sie selber dabei.

Unseren Kindern,
Schwiegersöhnen und Enkelkind
Barbara und Stanley,
Eva-Sybill und Thomas
und Deanna-Laura

INHALT

ERSTES KAPITEL

Beginn im wilden Busch

Viele Jahre vergingen, seit ich zum erstenmal in die Wildnis des kanadischen Nordens fuhr, um dort zu jagen. Damals war ich noch ein »greenhorn", ohne Erfahrungen im wilden Busch!

Auch meine beiden Freunde waren erst kurze Zeit im Lande und hatten, ebenso wie ich, während des Aufbaues einer neuen Existenz für diese erste Jagdfahrt auf Hochwild hart verdiente Dollars ersparen müssen. Jedoch, ein jeder von uns hatte in der deutschen Heimat Erfahrungen auf Jagd und Fischwaid sammeln können, so daß wir im edlen Waidwerk nicht unerfahren waren. Dies gab uns Zuversicht und Selbstvertrauen.

Der „Trans-Canada-Highway" existierte damals noch nicht. Auf einer schmalen Fernstraße, auf der zwei sich begegnende Fahrzeuge oftmals nur langsam aneinander vorbeifahren konnten, erreichten wir nach achtzehnstündiger Autofahrt den Raum, den wir für unsere erste Elchjagd ausgewählt hatten. Er lag im Norden der Provinz Ontario, zwischen den Orten Timagami und Latchford, in einer romantisch wilden und landschaftlich besonders reizvollen Gegend. Der Urwald, in dem Pappeln und Birken den schwermütigen Charakter der Nadelhölzer auflösten, wurde von zahlreichen Seen eingerahmt.

Heute läßt sich dieser Raum auf der längsten Autobahn der Welt, die den Atlantischen mit dem Pazifischen Ozean verbindet, in sechs Fahrtstunden vom gleichen Ausgangsort, der Gartenstadt St. Catharines, auf der Niagara-Halbinsel gelegen, erreichen. Dort, wo ein breiter Wildbach eilig den Fergusen-See speist, parkten wir den alten Fordwagen und brachten das sechs Meter lange, mit einem dreipferdigen Außenbordmotor ausgerüstete Frachtkanu zu Wasser. In ihm verstauten wir die Schlafsäcke, Geräte und Proviant, dann machten wir uns auf den Weg nach Osten, um den See Pishabo zu finden.

Karten und Kompasse gaben uns das Gefühl der Sicherheit, daß wir den Rückweg ohne Schwierigkeiten und Gefahren wiederfinden würden.

Jener Oktobertag war ein in den üppigen und bunten Farben des kanadischen Herbstes leuchtender Tag, jedoch unnatürlich warm für den Indianersommer. Noch waren die Bäume des Mischwaldes belaubt, und wir nahmen das nie zuvor gesehene Landschaftsbild andächtig und lebensfroh in uns auf. Am Nordufer des schmalen, aber langen Fergusen-Sees ragten kahle Felswände hoch in den Himmel, im Süden verlief der Urwald in sanften Wellen. Bald versperrte eine Felsenbank unsere Weiterfahrt. Mangel an Erfahrungen und geeigneten Hilfsmitteln, das lange Frachtkanu über das Hindernis hinwegzubringen, erschöpfte uns sehr, so mußten wir lange ruhen, um frische Kräfte zu sammeln. Dabei genossen wir ein bezaubernd schönes Bild! Im glatten lichtgrünen Wasser des Sees spiegelten sich seine Ufer mit den hohen Felswänden, den dunklen Nadelhölzern und den goldgelb und feuerrot leuchtenden Pappeln und Birken. Nur die Kleinmaulbarsche, die sich hin und wieder übermütig aus ihrem Element warfen, störten zuweilen das malerische Spiegelbild. Doch nie verwehte es in meiner Erinnerung, und ich kehrte in den späteren Jahren oft hierhin zurück, um mich wieder an ihm zu ergötzen.

Langsam fuhren wir weiter nach Osten. Drei Fischotter begleiteten uns neugierig, mal steuer- mal backbord, verspielt den Wasserspiegel brechend. Tief in der klaren Flut konnten wir ihre schnell dahingleitenden Schatten beobachten. Immer zu Spiel und Streichen aufgelegt, gewannen sie schnell unser Herz.

Einer Verengung im Pishabo-See zustrebend, sahen wir zwei Elche vor einem Schilfgürtel an Unterwasserpflanzen äsen. Ich stellte den Motor ab, und wir trieben langsam und still auf das Paar zu. Dann warfen Tier und Kalb auf. Welch ein köstlicher Anblick! Erst, als unser Boot nur etwa dreißig Meter von ihnen entfernt war, strebten Mutter und Sohn ohne Anzeichen von Furcht gemächlich dem Urwald zu, der sie beschützend aufnahm. Auch diese erste Begegnung mit Elchwild blieb erlebnisfrisch in meiner Erinnerung!

Als die Sonne sich anschickte, hinter der dunklen Urwaldkulisse unterzutauchen, legten wir an einer der beiden einzigen Inseln des Sees an. Aufgeregt begrüßten uns die neugierigen „Chipmunks“, die Polizisten des kanadischen Busches, und meldeten unser Eintreffen pfeifend und kekkernd der Tierwelt. Der kräftige Kellenschlag eines Bibers bestätigte, daß er die Warnung vernommen hatte.

Schnell waren die Stangen, die das Wetterdach tragen sollten, geschlagen und aufgestellt. Fichten- und Tannenzweige, von hartem Astwerk befreit, sorgten für Regendach und warme Unterlagen für unsere Schlafsäcke. Während die Freunde Steine und Felsbrocken zusammentrugen, um einen sicheren Feuerplatz anzulegen, warf ich den Spinner und fing Zander und Kleinmaulbarsche für unsere Abendmahlzeit. Sie mundete uns köstlich nach dem langen Tag. In friedvoller Stille genossen wir das nächtliche Landschaftsbild, über das silbernes Mondlicht seine zarten Schleier wob. Erst, als eine Großohreule, Kanadas Uhu, fast schon zur Mitternachtsstunde zu rufen begann, suchten wir Schlaf.

Bei erstem Lichtschimmer weckte uns morgens das fröhliche Lachen und Jodeln der „Loon", der großen Prachttaucher des Landes. Vielfach brach sich das Echo ihrer Rufe an den hohen Felswänden des Nordufers, von denen sich ein Fischadlerpaar erhob und der aufgehenden Sonne entgegenflog. Ki-ei, ki-ei, begrüßte es den neuen Tag. Durch den Schlaf in der reinen, sauerstoffreichen Luft und durch ein Bad im quellfrischen Wasser des Sees erfrischt, stürzten wir uns heißhungrig auf das Frühstück.

Danach studierten wir noch einmal die Karten und stellten auf den Kompassen die Marschzahl ein, die uns helfen sollte, einen drei Kilometer nordwärts gelegenen kleinen Waldsee zu finden, da er uns für die Elchjagd besonders erfolgversprechend erschien. Außer Waffen und Munition nahmen wir nur Lebensmittel für einen Tag mit. In der Erwartung eines sehr warmen Tages hatten wir uns leicht gekleidet und statt der wetterfesten und wärmespendenden Jagdjoppen leichte „windbreaker" ausgewählt. Das Frachtkanu ließen wir in einer Bucht vor einer Lichtung im Urwald dort zurück, wo ein von dem kleinen Waldsee kommender Bach einmündete. Wir nahmen an, daß wir diesem nur aufwärts zu folgen brauchten, um jenes Gewässer zu erreichen.

Jedoch, schon nach wenigen hundert Metern stießen wir auf Sumpfgebiet, das uns zwang, den Lauf des Baches zu verlassen und in einem weit ausholenden Bogen das Moor zu umschlagen. Hierbei brachte uns der Anblick vieler alter und frischer Fährten von Elchwild, die wir zum ersten Male sahen, in große Erregung. Schauer des Jagdfiebers liefen uns über die Haut, und im festen Glauben, daß Diana uns gnädig sein würde, luden wir die Kammern unserer Büchsen. In der Erwartung, nun jeden Augenblick Elchwild zu sichten, bewegten wir uns so leise wie nur möglich und mit verhaltenem Atem vorwärts. Vergessen waren Karten, Marschkompaßzahl und Sonnenstand!

Das Gelände wurde hügeliger, felsiger und wilder. Da uns der Unterwuchs in den Senken und Tälern undurchdringbar erschien, „arbeiteten“ wir uns an den oftmals steilen Hängen mühsam voran, hierbei beständig in morsches Fallholz knietief einbrechend. Oder wir mußten wieder und wieder Gewirre von gefallenen Bäumen überklettern. Nur sehr langsam und geräuschvoll kamen wir voran. Wir entluden die Waffen, denn die unsichere Kletterei wäre sonst gefahrvoll geworden.

Dann zwangen uns die Geländeverhältnisse, ein breites Tal zu durchqueren. Ungläubig starrten wir plötzlich auf Sohlenabdrücke vor uns im Morast. Offenbar waren wir nicht die einzigen Jäger hier im einsamen Busch, denn andere schienen den Elchfährten ebenfalls gefolgt zu sein. Es verstimmte uns! Verwirrt sahen wir uns aber an, als wir die Muster unserer eigenen Stiefelsohlen erkannten. Wir waren im Kreis gelaufen! Nach einem strapazenvollen, dreistündigen Marsch waren wir wieder an dem Sumpfgelände angekommen, in dem uns die ersten Trittsiegel von Elchwild aus dem inneren Gleichgewicht gebracht hatten! Nun erst interessierten wir uns wieder für die Karten und Kompasse und den Sonnenstand. Jedoch, der Himmel hatte sich bezogen, es sah nach Regen aus!

Erneut machten wir uns auf die Suche nach dem kleinen Waldsee. Während der folgenden Stunde korrigierte ich mehreremal unsere Marschrichtung. Dabei überraschte es mich sehr, daß wir abermals abgekommen waren. Als wir jedoch nach Ablauf der nächsten Stunde den Waldsee immer noch nicht erreicht hatten, wurde uns klar, daß wir uns verirrt hatten!

Aber warum?

Ich griff wieder nach meinem Kompaß. Da seine Nadel sehr unruhig tanzte, stellte ich meine Büchse in die Astgabel eines Busches und entfernte mich mehrere Schritte in der Annahme, daß die Waffe die Kompaßnadel beeinflußte. Zu meinem großen Erstaunen wanderte die Nadel nun um 26 Grade weiter ostwärts, um erst dann ruhig anzuzeigen. Einer der Freunde studierte seinen Kompaß, und er gab mir den Nordstand seiner Nadel um 30 Grad unterschiedlich an. So erkannten wir, daß wir uns über Erzfeldern befanden und daß auf die Kompasse kein Verlaß mehr war!

Anstatt nunmehr an Ort und Stelle ein Lager einzurichten und nach den Anstrengungen zu ruhen, machten wir die Dummheit, die Suche nach dem Waldsee fortzusetzen. Erst in später Nachmittagsstunde erkannten wir das Unsinnige unseres Tuns und damit auch die Situation und möglichen Gefahren.

Unter einem Felsen richteten wir mit Hilfe unserer Waidmesser, die sich dabei als zu schwach erwiesen, einen Wetterschutz ein, denn es begann zu regnen. Während die Freunde nun Fallholz für ein Lagerfeuer zusammentrugen, zerkleinerte ich dieses, indem ich die Knüppel nach Auflage auf einen Felsbrocken zertrat. Dabei knickte mein rechter Fuß um, und schnell bildete sich im Gelenk ein Bluterguß.

Während der Nacht ging der Regen in Schnee über, und es wurde gegen Morgen empfindlich kalt. Dichter rückten wir an das wärmende Feuer heran und froren dennoch in unserer zu leichten Bekleidung. Zum Frühstück verzehrten wir den Rest der Lebensmittel! Es schneite stärker und dichter, die Schneedecke wuchs zusehends und deckte alles Fallholz zu. So suchten die Freunde nunmehr nach aufrecht stehenden, abgestorbenen Stämmen, um das Feuer unterhalten zu können.

Währenddessen fiel mir hoch in der Spitze einer Tanne ein dunkler Punkt auf. Durch mein Jagdglas sah ich zum erstenmal ein fettes Stachelschwein, das sich auf einer Astgabel eingerollt hatte, um das schlechte Wetter zu verschlafen. Die erste Kugel, die ich aus der neu angeschafften Büchse auf Wild verschoß, ließ das bewehrte Borstentier wie ein Geschenk des Himmels herunterfallen. Aufgeregt eilten die Freunde herbei, um den Grund für den Büchsenschuß zu erfahren. Die Prozedur des „Aus-den-Stacheln-Schlagens" wurde eine groteske Angelegenheit, die lange Zeit in Anspruch nahm. Trotzdem bekam jeder einen schmerzhaften Denkzettel mit, der später von einem Chirurgen entfernt werden mußte. Jedoch, wir konnten nun unsere vor Hunger laut knurrenden Mägen füllen und taten dies mit Genuß, denn das Borstenschwein, am Spieß gebraten, schmeckte köstlich. Das Gefühl der Sättigung und die wieder zunehmende innere Wärme ließen auch unser Stimmungsbarometer wieder ansteigen.

Noch bis zum frühen Nachmittag des nächsten Tages schneite es heftig, dann klarte es auf, und die Sonne brach dann und wann durch die Wolkenlöcher. Fleißig hatte ich derweilen den mißhandelten Fuß mit Schnee gekühlt, so daß der Stiefel wieder paßte und wir den Rückmarsch antreten konnten. Doch nur mit Zähneknirschen konnte ich die heftigen Schmerzen im Fußgelenk überwinden, als wir durch den hohen Schnee stampften. Jeder von uns hätte nun ein Goldstück für ein Paar Schneeschuhe gegeben, an die keiner gedacht hatte.

In einem schmalen Tal stand die Fährte eines Elchhirsches siegelfrisch in der Neuen. Erst kurze Zeit zuvor mußte er hier durchgewechselt sein. An einem idyllisch gelegenen kleinen Waldsee verlor sich die Fährte im Sumpf eines Schilfbettes. Wir hatten das lang gesuchte Ziel erreicht und luden unsere Büchsen.

Die Sonne stand schon hinter dem Tannenwald im Westen, als wir die Lichtung vor der Bucht erreichten, wo unser Kanu lag. Der die Spitze haltende Freund verhielt plötzlich, hob langsam seine Büchse und backte an! Nun sahen auch wir den Elchhirsch, der nur vierzig Meter entfernt zu uns herüber sicherte. Da er spitz zu uns stand, blieb der Freund mit dem Finger am Abzug, bis der Koloß endlich abdrehte und dem Urwald zustrebte.

Vielfach brach sich der Knall des Schusses an den Felsen hinter dem Nordufer des Sees Pishabo, dem schnell das Echo der zwei folgenden Schüsse folgte. Dann hallte laut der Ruf eines glücklichen Jägers über den See: „Elch tot!" Als ich dem Freunde den Bruch reichte, erklang aus der Höhe das Ki-ei – ki-ei – kii-eiee der zum Horst zurückkehrenden Fischadler. Es war, als würden sie den gestreckten König des kanadischen Urwalds noch einmal grüßen.

Wir lüfteten den Hirsch nur noch, denn die rote Arbeit hatte Zeit bis zum nächsten Morgen. Das Hochgefühl des Augenblickes und auch unsere physische Erschöpfung ließen uns schweigsam die Stunde an der Seite des toten Waldkönigs genießen. Ab und zu knallte über den See der Kellenschlag eines Bibers, der in den Felsen Widerhall fand. Uns schien er ein Salut für den urigen Hirsch zu sein. Seine Schaufeln waren keine Staatstrophäe, für den Freund aber das kostbarste Geweih, das bis heute seinen Ehrenplatz behalten sollte.

Dankbar empfanden wir später, daß wir auf unserer ersten Hochwildjagd im wilden Busch so drastisch belehrt und gewarnt worden waren. Vieles gab es noch in den Folgejahren zu lernen, bis wir buscherfahren wurden. Was aber Fauna und Flora, Jagd und Fischwaid anbetrifft, so lernten wir nie aus!

ZWEITES KAPITEL

Timber, der Wolf

Zum ersten Male sah ich ihn, als ich im Frühling an einem sonnigen Tage am Ufer des French Rivers, nicht weit ab von einem Wochenendhaus, auf einem Felsen saß und mit dem Spinner fischte. Dieser Strom – ein vielbesuchtes Gewässer – ist der Abfluß für die Wassermassen des großen Nippising-Sees. Sie fließen in die Georgian-Bay des Binnensees Huron.

Inmitten dieser besonders romantischen und wechselvollen Wasser-, Felsen- und Waldlandschaft verlief eine flache Felsplatte etwa 20 Meter von mir entfernt wie ein natürlicher Bootssteg in den Fluß, der eilig und rauschend seinem Ziel zustrebte. Gerade war ich damit fertig geworden, einen verlorenen Spinner zu ersetzen, als ich glaubte einen starken, hellgrauen Wolfshund den Hang hinabkommen zu sehen. Ich nahm an, daß er dem Besitzer des Wochenendhauses gehörte.

Das Tier schöpfte in der Flut. Seine Schönheit fesselte meinen Blick. Nachdem es den Durst gelöscht hatte und den schönen Kopf hob, erkannte ich, daß es ein großer Timberwolf war! Waagerecht gestreckt hielt er die buschige Rute. Der üppige Haarbehang um den Kragen und die, im Vergleich zum Wolfshund, etwas kürzeren und mehr abgerundeten Lauscher sowie das Farbbild des Felles bekräftigten meine Erkenntnis. Mir lief ein Frösteln über die Haut, und unwillkürlich umfaßte ich den Griff der Spinnrute etwas fester.

Abermals schöpfte der Wolf. Dann schien er einen Fraß gefunden zu haben, offenbar eine Muschel, denn ich konnte das Knirschen hören, als er sie zerbiß. Ich sah einen dunklen Farbstreifen über den Rücken bis zur Rutenspitze verlaufen. Die Flanken leuchteten in seidigem, hellem Silbergrau, der Unterleib fast weiß. Etwa drei Minuten konnte ich den edlen Räuber betrachten. Dann kam der Wolf einige Schritte auf mich zu, doch mich erkennend, erstarrte er! Die Kragenhaare sträubten sich, und die des Rückens stellten sich steil hoch. Er bot einen wundervollen Anblick!

Sekunden sahen wir uns gegenseitig an, dann warf sich der Wolf im hohen Sprung herum und sauste wie ein von einer Bogensehne geschossener Pfeil den Hang hinauf, wo er zwischen Büschen verschwand. Erregt stopfte ich mir eine Pfeife. Schneller pulste mein Blut durch die Adern, und mir wurde es warm in der Jacke.

In den Folgejahren verlor ich mein Angstgefühl völlig. Ich glaubte nicht mehr an die Märchen, daß Timberwölfe Menschen angreifen. Jedenfalls hatte es weder einer meiner Freunde noch ich selbst erlebt. Haarsträubende Erzählungen, die ich nachprüfen konnte, stellten sich als Übertreibungen, Flunkerei oder völlig falsche Auffassung einer Situation heraus. Panikartige Flucht der Timberwölfe, die dicht an Menschen vorbeijagten, wurde oft als wilder Angriff aufgefaßt oder ausgelegt.

Es mag in harten Wintern, wenn sich die Wölfe zusammenrudeln, mehr Vorsicht angebracht sein, ebenso auch in solchen Jahren, in denen Niederwild seltener und damit der Hunger der Wölfe größer ist. Gefährlich wird es natürlich, wenn die Seuche der Tollwut verbreitet auftritt. Nach meinen eigenen Erfahrungen mit Timberwölfen suchen sie in hoher Flucht das Weite, wenn ihnen menschliche Wittrung zugetragen wird.

Oft übernachtete ich in der Wildnis im Schlafsack unter freiem Himmel oder unter dem umgestülpten Boot. Danach stellte ich einige Male fest, daß Timberwölfe mich nachts umkreist hatten, denn ich sah ihre frischen Spuren. Niemals aber wurde ich von ihnen belästigt! Ein Ausnahmefall ist erwähnenswert. Auch bei diesem handelte es sich nicht um eine Belästigung, jedoch war die Situation ungemütlich!

Mit meinem deutsch-kanadischen Freund Wally Wulff fischte ich an einem Wochenende im Juli ebenfalls auf dem French River in der Nähe seiner Mündung in die Georgian-Bay. Die gefangenen Fische – Zander, Kleinmaulbarsche, große Nordhechte und „Maskinongue“ – hatten wir in einer großen Kühltruhe zehn Meter vom Zelt entfernt unter einer Kiefer abgestellt. Das Zelt stand auf einem sandigen Uferplatz zwischen großen Felsblöcken. Während wir unser Abendessen vor dem Zelt einnahmen, sahen wir einen starken Timberwolf, etwa 60 Meter entfernt auf einem Felsen, zu uns herüber windend. Mit hohem Fang trachtete er Wittrung von uns zu bekommen. Wally und ich hatten schon öfters Wölfe gesehen, so daß uns dieser Anblick nicht erregte, geschweige denn beunruhigte.

Gegen 23 Uhr weckte uns das Heulen von Wölfen, die nicht weit entfernt sein konnten. Den Klangfarben nach schienen es zwei Alt- und zwei

Heulender Timberwolf

Bau einer Bisamratte

Biber auf der Burg

Jungwölfe zu sein. Ihr Konzert verblüffte mich deshalb, weil Timberwölfe im Monat Juli normalerweise nachts still sind. Nur, wenn sie gemeinsam jagen, kann man auch zu dieser Jahreszeit ihre Hetzlaute hören, mit denen sie sich gegenseitig verständigen. Solche Laute hörten Wally und ich aber nicht, sondern ein regelrechtes akustisch starkes Heulen, wie es im Herbst und vor allem im Winter oft zu vernehmen ist. Der Chorus verstummte, und schnell waren wir wieder eingeschlafen.

Kurz nach Mitternacht erklang erneut die disharmonische Darbietung, diesmal lauter und näher. Auch glaubten wir, eine größere Stimmenzahl zu hören. Es wirkte auf unsere Nerven, weil wir uns nicht erklären konnten, warum die Wölfe im hohen Sommer solch ein Konzert boten. Abermals verstummte der schauerliche Chor nach einigen Minuten, doch wir konnten keinen Schlaf mehr finden. Tief in der Nacht setzte das Heulen wieder ein, näher, vielstimmiger! Das alarmierte uns! Erschrocken sprangen wir gleichzeitig auf und beschlossen, das Zelt zu verlassen und im Boot hinaus in die Bucht zu fahren, an der wir lagerten. Eilig bestiegen wir es und fühlten uns erleichtert, als der Motor sofort ansprang.

Da wir unbewaffnet waren, beruhigte es uns, daß nun einige Meter Wasser zwischen Boot und Ufer lagen. Noch einmal hörten wir das Konzert der Wildnis in dieser Sommernacht, dann fing es endlich an zu dämmern.

Als Wally und ich zum Lagerplatz zurückgekehrt waren, sahen wir rund um unser Zelt eine Menge von frischen Wolfsspuren! Bestürzt und ungläubig betrachteten wir das ungewöhnliche Bild. Eine Erklärung dafür fanden wir zunächst nicht. Unsere größere Überraschung aber war, daß die Wölfe versucht hatten, die Kühltruhe zu öffnen, denn wir fanden sie auf dem Deckel stehend wieder!

Wir brachen den Wochenendsport einen Tag früher als geplant ab, da keiner dazu Lust verspürte, die nächste Nacht wieder im Boot zu verbringen. Zum Camp Hartley-Bay zurückkehrend, wo wir das Boot zu Wasser gebracht hatten, erzählten wir dem Eigentümer, Bill, einem alterfahrenen Buschläufer und Jäger, unser merkwürdiges Erlebnis. Ich hatte erwartet, daß er uns ungläubig ansehen und auslachen würde. Das geschah aber nicht. Im Gegenteil berichtete Bill ebenfalls erregt, daß auch um Camp Hartley-Bay Wölfe geheult hätten, ebenso um das zwölf Meilen weiter ostwärts gelegene Shell-Camp, dessen Besitzer Bill telephonisch angerufen hatte. Dort hatten einige Gäste verängstigt die Rechnung bezahlt und waren abgereist. Wir diskutierten mit Bill das ungewöhnliche Verhalten der Wölfe und kamen zu der Ansicht, daß es durch großen Hunger veranlaßt wurde.

Forstbeamte hatten Tage zuvor ermittelt, daß die Bestände der Weißwedelhirsche stark gelichtet worden waren. Ferner war bekannt, daß der Besatz der Schneehasen, von denen Raubwild hauptsächlich lebt, wegen Hochwasser im Vorjahre so dünn war, daß selten ein Hase gesehen wurde.

Zwei Wochen später bekam ich eine Einladung, an einer Wolfsjagd am French River teilzunehmen, die offiziell arrangiert wurde. Leider war ich beruflich verhindert. Von 32 Jägern wurden sieben Timberwölfe erlegt, für den verhältnismäßig kleinen Jagdraum eine sehr große Strecke. Alle erlegten Wölfe waren sehr abgemagert.

Unser eigenartiges Erlebnis änderte jedoch meine Ansichten über Wesensart und Verhalten der Timberwölfe nicht. Es ließ mich lediglich vorsichtiger werden. Die Erfahrungen jener Nacht zu verallgemeinern wäre unberechtigt. Auch erschien es mir später fraglich, ob das Verlassen des Zeltes notwendig gewesen war. Ein nächtliches Wolfskonzert in unmittelbarer Nähe bringt auch dem Buscherfahrenen immer wieder eine Gänsehaut. Der es nicht zugeben will, flunkert!

Obwohl in vielen Gebieten, vor allem in menschenleerer Wildnis, Timberwölfe oft zahlreich sind, bekommt man auch dort in der belaubten Jahreszeit selten einen Wolf zu sehen. Ich lernte passionierte Jäger kennen, die in zwei Dekaden nie einen Isegrim zu Gesicht bekommen hatten!

Im Winter findet man Wolfsspuren fast überall, selbst vereinzelt noch in sehr dicht besiedelten Gebieten. Wölfe legen in nahrungsarmen Wintern große Strecken zurück, um Fraß zu finden. Daß sie dann auch mal ein Schaf oder Rind reißen, ist natürlich und berechtigt moralisch nicht, zum Gift zu greifen, was leider immer noch geschieht.

Jagderfolge in belaubten Jahreszeiten sind reiner Zufall, der mit Jagderfahrung und Waidmannskunst gar nichts zu tun hat. Erst im Spätherbst und Winter wird ein Ansitz vor einem Luder befriedigende Ergebnisse bringen. Vereinzelt werden Wölfe gelegentlich der Jagd auf Elche, Maultierhirsche und Weißwedelhirsche gestreckt. Jagd auf Timberwölfe verlangt breite Erfahrungen und Kenntnisse über ihre Wesensart und ihr Verhalten und viel Geduld. Es kann Jahre dauern, bis Diana dem Jäger lächelt. Auch meine Geduld wurde auf eine lange Probezeit gestellt.

Die sehr klugen Timberwölfe sind schwierig zu überlisten. Ihr Geruchssinn und feines Gehör und ihr durch beständige Nachstellung entwickelter Instinkt für Gefahren machen jede Jagdart auf sie unsicher. Jagd auf Wölfe verlangt dem Jäger alles ab, was Erfahrungen, Können und physische Leistung anbetrifft. Meist ist ein Wolfsfell eine hart und ehrlich verdiente Trophäe. Dies mag folgende Winterjagd auf Timberwölfe zeigen:

An einem eisigen Tag im Januar ließ steifer Nordwestwind unsere Augen tränen. Dicker Reif und Eis bildeten sich unter den Sehschlitzen unserer Kopfschützer. Milchig blaß stand die Sonne im Westen, und das Heulen des stärker werdenden Windes kündete einen Schneesturm an. Darum wurde es Zeit, unseren Ansitz abzubrechen, wenn wir vor Beginn des weißen Sturmes die Hütte erreicht haben wollten. Wir rollten die Schlafsäcke ein, die wir als Wärmespender verwendet hatten, schnallten die breiten Schneeschuhe an und machten uns auf den Heimweg.

Seit vier Tagen hatten wir nun schon am Ufer eines großen Sees im Norden viele Stunden vor ausgelegtem Luder angesessen. Von einem Farmer hatten wir ein Schaf gekauft, das wir, in zwei Hälften geteilt, fünfzig Meter vor dem Ufer des Sees ausgelegt hatten. Zwei gut gebaute Schirme, die sich unauffällig dem Charakter des Waldrandes anpaßten, hatten uns bestens verborgen. Wir hatten gehofft, daß die wegen der sehr hohen Schneedecke sicher hungrigen Wölfe das Luder annehmen würden.

Das Elchwild hatte sich in windgeschützten Tälern oder Schluchten zusammengeschlagen, um sich gemeinsam gegen die Timberwölfe verteidigen zu können. Damit war diesen kaum eine Chance gegeben, ein Stück Elchwild zu reißen. Die Schneehasen, sonst eine leichte Beute, hielten sich unter dem tiefen Schnee warm und sicher. Hier gruben sie sich Gänge zu Zedern und Balsamtannen durch, um an deren Rinden zu nagen. Die feisten Biber steckten sicher und unerreichbar unter dem dicken Eis, und die Waldhühner des Nordlandes suchten sich ihre Äsung hoch in den Nadelhölzern. So war es eine magere Zeit für die Wölfe, die Nacht für Nacht ihren grimmigen Hunger in die eisige Winterluft hinausklagten.

Die Menge der Wolfsspuren hatte uns erkennen lassen, daß wir den rechten Jagdraum ausgewählt hatten. Der Schnee war tief und pulverig, und das Jagen beschwerlich, auch für die an lange Hungerperioden gewöhnten Timberwölfe.

Schnell verblaßte das Licht, und wir beschleunigten unseren Marsch.

Das Heulen des Windes verwandelte sich zu einem Brausen, und wir fühlten den heranjagenden Schneesturm als Stoß im Rücken. Ein Blizzard überfiel uns und nahm uns alle Sicht. Schnell wehte unser alter Trampelpfad zu, und der an der Spitze Gehende mußte aufmerksam beobachten, um die von uns markierten Bäume nicht zu übersehen. Eine Nacht im Busch bei solchem Schneesturm und eisiger Kälte wäre kein Vergnügen geworden! Zwar hätten wir uns mit den stets mitgeführten Segeltuchplanen einen Windschutz schaffen können, doch man verschlief den weißen Sturm besser in einer warmen Hütte.

Im Gänsemarsch stapften wir durch den Busch, bis wir den Fluß erreichten, an dessen Ufer die alte Blockhütte stand. Nun ging es leichter und besser vorwärts, und schon bald hatten wir sie erreicht. Sofort wurde das vorbereitete Feuer im Kamin entzündet, und schnell erwärmte sich der kleine Raum behaglich. Das Brausen des Sturmes wurde zu einer Orgelsymphonie, der wir lauschten, bis sich die müden Augen schlossen.

Als wir am nächsten Morgen die Hüttentür öffnen wollten, brauchten wir dazu unsere gemeinsamen Kräfte. Das einzige kleine Fenster war zugeweht und die Hütte in einer riesigen Wehe verschwunden. Unvermindert schneite es weitere 24 Stunden. Dann brach die Sonne durch und verschönte mit ihrem blendenden Licht die tiefverschneite wilde Landschaft. Jeder von uns genoß dieses Bild in dankbarer Lebensfreude. Um etwa einen Meter war die Schneehöhe angewachsen, und wir konnten die Ufer des Flusses nicht mehr erkennen.

Daß wir auch an diesem Tage keinen Wolf sehen würden, vermuteten wir. Jedoch, wir machten uns auf den Weg, um das Luder auszugraben und neu zu verlegen. Das würde unsere Chancen allerdings erheblich vermindern, denn wir brachten neue Wittrung an den Fraß!

Der Marsch war diesmal beschwerlich, und wir brauchten die doppelte Zeit, um unsere Schirme zu erreichen. Nachdem das Luder neu verlegt worden war, verwischten wir mit Tannenwedeln die Spuren unserer Anwesenheit und traten den Rückweg an.

Der Mond hatte zugenommen und würde uns ausreichend Licht für einen nächtlichen Schuß geben. Darum brachen wir um 3 Uhr wieder auf und vereinbarten, bis zum folgenden Abend auf dem Ansitz auszuhalten. An den Schirmen wieder angekommen, stellten wir zu unserer Freude und großen Überraschung fest, daß vier Wölfe das Luder inzwischen angenommen hatten!

Gut konnten wir ihre Spuren erkennen, die – dem Ufer folgend – zunächst hinaus auf den See, dann aber in scharfem Winkel auf das Luder zuführten. Im Bogen hatten die Wölfe also zunächst das Luder umschlagen und uns damit bildlich ihre große Vorsicht dargelegt. Ohne Zweifel hatten sie die Absicht gehabt, den großen See zu überqueren, wobei ihnen die Wittrung des Kadavers zugetragen worden war. Da wir keine Fluchtspuren erkennen konnten, war sicher, daß wir die Rotte nicht vergrämt hatten. Die Kaldaunen des Schafes waren völlig ausgeräumt und seine eine Hälfte angeschnitten worden.

Nachdem wir bei bestem Wind die Schirme erreicht hatten, setzte ein Wolfskonzert ein, wie ich es in vergangenen Jahren in solcher Stärke selten zu hören bekommen hatte. In welcher Richtung wir auch lauschten, von nah und fern trug die frostklare Nacht die hautkribbelnde Symphonie uns zu. Es war im wahrsten Sinne des Wortes schaurig-schön!

Wir waren vier Jagdgefährten, alle buscherfahrene Jäger, von denen bisher nur zwei das Waidmannsheil gehabt hatten, auf Wölfe zu Schuß zu kommen. Zwei von uns führten das in Kanada sehr beliebte Kaliber 30/06, während mein deutscher Freund und ich jeder eine Büchsflinte mit den Kalibern 22/Magnum-Kugel und 20-Schrotlauf ausgewählt hatten. Diese kurze Waffe ist für die Verhältnisse im kanadischen Busch ideal, und die Leistung des 22/Magnum-Teilmantelgeschosses hervorragend gut, für Wölfe jedenfalls völlig ausreichend.

Langsam wurde es Tag, und wir hatten den Eindruck, daß es milder wurde. Jeder fühlte sich warm und mollig in seinem bis an die Brust hochgezogenen Schlafsack. Die Waffen auf den Knien und die Hände in den speziell angenähten Taschen, ließ es sich bei einem zeitweiligen Schluck Feuerwasser gut aushalten.

So vergingen die vielen Stunden, und langsam schwand das Licht des kurzen Wintertages wieder, als wir durch die Gläser weit draußen auf dem großen See vier dunkle Punkte erkannten, die sich auf uns zu bewegten. Ohne Hast machten wir uns fertig.

Etwa dreihundert Meter entfernt verhofften die vier Wölfe. Dann strebten sie dem Busch zu, an dessen Rand wir ansaßen. Alle hatten wir zunächst das Gefühl, daß die Tiere durch irgend etwas beunruhigt worden waren. Doch es zeigte sich bald, daß es nur ihre vorsichtige Taktik war, das Luder von der Waldseite anzulaufen.

Zunächst erschienen die zwei schwächeren Wölfe der Rotte wieder in unserem Blickfeld. Ohne ihre Gangart zu unterbrechen, trabten sie auf das Luder zu und begannen sofort, gierig an ihm zu reißen, während die Wölfin, die wir jetzt am Seeufer entdecken konnten, sicherte. Dann bewegte auch diese sich langsam auf das Luder zu, mehrmals verhoffend und sichtbar Wind nehmend. Erst einige Minuten später kam der stärkste Wolf erneut in unseren Gesichtskreis. In einem Bogen hinaus auf den See umschlug er den Luderplatz, um ihn erst dann sehr vorsichtig und oftmals verhoffend von der Seeseite aus anzulaufen.

Als er den Fraß erreicht hatte, knallten fast gleichzeitig unsere Büchsen, und drei Wölfe überschlugen sich im Feuer. Einer der Schwächeren kam wieder hoch und ging hinter der Wölfin flüchtig ab.

Eine zweite Kugel aus der Büchse meines Gefährten ließ ihn noch einmal rollen, aber er kam wieder hoch und verschwand, den rechten Vorderlauf schonend, im Busch. Wir folgten seinen Fluchtspuren, mußten aber die Nachsuche bald aufgeben.

Als nachts wieder die Wölfe heulten, fehlten mit Sicherheit ein Tenor und ein Bariton im Konzert!

DRITTES KAPITEL

Mein bester Waidgesell

Dreizehn Jahre lang hatte Seppel mir im kanadischen Busch alle Köstlichkeiten geschenkt, die ein Jagdhund zu geben vermag. Sein Vater war ein englischer Setter, seine Mutter eine Springer-Spaniel-Hündin gewesen. So konnte er einen rassereinen Stammbaum nicht nachweisen. Dafür überbot er in seinen jagdlichen Leistungen alle aristokratischen Kollegen! An deutsche Laute gewöhnt, enttäuschte er alle Jäger englischer Zunge. Er war eben ein patriotischer Hund mit nationalen Grundsätzen!

Unbedingt gehorsam, mit einer tief verwurzelten Passion für alles, was Haare oder Federn trug, schlug er sich um die Behänge, was Schrote oder Kugel erhalten hatte. Jungtiere behandelte er dagegen wie ein gütiger Vater, und ich mußte in so manchem Frühjahr Junghasen wieder in die Felder bringen, die er in seinem Hundehaus zusammengetragen hatte, ohne ihnen Leid anzutun.

Dieser Hund war in jeder Beziehung ein Außenseiter. Ihm voll gerecht werdend, muß ich zugeben, daß nicht ich ihn, sondern er mich auf der Jagd führte. Schoß ich einmal vorbei, dann bekam ich einen schiefen Blick von ihm. Ging es ein zweites Mal daneben, dann arbeitete Seppel nur noch „pro forma" weiter und behandelte mich erkennbar geringschätzig.

Er war der einzige mir bekannte Hund, der auch Fische apportierte. Zwar war ihm der Schleim widerlich, und er schüttelte jedesmal angewidert seinen Kopf, jedoch seine große Begeisterung zu apportieren überwand diese Abneigung. So brauchte ich niemals einen Kescher, wenn Seppel mit von der Partie war.

Ich setzte Seppel auf alles Wild an, das ich im kanadischen Busch bejagte, und er erlernte frühzeitig und schnell, sich auf eine andere Wildart um- und einzustellen. Allein durch Erziehung und Übung lassen sich weder Leistungen noch Zuverlässigkeit erzielen, und es gehören zu einem vielseitigen Gebrauchshund auch vielseitige Veranlagungen. Seppel hatte sie!

Er brachte Wildkaninchen und Feldhasen ebenso zuverlässig aus Dekkung oder Sasse wie einen Schwarzbären aus heimlicher Dickung. Weißwedelhirsche drückte er mir erfahren unter Wind zu. Setzte ich ihn im Winter auf einer frischen Fuchsspur an, dann hatte ich auch große Chance, Reineke zu strecken.

Klugheit und Instinkt lagen bei diesem Hunde eng beieinander. So war er ein wahrer Meister jagdlicher Künste auf Flugwild. Wenn er vom Vater das Vorstehen ererbt hatte, dann von der Mutter das Stöbern und Apportieren. Ob wir zusammen auf Schnepfen oder Bekassinen jagten, ob auf Haselhühner, Wildenten oder Gänse, er verstand seine Arbeit und erfaßte sofort, was jeweils seine Aufgabe war. Er apportierte mit Leidenschaft, lehnte es aber beim nächsten Male kühl ab, wenn ich vergessen hatte, ihn zu liebeln. Sehr sensibel saß er dann beleidigt auf der Hinterhand und sah in die Ferne, anscheinend für einen Befehl taub geworden. Also mußte ich erst das Liebeln nachholen, worauf er bereitwillig und sofort versöhnt seiner Pflicht nachging. Seine Nase war vorzüglich, dafür das Sehvermögen schlecht. Totverbellen war der Ausdruck seiner Jagdfreude. Er tat dies selbst dann, wenn er mir Haselhuhn oder Wildente in die ausgestreckte Hand gelegt hatte. Auf Haarwild legte er immer seine schwere linke Pfote, wobei sein melodischer Bariton lauthals meldete: „Wild ist tot!“ Erst dann apportierte er. Zu schweres Wild versuchte er rückwärts zu seinem Herrn zu schleifen. Beschämt sah er von mir weg, wenn ihm das nicht gelungen war.

Schwarzbären hetzte er ausdauernd, doch mit Abstand, bis sie aufbaumten. Niemals ließ er sich auf einen Zweikampf ein, indem er den todbringenden Prankenhieben weit auswich.

Im Gegensatz zu anderen Hunden liebte er Katzen innig, was offenbar darauf zurückzuführen war, daß er als Welpe sein Lager mit einer Hauskatze geteilt hatte. So wedelte er stets seine Sympathien einem aufgebaumten Luchs zu, dessen Gefauche und Geschnarre höflich überhörend.

Nur, wenn ihm Wittrung von Wölfen in die Nase fuhr, zeigte er Nervosität, und dann hielt er sich dicht neben mir, tief knurrend. Bis die Luft für ihn wieder rein war, konnte ich ihn nie bewegen, seine Stöberarbeit fortzusetzen. Er hatte einmal schlechte Erfahrungen gemacht und war derbe behandelt und schweißend zu mir geflüchtet. Nie hatte er dieses Erlebnis vergessen.

Oftmals erlebte ich es, daß Seppel sich mit Tieren der Wildnis anfreundete. Ich erkannte es meist daran, daß er mich geschickt von solchen abzulenken suchte, die ihm irgendwie sympathisch waren. Besonders schien er Jungbären und Waschbären zu lieben. Dies mag ein besonders interessantes Erlebnis zeigen.

An einem sonnigen Frühwintertag drückte ich mit dem Hund ein Waldstück auf Haselhühner durch. Plötzlich blieb Seppel wie angeschraubt stehen. Nur die Spitze seiner buschigen Rute zuckte leicht. Ich folgte mit den Augen seiner Blickrichtung und sah einen halbwüchsigen Waschbären aus dem Astloch eines Windbruchbaumes sichern. Dann warf der Hund plötzlich auf und schob seine Nase, Wind nehmend, hoch in die Luft. Nun drehte er sich herum und stolzierte wie auf rohen Eiern auf einen Busch zu und stand dort vor, Rute gestreckt, Pfote hoch. Kein Haselhuhn purrte auf. Leisetretend bewegte er sich auf den nächsten Busch zu, Rute gestreckt, Pfote hoch. Aber dort war kein Vogel! Der Schlingel hatte mich wieder einmal von einem Tier hinwegzulocken versucht, das er liebte. Es brachte ihm eine ernste Verwarnung ein, die er glatt überhörte. Ungerührt sah er an mir vorbei in den wilden Busch.

Ich ging zum Windbruchbaum zurück, vor dem ich mich auf einen gefallenen Stamm niedersetzte. Seppel folgte mir nur sehr widerwillig und tat sich zunächst vor meinen Füßen nieder. Ab und zu schielte er mit einem Auge zum Astloch. Als der Waschbär sich wieder in ihm zeigte, erhob sich der Hund und schlenderte im Zeitlupentempo, mit seiner Hinterhand wie ein verliebter Jüngling scharwenzelnd, in Richtung Windbruchbaum. Aufmerksam beobachtete der Waschbär ihn, um sich dann aber in seine Burg zurückzuziehen.

Das betrübte Seppel· offenbar, denn er begann leise zu jaulen, und zwar in einem Tonfall, den ich vorher niemals aus seiner Kehle gehört hatte. Der Waschbär fühlte sich zweifellos vertrauenswürdig angesprochen, denn er erschien wieder im Türfenster seiner Behausung, nur wenige Meter über dem Erdboden. Minutenlang sahen sich die beiden Tiere an, ohne einen Laut von sich zu geben. Dann ließ sich der Jungbär zu meiner Überraschung am Stamm hinabgleiten und setzte sich dem Hund gegenüber auf die Hinterhand. Des Hundes Rutenspitze zuckte freundlich! Und nun geschah etwas Merkwürdiges: Trotz seines bereits seriösen Alters begann Seppel, wie ein verspielter Welpe Seitensprünge zu machen, mal nach links, mal nach rechts. Sehr angetan und interessiert drehte der Waschbär seinen Kopf, mal nach rechts, mal nach links, die Freundschaftserklärung Seppels bereitwillig annehmend. Laut mußte ich auflachen, was den kleinen Bären erschrecken ließ, so daß er eilig in seinem Schlupf verschwand.

Als ich mich dann auf den Heimweg machte, hatte ich Mühe, meinen Hund abzurufen, was ihm die zweite Verwarnung an diesem Tage einbrachte. Damit war Seppel endgültig beleidigt und reagierte nicht mehr auf mein freundlichstes Wort.

Dieses Erlebnis beschäftigte mich natürlich sehr, und ich beschloß zum Windbruchbaum zurückzukehren, sowie freundliches Wetter und meine Zeit es erlauben würden. Dies war schon eine Woche später der Fall, als die Sonne auf eine vorausgefallene Neue schien.

Seppel mochte gar nicht erwartet haben, stöbern zu müssen. Auf kürzestem Wege eilte er vor mir zum Windbruchbaum, sobald wir das Waldstück betraten. Noch bevor ich unser Ziel erreicht hatte, hörte ich schon das eigenartige Jaulen meines Hundes. Wieder nahm ich den Sitz auf dem Fallbaum ein und wartete gespannt, was sich nun ereignen würde. Abermals ließ Seppel sein Gejaule hören, und nunmehr erschien der angerufene Waschbär in seinem Türfenster; ich hatte den Eindruck, daß er recht verschlafen war. Jedenfalls putzte er sich erst einmal ausdauernd seine Seher blank. Sodann ließ er sich wie selbstverständlich an dem abgestorbenen Stamm hinabgleiten. Langsam bewegten sich beide Tiere aufeinander zu, sich nun mit langen Hälsen gegenseitig beschnuppernd.

Ich wurde Zeuge, wie eine Freundschaft unter derart verschiedenen Tieren geschlossen wurde!

In jeder mir verfügbaren Freizeit besuchten Seppel und ich während des Winters seinen Freund, so daß ich alles Waidwerk vernachlässigte und meine Frau sich darüber beschwerte, daß kein Hase in den Kochtopf kam. Als wir zum fünften Male unseren Besuch abstatteten, trafen wir Freund Waschbär nicht zu Hause an. Seppel setzte sich auf die Keulen und heulte seine große Enttäuschung lauthals in den tief verschneiten Winterwald. Und siehe da, sehr bald schon erschien der possierliche kleine Bär, und die beiden Tiere balgten sich im Übermut der Wiedersehensfreude.

Mir wurde das Herz warm bei diesem Anblick! Mehr noch überraschte es mich, als uns der Waschbär auf dem Heimweg bis fast zu meinem Wagen begleitete, als gehöre er zu uns.

Zum nächsten Wiedersehen brachte ich „Coony“, wie ich Seppels Freund inzwischen getauft hatte, Hundekuchen mit, die ich unter dem

Windbruchbaum für ihn ablegte. Als der Hund sich über sie hermachen wollte, verbot ich es energisch. Coony ließ sich wieder am Stamm hinabgleiten, beschnupperte die Liebesgabe eingehend, verweigerte sie aber. Für Seppel war dies genug Veranlassung, sich nun über sie herzumachen. Während ich mein Frühstück, darunter einen Apfel, auspackte, kam mir der Gedanke, diesen dem Waschbären anzubieten. Damit hatte ich seinen Geschmack getroffen! Gründlich polierte er ihn und verzehrte ihn sodann mit erkennbarem Genuß.

Ich durfte annehmen, daß ich mit diesem Apfel das erste Freundschaftsband zwischen Coony und mir geflochten hatte. Ausgangs des Winters konnte ich Coony zum ersten Male berühren, als er mir einen Apfel aus der Hand nahm. In diesem Moment wurde mein Entschluß geboren, das reizende Tier mit heim zu nehmen.

Der wilde Busch war schon wieder grün geworden, und Freund Coony erheblich größer, als er – nun völlig vertraut – uns bis zu meinem Wagen folgte. Eine Tür zum hinteren Abteil öffnend, ließ ich Seppel hinein. Langsam schob ich Coony hinterher und schloß die Wagentür. Während der Fahrt war der Waschbär zwar etwas nervös und hielt sich dicht neben seinem Freunde Seppel, der beschützend seine dicke Pfote über ihn legte. Furcht oder Ausdruck von Panik konnte ich im Rückspiegel aber nicht beobachten. Von unserem elften Besuch kamen wir somit zu dritt nach Hause!

Coony wurde während des Tages an einer leichten Laufkette gehalten, bewegte sich nachts aber frei. Stets fanden wir ihn morgens eingerollt in Seppels Hütte. Der sonst sehr gutmütige Hund erlaubte niemals Fremden, sich Coony zu nähern. Stets stellte er sich zwischen seinen Freund und den Besucher, unmißverständlich sein starkes Gebiß zeigend und dabei tief knurrend. Dies war eine deutliche Warnung!

Unser gemeinsamer Hausfreund Coony ließ später sein Leben unter den Reifen eines Autos. Seppel verweigerte tagelang den Fraß, und auch meiner Frau, meinen Kindern und mir wollte es nicht recht schmecken.

Lange trauerten wir um den geliebten Freund!

VIERTES KAPITEL

Auf Tiger-Musky im „Lauten Wasser"

Ein neuer Sommertag wurde geboren. Als die Sterne verblaßten, waren wir schon unterwegs zum „Lauten Wasser". Der ewige Donner der sechzig Meter tief hinabstürzenden Wassermassen des Niagara-Stromes dröhnte um so mächtiger, je mehr wir uns den Fällen näherten. Dann standen wir über ihnen, und das Brausen der Stromorgel wurde von den felsigen Höhen der Ufer gegen die steinigen Wände zurückgeworfen, über welche die Wassermassen des Stromes hinabwogten. Aus brodelnder Tiefe stieg der Wasserdampf steil und hoch in den völlig windstillen neuen Tag, dem ersten Sonnenlicht entgegen. Ein breiter Regenbogen stand hoch am Himmel, unter dem Hunderte von Möwen im ewigen Aufwind ohne Schwingenschläge vergoldet schwebten.

Die Indianer, die einstmals ihre Wigwams hier stehen hatten, glaubten, daß mit den Möven die Seelen ihrer Vorfahren über den Fällen ewig schweben würden. In ihrer Sprache benannten sie die Fälle „niagara", das „Laute Wasser". So ist der Name des Stromes fast so alt wie er selbst!

Sein Wasser eilt seit Jahrtausenden dahin, als ob es die beiden Fälle nicht schnell genug erreichen könnte. Auf ihm lassen sich Wildenten, Gänse, Schwäne und Möwen vom Eriesee bis zu den Felsterrassen oberhalb der Fälle treiben, um wieder und wieder mit klingelndem Schwingenschlag den breiten Strom aufwärts zu fliegen und die Wasserreise erneut anzutreten. So ist viel und immer Leben auf dem Strom, der seine gefiederten Bewohner reichhaltig ernährt, denn er ist voller Fische vieler Arten, deren Brut in meterbreiten, endlos langen Schwärmen dem Eriesee zustrebt.

Weither kommt sein Wasser, das sich in der kanadischen Taiga sammelte. Nach dem jubelnden und dröhnenden Sturz in die Tiefe eilt es in wilden, schäumenden Kaskaden zwischen steilen und hohen Felsenwänden dem Ontariosee zu, dessen riesiges und tiefes Becken es aufnimmt und auf eine lange Wanderung bis zum Atlantischen Ozean schickt.

Höher stieg der goldene Feuerball und überflutete mit seinen ersten Strahlen die Landschaft des Stromes, dessen Ufer derart aufleuchteten, daß es die Augen schmerzte. Das Sonnenlicht brach sich zudem in Billionen von Tautropfen, die auf Gräsern, Büschen und Bäumen wie Rubine und Diamanten blitzten und funkelten.

Jetzt fuhren wir mit dem Wagen am oberen Strom entlang, der sich meilenbreit im Süden verlor. Keiner von uns sprach ein Wort, es hätte die Andacht dieses köstlichen Sommermorgens gestört. Schon hatten wir die Hälfte des Weges bis zum Eriesee zurückgelegt, als wir die Anlagen erreichten, wo wir beide Boote zu Wasser bringen konnten.

Die Niagara-Parkverwaltung hatte diese kostspielige Anlage für Sportfischer aus aller Welt und für Freunde des Wassersports bauen lassen. Ihre Benutzung ist kostenfrei. Unter alten Wildkastanien stellten wir unser Zelt auf, denn wir gedachten ein Wochenende am „Lauten Wasser“ zu verbringen. Vorsichtig schoben wir die Transportwagen rückwärts auf die in den Strom führenden Rampen und ließen die Boote über die Trägerrollen auf das Wasser gleiten.

Wir vier Sportsfreunde schätzten Wetter und Umstände ab und beschlossen, an diesem sicherlich sehr heiß werdenden Junitag in Mitte des Stromes tief auf „tiger-muskinongue“ zu fischen. Im Volksmunde wird dieser Räuber der Familie Esox kurz Musky genannt. Er ist der wildeste Kämpfer aller Binnenwasser-Raubfische im Nordosten des amerikanischen Kontinents. Vor allem ist er in Kanadas Strömen und Seen heimisch, aber schwierig zu fangen. In jedem Jahr brechen viele Ruten und zerschlägt sich manche Hoffnung im Kampf mit dem wilden Räuber!

Der Musky wird bis zu 35 Kilogramm schwer oder gar noch schwerer. Vertikale Streifen über dem Silberleib gaben ihm den Namen „tiger-musky“, der er auch ist. Wild und gierig, mordlustig und unersättlich, kraftvoll und ausdauernd, listig und launisch, furchtlos und verschlagen, heimlich und klug durch Erfahrungen ist er der begehrteste Sportfisch des Landes. Er soll täglich sein Eigengewicht an Fischen vertilgen. Jungenten sind ebensowenig vor ihm sicher wie alle rinnenden Tiere, die sein Rachen bewältigen kann. Auch so mancher Wassersportler mußte erfahren, daß man während einer Bootfahrt tunlichst nicht mit den Händen im Wasser spielt, denn der Musky greift nach allem, was Leben zeigt!

Wer ihn fangen will, muß ihn überlisten. Es gehen mehr Musky am Ende einer Schnur verloren, als gelandet werden. Er wehrt sich bis zur allerletzten Flossenkraft, wild den mächtigen Kopf mit dem weit geöffneten Rachen schüttelnd, um den Haken loszuwerden. Es gehören Ruten bester Qualität, ebensolche Schnüre und stabile Rollen sowie viele sportliche Erfahrungen, Wissen über die Lebensweise dieses Fisches und seine Eigenarten und endlose Geduld und Ausdauer dazu, ihn zu überwältigen. Ein „Tiger" im Kescher oder am Landehaken bedeutet noch nicht einen „Tiger" im Boot oder an Land! Erst dann, wenn sein Leben erlöscht, gibt er sich auf. Je älter, größer und stärker er wird, desto schwieriger wird es, ihn zu fangen.

Wie der Wolf in den unendlichen Wäldern des Landes für das Gleichgewicht in der Tierwelt notwendig ist, so ist es der Musky für die Fischbestände in den Gewässern. Darum schützen ihn lange Schonzeiten, Mindestmaße und -gewichte für den Fang mit Rute und Rolle. Ein Musky unter 80 cm Länge muß in sein Element zurückgesetzt werden. Wer dagegen verstößt, wird empfindlich bestraft und riskiert es, daß seine gesamte Sportausrüstung beschlagnahmt wird! Wer einen Musky während der Schonzeit fängt und nicht wieder in sein Element zurücksetzt, dem droht der Verlust des Jahresfischereischeines. Dies alles garantiert, daß der Edelste der Raubfische erhalten bleibt!

Einmütig beschlossen wir, gegen die Strömung in Strommitte die Schleppfischerei auszuüben, denn wir wußten, daß der Musky an sonnigen, heißen Sommertagen Schatten und Kühle in der Tiefe des Stromes sucht. Darum bauten wir unsere schweren Schleppruten zusammen und befestigten daran stabile Rollen mit einem Aufnahmevermögen für 250 Meter bester Nylonschnur. Ihre Reißfestigkeit soll 20 Pfund nicht übersteigen, um den sportlichen Charakter des Fischens zu erhalten. An ihr befestigen wir ein 2 Meter langes Vorfach aus fein geflochtenem, geschmeidigem Stahldraht mit einer Reißfestigkeit von 15 Pfund, dazwischen einen spindelförmigen Bleisenker, um den künstlichen Köder tief laufen zu lassen. Als solchen wählten wir große Löffelblinker mit kräftigem, nadelscharfem Drilling, der mit weißen, gelben und roten Federn umkleidet war. Damit waren wir denkbar gut vorbereitet.

Als wir die Strommitte erreicht hatten, ließen wir die Schnüre ablaufen, bis wir etwa 100 Meter draußen hatten. Dann fühlten wir, daß die Senker Boden berührten. Durch einige Umdrehungen der Rolle brachten wir die Kunstköder wieder höher, so daß sie schätzungsweise einen Meter über dem Boden des Stromes liefen.

Die Stunden eilten dahin. Als wir die amerikanische Stadt Buffalo vor uns liegen sahen, kehrten wir in schneller Fahrt zum Ausgangspunkt zurück, da der Bootsverkehr hier zu rege wurde. Keiner von uns vier Freunden hatte einen Biß gespürt. Deshalb diskutierten wir diese Tatsache und kamen zu der Ansicht, daß die „Tiger" während der Vormittagsstunden möglicherweise entlang höher gelegener Unterwasserflora gejagt hatten. Wir beschlossen trotzdem, weiterhin tief zu fischen, da die Hitze des Tages zunahm.

Wir hatten unsere Blinker noch keine zehn Minuten wieder im Wasser, als einer der Freunde einen lauten Jauchzer hören ließ. Tief bog sich seine starke Rute gegen die Fahrtrichtung durch. Dann schoß ein Silbertorpedo hoch aus dem Strom, ein herrliches Bild!

Eilig holten wir unsere Schnüre ein und beobachteten den Drill. Siebenmal brach der Musky, den wir auf etwa 15 Pfund schätzten, den Wasserspiegel, wild mit dem gegabelten Schwanzfächer nach der Schnur schlagend. Dann schien er müde zu werden und ging tief hinunter auf den Boden des Stromes. Minutenlang verhoffte er hier und sammelte neue Kräfte. Plötzlich hing die Schnur schlaff durch. In einer Rolle sich überschlagend, hatte sich der Räuber befreit! Ein Haken des Drillings war fast gerade gebogen und streckte sich aus wie ein Zeigefinger.

Der gleiche Freund meldete eine Viertelstunde später einen neuen Anbiß. Dieser Musky war schwächer und wurde nach etwa zehn Minuten Drill in das Boot gebracht. Da er nur 77 cm lang war, wurde er in die Freiheit entlassen.

Während der nächsten Stunde blieben wir ohne einen Biß und fuhren darum den Strom weiter abwärts, um dort unser Petriheil zu suchen. Die Wassertiefe war hier größer, so daß wir weitere 40 Meter Schnur ablaufen lassen mußten.

Wieder war es der glückliche Petrijünger, der einen dritten Biß bekam. Nach dem Durchbiegen der Rute zu urteilen, hing diesmal ein „Kapitaler" am Schnurende! Seine erste Flucht ging so schnell stromabwärts, daß die Rolle des Freundes fast leer geworden war, bevor sein Steuermann reagieren konnte. Jedoch hatte er es ihm zu verdanken, daß sie nicht völlig ablief und die Schnur riß. Viel Zeit war bereits vergangen, bis sich dieser „Tiger" zum ersten Male aus dem Wasser schnellte und sich damit vorstellte. Die stimmlaute Begeisterung unseres Quartetts wurde an beiden Uferseiten des Stromes gewiß gehört!

Nach dem prachtvollen Salto jagte der Räuber, den wir auf etwa 25 Pfund schätzten, abermals in schneller Fahrt den Strom abwärts, um sich an der Wasseroberfläche zu überrollen. Er schüttelte dabei den Kopf heftig, um den Haken loszuwerden, und schlug mit dem Schwanzfächer nach der Schnur. Doch der Drilling saß solide und fest, sonst wäre der Drill bereits jetzt beendet gewesen.

Beständig nahm nun unser Freund Schnur auf. Noch bevor wir ihn warnen konnten, geschah, was wir erwartet hatten. In sausender Fahrt schoß der starke Fisch auf das Boot zu. Er versuchte, dort einen Widerstand zum Zerreißen der Schnur zu finden! Wir wußten, daß er nicht zum ersten Male am Haken saß und bereits seine Erfahrungen gesammelt hatte. Schleunigst drehte der Steuermann das Boot und begegnete damit der Taktik des Räubers geschickt.

Dann tauchte der „Tiger", wohl ermüdet, in die Tiefe und spreizte hier seine Flossen gegen den Zug nach oben. Was alles der Freund nun auch versuchte, es gelang ihm für mehrere Minuten nicht, den Räuber in Bewegung zu bringen. Darum mußte er eine Methode riskieren, die leicht den festen Sitz des Hakens löst. Bei straffer Schnur hieb er mit der Faust so lange auf den Rutengriff, bis es dem Musky zuviel wurde. Wie eine Rakete schoß er aus den Fluten, und der Gischt glitzerte im Sonnenlicht, als er zurückfiel. Es folgten noch mehrere Saltos, denn der Fisch versuchte offenbar alle Tricks, die er gelernt hatte, um sich zu befreien.

Seit dem Anbiß waren bereits 35 Minuten vergangen, ohne daß der Fisch Anzeichen von Erschöpfung erkennen ließ. Noch weitere 10 Minuten tobte er, bis seine Bewegungen langsamer wurden. Vorsichtig holte der Freund ihn an sein Boot heran. Sowie der Fisch es aber wahrgenommen hatte, schoß er wie ein Pfeil davon, und die Rute des Freundes bog sich fast bis zum Brechen durch. Die Bremse der Rolle heulte schrill auf, doch mit dieser Flucht hatte sich der Recke verausgabt, und unser Freund konnte den Landehaken in seine Kiemen schlagen.

Sein Jubelschrei hallte über den Strom! Begeistert und stolz hob er den Musky hoch, dessen Werte ich in meinem Logbuch verbuchte: Gewicht 26¼ Pfund, Länge 114 cm, Drill 52 Minuten.

Die Sonne meinte es besonders gut an diesem Junitag. Schon Stunden zuvor hatten wir alle Bekleidung bis auf die Hosen abgelegt. Jedoch die Strahlen versengten unsere Haut, so daß wir sie schützen mußten. Da konnten die Spaziergänger auf dem Niagara-Boulevard vier „arabische

Scheiche“ beim Muskyfischen beobachten, denn wir verwendeten die Hemden als morgenländischen Sonnenschutz.

Als wir zum Ufer zurückkehrten und es uns vor dem Zelt gemütlich machten, wetterleuchtete es heftig, und während der Nacht trommelte ein Gewitterregen auf das Zelt.

Noch bevor die Sonne ihre ersten Strahlen über die Landschaft sandte, waren wir schon wieder auf dem Strom. An diesem Morgen war es windig und das Wasser unruhig. Dies versprach allerbestes Fischfangwetter! Bald fuhr mir ein toller Schlag in die Rute, die mir fast aus der Hand gerutscht wäre, weil ich mit der anderen das Steuer bediente. Pfeifend lief die Schnur ab und zeigte einen guten Fisch an. Hastig wechselten wir die Plätze, und mein Bootspartner übernahm das Steuerruder.

Auch dieser Musky jagte erst stromabwärts, so daß wir mit dem Boot folgen mußten. Nachdem ich ihn schließlich abbremsen konnte, rollte er mehrere Minuten, wild um sich schlagend, auf der Wasseroberfläche. Dies zwang mich, ihm weiche Schnur zu geben, eine Notwendigkeit, die aber meist zum Verlust des Fisches führt. Doch Petrus schien es gut mit mir zu meinen. Plötzlich tauchte der Räuber steil in die Tiefe, um ebenso steil wieder zu steigen, und stellte sich in einem kraftvollen Salto vor. Noch mehrere Male schnellte sich der kapitale Fisch hoch aus der Flut und schüttelte den mächtigen Kopf mit weit geöffnetem Rachen hin und her. Dann tauchte er, um blitzschnell auf das Boot zuzukommen, und vor ihm warf er sich so hoch in die Luft, daß er fast auf das Vorderdeck des Bootes aufgeschlagen wäre. Keiner von uns hatte Ähnliches bisher erlebt!

Nach dieser Überraschung begann der Musky ein Dauerschwimmen. Beständig und gleichmäßig zog er unser Boot mit sich. Über 30 Minuten lang ändere er seine Taktik nicht. Dann tauchte er in ein tiefes Loch des Stromes, wo er eigenwillig stehenblieb. Auch mein Schlagen auf den Griff der Rute brachte ihn nicht wieder in Bewegung. Mehr Zug zu geben, hätte zum Bruch der Leine geführt, so konnte ich nur warten. Doch auch das half mir nicht. Die starke Strömung des Niagara verlangte, daß unser Boot beständig kreiste.

Die Umstände zwangen mich schließlich, ein großes Risiko einzugehen, indem ich dem Räuber völlig weiche Schnur gab. Das täuschte ihn! Er verließ das tiefe Loch und strebte der Strommitte zu, wo ich ihn im schnellen Wasser ermüden konnte. Hier tauchte er noch einmal hinunter zum Grund, dann endlich gab er sich auf.

Nachdem ich ihn mit dem Landehaken in das Boot gehoben hatte, sah ich auf meine Armbanduhr. Unser Zweikampf hatte 64 Minuten gedauert! Erschöpft aber glücklich notierte ich: Gewicht 27 1/2 Pfund, Länge 115 1/4 cm!

Es sah nach neuem Regen aus, darum beschlossen wir, den Sport abzubrechen. Wieder einmal hatte uns das „Laute Wasser“ köstliches Erleben geschenkt!

FÜNFTES KAPITEL

Schwarzbären – wie sie wirklich sind

Ein erfahrener Jäger sagte mir einmal: „Ich fürchte weder Löwen noch Tiger, jedoch die Bären!“ Damit meinte er sicherlich alle anderen Bärenarten, nicht aber „Blacky“ im kanadischen Busch. Jedoch, es ist weise, auch ihm gegenüber auf der Hut zu sein! Zwar kam es selten vor, daß Schwarzbären Menschen angriffen, doch es kam vor, teils aus ungeklärten Gründen.

In der Regel werden Schwarzbären flüchtig, oder – wie ich nach meinen Erfahrungen später erkläre – zunächst flüchtig, wenn ihnen menschliche Wittrung zuschlägt. Während vieler kanadischer Jagdjahre, in denen ich mit den schwarzen Buschläufern zusammentraf, lernte ich die heimlichen Burschen gut kennen und lieben! Wer sich ihnen gegenüber vorsichtig, jedoch furchtlos und bedachtsam verhält, wird kaum in Gefahr kommen.

Meine erste Begegnung, die ich ausgerechnet mit einer führenden Bärin hatte, steht wieder erlebnisfrisch vor mir! Es war im Herbst eines niederschlagsreichen Jahres. Die Pilz- und Heidelbeerernte war mager, und Seen als auch Flüsse und Bäche führten Hochwasser. So mußten die hungrigen Bären große Strecken und Räume nach Fraß absuchen, um ihren nagenden Hunger zu stillen. Mit leerem Magen sind sie aber genauso schlecht gelaunt wie wir Zweibeinigen auch!

Der hohe Wasserstand machte ihnen also das Fischen unmöglich. Dort, wo sie aus dem Seichten sonst Kleinfische aus dem Wasser schlagen konnten, plantschten sie nun erfolglos nach Beute. Die Wildbienen hatten nur wenig Honig sammeln können, und da die Gelege verfault waren, waren Haselhühner und Waldhühner der Nadelwälder selten geworden. Der Tisch war somit für die schwarzen Pelzträger sehr mager gedeckt.

An einem recht warmen Indianersommertag wollte ich nördlich der Stadt Parry Sound in Ontario mit meinem Jagdhund Seppel auf Haselhühner jagen. Nach vielstündiger nächtlicher Autofahrt hatte ich zunächst geruht, während meine beiden Jagdfreunde sofort hinausgegangen waren, um Hühner zu erlegen. Am frühen Nachmittag kehrten sie zurück und legten mir strahlend die Strecke von fünf Vögeln vor.

Damit hielt es mich nicht mehr in der Hütte, und ich erklärte den Freunden, daß ich zwei Meilen der „north road" bejagen wollte, auf einem alten Indianerpfad und späteren Holzabfuhrweg, der schnurgerade 40 Meilen nach Norden bis zum „Pickerel-River" führt. Erstens machte ich damit die Dummheit, allein in den wilden Busch zu gehen. Zweitens war es nicht klug von mir gehandelt, nur Schrotpatronen der Nr. $7^1/_2$ mitzuführen, anstatt auch einige mit groben Posten in die Rocktaschen zu stecken. Einen dritten und sehr schwerwiegenden Fehler machte ich, indem ich – entgegen unserer Absprache – die alte Buschstraße verließ und einem stark ausgetretenen Wildwechsel folgte.

Der Erfolg meiner Haselhuhnjagd war mager. Ich schoß drei Hühner und einige andere sauber vorbei. Damit lehnte es Seppel ab, noch weiter für mich zu arbeiten, und seine Seitenblicke waren vernichtend. Übermüdet und verschwitzt trat ich den Rückweg an. Mein Hund trottete ausgepumpt mit hängender Rute auf dem schmalen Wildpfad vor mir her.

Plötzlich warf er auf, und seine Rückenhaare stellten sich steil hoch. Das war Alarm für mich! Entweder war ihm Wittrung von Timberwölfen oder die eines Bären in die Nase gezogen. Dann teilte sich seitlich das bunte Blättermeer, und ein Jungbär, etwa in der Stärke meines Hundes, schob sich durch die Büsche, um verspielt und vertraut auf den Hund zuzutrotten. Dessen Rutenspitze zuckte freundlich, während mir der Angstschweiß aus allen Poren brach. Ich sah mich nach einem geeigneten Baum um, der mir Deckung geben konnte. Ein solcher stand vor mir, mitten auf dem Wildpfad. Doch noch bevor ich ihn erreichen konnte, stand die Bärin, wie aus dem Erdboden gewachsen, wenige Meter vor mir und schlug böse brummend mit ihren Vorderpranten auf den Erdboden.

In diesem Augenblick erinnerte ich mich an eine gute Lehre, die mir ein Halbblutindianer im Vorjahre mit auf den Weg gegeben hatte: „Begegnest du einer führenden Bärin, dann laufe nur nicht weg! Bleibe absolut unbeweglich stehen und sprich laut zu der Bärin, was dir gerade einfällt. Dann habe den Mut und gehe auf sie zu und sprich laut dabei! Du wirst erleben, daß sich die Bärin blitzschnell herumwirft und sich eilig davonmacht, denn deinen Mut konnte sie nicht vertragen!"

Freimütig gestehe ich, daß ich mich einer Ohnmacht nahe fühlte, und ich kann mich auch noch sehr gut des Gefühles erinnern, daß sich meine Nackenhaare aufstellten, wie es die Rückenhaare bei Seppel taten. Die Knie wurden mir weich, und der Druck in meinen Eingeweiden verstärkte sich beunruhigend. Erst als die Bärin sich aufstellte und nun sehr drohend brummte und sich auch Seppel noch veranlaßt fühlte, böse zu knurren, fand ich meine Nervenkraft wieder. Zunächst gab ich meinem Hunde den scharfen Befehl: „Down!" Er gehorchte sofort. Dann sprach ich die Bärin ruhig an, wobei mir meine eigene heisere Stimme fremd erschien.

Die Bärin ließ darauf einen eigenartigen Schnalzlaut vernehmen, der den Jungbären veranlaßte, eilig im Busch zu verschwinden und dann über uns von einem Baum aus die Gefechtslage interessiert von oben zu betrachten. Nun nahm ich allen Mut zusammen und ging, weiter laut redend, langsam auf die Bärin zu, allerdings auch bereit, ihr eine Ladung Vogelschrote auf den Schädel zu brennen. Jedoch, eine innere Stimme warnte mich, denn würde der Schuß die Bärin nicht sofort kampfunfähig machen, würde dies mein sicheres Ende bedeuten!

Gottlob kam es genauso, wie mir der Indianer vorausgesagt hatte: Die Bärin ließ mich bis auf wenige Schritte an sich herankommen, warf sich dann unglaublich behende herum und verschwand eilig hinter der bunten Blätterkulisse seitlich des Pfades!

Seppel wollte ihr nun folgen, was ich energisch verhinderte. Darauf schenkte er seine Aufmerksamkeit wieder dem über uns turnenden Jungbären. Daß seine Mutter hinter dem Blättervorhang stand und uns beobachtete, fühlte ich genauso sicher wie mein Hund, denn leise knurrte dieser, wenn er dort hinsah, wo die Bärin verschwunden war.

Mit etwas flatternden Händen stopfte ich mir eine Pfeife und entzündete sie. Oh, wie tat das gut! Es half mir, das Gleichgewicht wiederzufinden, das recht in Unordnung geraten war. Laut den preußischen Grenadiermarsch pfeifend, marschierte ich dann in strammer Haltung an dem Platz vorbei, wo die Bärin meinen Blicken entschwunden war. Als ich dann später die alte Buschstraße wieder erreichte, mußte ich mich dennoch hinsetzen, die Beine wollten ihren Dienst versagen. Erst als es zu dämmern begann, hatte ich mich wieder genug erholt, den Weg zur Hütte antreten zu können. Meine Freunde kamen mir schon beunruhigt entgegen, weil ich vor Dunkelheit nicht zurückgekehrt war.

Dieses Erlebnis war meine kanadische Bärentaufe! Später empfand ich dankbar, sie in solch dramatischer Form erlebt zu haben, denn ich verlor durch sie die Angst vor Schwarzbären! Und das ist sehr wichtig, wenn man im kanadischen Busch fröhlich und gefahrlos jagen und fischen will! Häufig begegnete ich in den Folgejahren einem schwarzen Buschläufer, oftmals nur mit Fliegen- oder Spinnrute „bewaffnet". Nicht einer von ihnen krümmte mir jemals ein Haar!

Ob ich meine Erzählung aber noch schreiben könnte, wenn ich damals nervös am Abzug gespielt hätte, möchte ich bezweifeln. Spätere Erlebnisse ließen mich zu dieser Beurteilung kommen, denn zweimal wurde ich von Schwarzbären, die ich angeschweißt hatte, angenommen.

Wie sich Schwarzbären verhalten werden, kann nie vorausgesagt werden. Gemütsbewegungen, die man bei anderen Tieren in Gesten und Blicken erkennen kann, lassen sich in den Sehern der Bären nicht erkennen! Daß in ihrem Benehmen oder Verhalten Ausnahmen zur Regel gehören, erlebte ich als Zeuge eines dramatischen Vorfalles.

Überraschend wurde einer meiner Freunde, den ich zu den besterfahrenen Jägern zähle, von einem mittelstarken Schwarzbären im Spätherbst angegriffen. Der Angriff war schnell und wild! Nur der Umstand, daß sich das wütende Tier kurz vor meinem Freunde aufrichtete, gab diesem die Chance zu einem glücklichen, aus der Hüfte gefeuerten Schuß, der tödlich wirkte. Anderenfalls hätte ich einen sehr gefährlichen Schuß riskieren müssen, um dem bedrängten Freunde beizustehen. Der Pelz des etwa 160 Pfund schweren Bären war räudig und zerschunden. Wir vermuteten, daß das Tier tollwütig gewesen war, da sein ungewöhnliches Benehmen dafür sprach. Da wir keine Handschuhe mitführten, wagten wir nicht, den Kadaver zu berühren, denn im Busch holt man sich immer kleine Verletzungen an den Händen, wodurch die grausige Krankheit leicht übertragen wird.

Ein Jahr später hatte ich auf der alten Buschstraße, die ich bereits erwähnte, ein köstliches Erlebnis: Um mich auszuruhen, hatte ich auf einem gefallenen Stamm Platz genommen, von dem aus ich den ehemaligen Indianerpfad etwa eine Meile weit nach Norden übersehen konnte. Mein Hund, müde von allem Stöbern, schlief zu meinen Füßen. Da sah ich einen großen Schwarzbären auf dem Pfad seines Weges kommen. Anscheinend ebenso müde wie ich und Seppel, trottete er gemächlich mit tief hängendem Haupt auf uns zu. Sein Schädel pendelte im Rhythmus seiner Schritte von einer Seite zur anderen.

Als der alte Buschläufer an uns vorbeitrollen wollte, sprach ich ihn höflich an: „Hallo, Sir, wohin des Weges?“ Als ob ein Kraftfahrer auf die Vierradbremse getreten hätte, schoben sich seine Pranten gegen die Laufrichtung. Erschrocken oder verblüfft setzte sich der Petz auf seine Keulen und versuchte uns zu erkennen. Die Sehkraft der Schwarzbären ist bekanntlich schlecht. Als Seppel laut wurde, warf sich der etwa 300 Pfund schwere Bär blitzschnell herum, und alle Heidelbeeren, die er mühsam abgekämmt hatte, verließen unter dem Druck des Schreckes sein Waidloch. Die große schwarze Kugel sauste in einem unglaublich schnellen Tempo den langen Weg zurück, den sie gerade erst gekommen war, Seppel lauthals hinterdrein. Mir schmerzte das Zwerchfell vor Lachen!

Die Klugheit der Schwarzbären ist groß, nicht minder ihre Neugier. Aus meinen Erfahrungen mit ihnen lernte ich, daß sie Jäger und Sportfischer wie auch andere Menschen nach vorausgegangener Flucht oftmals unter Wind umschlagen und beobachten. Sie tun dies nicht, um sich zu sichern oder in der Absicht, Menschen anzugreifen. Allein Neugier veranlaßt sie dazu, vor allem in Gebieten, wo sie mit Menschen selten in Berührung kommen. Dort, wo es häufig der Fall war, werden sie dreist, aufdringlich und frech!

Belästigungen durch Schwarzbären, die zu Unfällen führten, hätten meist verhindert werden können. Die Naivität und Unsitte vieler Menschen, sich wilden Tieren gegenüber wie zu Haustieren zu verhalten, mußte manchmal mit dem Leben bezahlt werden. Die Neigung der Menschen, Raubtiere zu necken oder sie zu füttern, ist eine lebensgefährliche Handlung! Es ist vorgekommen, daß ein junges amerikanisches Ehepaar in dem Algonquin-Naturschutzpark versuchte, einen Jungbären, den es vorher mit Süßigkeiten gefüttert hatte, in sein Auto zu schieben, um den „reizenden Petz“ mit nach Hause zu nehmen. Die darauf erfolgende Ohrfeige, die den jungen Ehemann einige Zähne kostete, war verdient! Was mir von Beamten der Wildparks und Naturschutzgebiete erzählt wurde, ist haarsträubend. Für alle Unfälle waren die Menschen selbst verantwortlich!

Einst fischte ich auf Saiblinge im Watabeag-River, 600 Kilometer nördlich der Metropole Toronto. Da mich die gefangenen Fische beim Sport behinderten, waidete ich sie unter einer schwachen Balsamtanne aus, in die ich sie hoch hineinhing, unerreichbar für einen Bären, denn ihr Stamm war zu schwach, als daß ein solcher den Baum erklettern konnte.

Als ich eine Stunde später zur Tanne zurückkam, war alles, was ich ausgewaidet hatte, säuberlich abgeräumt worden. Auch am Stamm der Tanne konnte ich frische Krallenrisse von Bärentatzen sehen. Nach der im goldgelben Sand sauber abgedrückten Sohlengröße handelte es sich um einen sehr starken Schwarzbären.

Als Jäger interessierte es mich jetzt natürlich, ob der Bär mich während meines Fischens beobachtet hatte, und ich folgte seiner Fährte. Einwandfrei konnte ich ausmachen, daß er mir gefolgt war! Es verblüffte mich aber, daß dieser Bär mir auch gefolgt war, während ich seine Fährte ausging! Unter Wind hatte er mich umschlagen, und ich konnte im Sand ablesen, wo er sich seitlich gedrückt hatte, um mich an sich vorbeilaufen zu lassen. Diese Beobachtung blieb kein Einzelfall! Ob es nun Neugier oder die Hoffnung war, doch noch zu einem delikaten Saibling zu kommen, blieb ungeklärt. Ich nahm letzteres an und hinterließ dem Petz einen meiner Fische.

Das Verhalten dieses Bären überzeugte mich davon, daß er sicher nicht im Sinne hatte, mit mir anzubändeln.

Angegriffen wurde ich jedoch von einem starken Schwarzbären, den ich mit dem ersten Schuß schmerzhaft angeschweißt hatte.

Im Frühjahr durchschwirren blutgierige Schwarzfliegen den Busch in vielen Landesteilen. Sie sind eine Geißel des Nordlandes. An einem Tage im Mai hatten sie mich grausam behandelt. Überall blutete ich von ihren winzigen Bissen.

Während der Bär mich anlief, mußte ich mich natürlich bewegungslos verhalten, und dies verlangte unter dieser Fliegenplage bereits all meine Willenskraft. Gerade als ich ins Ziel ging, biß mir eine dieser kleinen Teufelsfliegen ein Stückchen Haut aus dem Oberlid des Zielauges. Ich muckte und gab dem Bären einen grausamen Nierenschuß. Sofort nahm er mich an!

Ohne den schnellen und sauberen Fangschuß meines indianischen Begleiters würde ich sicherlich schon lange im Jenseits waidwerken, denn als dieser Schuß verhallte, lag der Bär nur 8 Meter vor uns!

Dieser Angriff hatte seine natürliche Ursache, mit der ein Jäger immer rechnen muß. Dann heißt es einen kühlen Kopf bewahren. Wichtig ist in solcher Situation, unbedingt in die Hocke zu gehen, um ein Überschießen des angreifenden Bären zu vermeiden. Die plump erscheinenden Gesellen sind nämlich überraschend wendig und schnell!

Im zweiten Falle eines Angriffs löste ich diesen ebenfalls aus. Ich handelte unüberlegt hastig. Auf dem Anmarsch zu einem Schirm, den ich mir für den Ansitz auf Weißwedelhirsche gebaut hatte, prallte ich unvermutet mit einem Schwarzbären zusammen, der hinter einer Felsengruppe gelagert hatte. Die Entfernung zwischen uns betrug nur etwa 20 Meter.

Mein erster Schuß kratzte ihn an, und ich sah die schwarzen Haare fliegen. Der Bär kam sofort auf mich zu, sich etwa zehn Schritte vor mir erhebend. Nur daraus konnte ich erkennen, daß er mich annehmen wollte. Hätte er sich nicht aufgerichtet, dann wäre es mir nicht möglich gewesen, in seinem Verhalten sicher einen Angriff zu sehen. Wie ich schon erwähnte, ist die Sehkraft der Bären schlecht, so daß es ebensogut möglich gewesen wäre, daß das Raubtier nur in Panik flüchtig auf mich zukam.

Das interessanteste und schönste Erlebnis mit einem altbetagten schwarzen Buschläufer hatte ich am Watabeag-See, den ich seit vielen Jahren Ende Mai besuchte, um dort auf Seeforellen, Saiblinge und große Nordhechte zu fischen. Der See liegt 22 Meilen südlich des Ortes Matheson in Ontario. Landschaftlich ganz besonders reizvoll gelegen, ist er eines der fischreichsten Gewässer jener Gegend. An seiner nördlichsten Bucht hatte der Schotte Clifford Jessup einst für seine große Familie ein Ferienheim und andere Blockhäuser gebaut, die er später zu einem besonders angenehmen Camp für Touristen, Jäger und Sportfischer umwandelte, seine Alterseinnahmen damit erhöhend.

Eines Vormittags besuchte dieses Camp ein alter Schwarzbär, der an den versteinert ihn anstarrenden Gästen vorbeitrottete, als ob er sie gar nicht gesehen hätte. Er wanderte schnurstracks zu dem aus Rundholz erbauten großen Heim, wo er sich, geduldig wartend, auf die Veranda setzte. Cliff trat hinaus, legte dort für ihn einen großen Hecht ab und verschwand wieder in der Tür, durch die er gekommen war. Der alte Bär griff sich sofort den Fisch und verließ auf demselben Wege, den er gekommen war, das Camp. Die Mehrzahl der Gäste beobachtete seinen Abmarsch nun von den Fenstern der Hütten aus. Nur diejenigen, die mehr Mut hatten, blieben stehen, wo sie gerade waren.

Cliff, mit dem ich mich angefreundet hatte, erzählte mir an jenem Abend, daß der Bär seit einigen Jahren dann und wann erschien, um sich einen Fraß abzuholen. Niemals hätte er einen Gast belästigt oder sich unfreundlich gezeigt. Stets hätte er geduldig auf der Veranda gewartet und sich mit dem hinweggetrollt, was man ihm gab.

Einige Tage später fischte ich vom Ufer aus vor einer in den See verlaufenden Sandbank auf Seeforellen. Bereits gefangene Fische hatte ich hinter mir abgelegt. Während ich wieder einen Fisch im Drill hatte, vernahm ich plötzlich in meinem Rücken ein Geräusch. Mich umwendend, sah ich, wie sich ein alter Schwarzbär eine der drei hinter mir liegenden Seeforellen nahm. Ohne mich zu beachten, trollte er dann über die Lichtung in den Busch. Ich vermutete, daß es derselbe war, den ich Tage zuvor Cliff seinen Besuch abstatten sah, denn dieser Bär hatte denselben ergrauten Fang.

Jeden Tag fischte ich nun um die gleiche Zeit am gleichen Platz in der Hoffnung, den alten Waldläufer wiederzusehen. Dies geschah drei Tage später! Ohne seinen Trott zu unterbrechen, kam er langsamen Schrittes auf mich zu, fand aber keinen Fisch, weil ich noch keinen gefangen hatte. Gespannt wartete ich, was er nun tun würde. Er zog sich nur einige Meter von mir zurück und setzte sich dann nieder. Ich sprach in weichem Tonfall zu ihm, und als ob er Wind nahm, hob er etwas den dicken Kopf, lüftete leicht die Oberlippe und äugte mich dann ruhig an. Ich fühlte, daß ich nicht in Gefahr war, und setzte das Fischen mit dem Spinner fort, schließlich auch mit Erfolg. Den Fisch vom Haken lösend, warf ich ihn dem schwarzen Besucher zu, der ihn griff und im Busch verschwand.

Dann lief mein Urlaub ab, ich mußte heimfahren. Im nächsten Jahr war ich wieder zur gleichen Zeit am Watabeag-See, und meine erste Fahrt im Boot führte mich zu dem Platz vor der Sandbank. Schon am nächsten Tag besuchte mich der alte Bär! Ohne Zweifel hatte er schon große Schwierigkeiten, sich ausreichend selbst zu ernähren, denn er sah in diesem Frühling gegenüber dem Vorjahre viel magerer aus. Auch hatte sein Pelz nicht mehr den leuchtenden, seidigen Glanz, den er im Frühjahr haben sollte.

Während dieser Ferien besuchte er mich an drei Tagen, immer um dieselbe Zeit. An einem dieser Tage hatten mich zwei Gäste des Camps begleitet, die von dem alten Bären Aufnahmen machen wollten. Dieser erschien auch am Waldesrand, von wo aus er unsere Gruppe beobachtete, dann wendete er sich ab und tauchte im Urwald unter. Das war für mich besonders interessant, denn es bewies mir, daß er Vertrauen zu mir gefunden hatte, nicht aber zu den anderen ihm fremden Gästen.

Als der Bär am nächsten Tage wiederkam, um sich einen Fisch abzuholen, sprach ich einige Minuten zu ihm. Unbeweglich saß er da und äugte mich unentwegt an. Während ich fischte, war er leise davongegangen.

Im darauffolgenden Jahr sah ich meinen schwarzen Freund nur noch einmal wieder. Sehr langsam und schwerfällig und stark abgemagert erschien er aus dem Busch und legte sich etwa zehn Meter von mir entfernt nieder. Diesmal trat ich näher an ihn heran, als ich ihm einen Fisch vor den Fang warf. Ruhig äugte das Tier mich an, ließ den Fisch aber unberührt! Dies zeigte mir, daß seine Lebensuhr bald ablaufen würde. Ich setzte das Fischen mit dem Spinner fort. Als ich mich nach einer Weile umsah, trottete er langsamen Schrittes in den Wald zurück. Er kam nicht wieder! Cliff und ich suchten nach seinem letzten Lager, doch wir fanden es nicht. So blieb es sein Geheimnis, wo er sich zur letzten Ruhe ausgestreckt hatte.

SECHSTES KAPITEL

Nächtlicher Besuch

Abenddämmerung legte sich über die einsame Landschaft, als mein Jagdkumpan und ich erschöpft ein tief im nordischen Urwald liegendes Holzfällercamp nach langer Autofahrt auf einem ausgefahrenen Holzabfuhrweg erreicht hatten. Fünfzehn Stunden hatten wir, uns gegenseitig abwechselnd, hinter dem Steuerrad gesessen, bis wir den ausgewählten Jagdraum endlich erreicht hatten. Dankbar nahmen wir die Einladung des „foreman" an, im Camp zu übernachten.

Die „lumber-jacks", rauhe aber prächtige Gesellen, nahmen uns freundlich in ihrem Kreis auf und stellten zwei Feldbetten für uns in einer der Blockhütten auf. Dafür spendeten wir eine Flasche Feuerwasser, und der „nordische Tee" half schnell, Freundschaft zu schließen. Als wir uns am nächsten Vormittag verabschieden wollten, um irgendwo in der Nähe des Camps unser Zelt aufzustellen, wurden wir zum Verweilen eingeladen.

An jedem Tag dieser Woche hatten wir uns dort, wo wir frische Trittsiegel von Schwarzbären ausgemacht hatten, angesetzt, waren aber ohne Erfolg geblieben. Nun standen uns nur noch zwei Jagdtage zur Verfügung, bevor wir uns wieder auf den Heimweg machen mußten. Am letzten Abend vor unserer Abfahrt saßen wir wieder in der Runde der stets fröhlichen Holzfäller und hörten uns ihre oftmals haarsträubenden Geschichten an. Wenn sie auch sicherlich manche Übertreibung einschlossen, so trug doch jede ein Körnchen Wahrheit in sich.

Fast sahen sich die hartgesottenen Burschen alle gleich, denn ein jeder von ihnen trug einen dichten Vollbart, der während des Winters gewachsen war. Nur noch einige Wochen, dann würden Einschlag und Abdriften der Stämme eingestellt werden und erst im Herbst wieder beginnen. Im Sommer aber würden die Männer eine neue „bush-road" ausholzen, um frische Einschlagsräume zu erschließen.

Mein Jagdfreund und ich wollten uns gerade zur Nacht verabschieden, als Monsieur Louis, der Koch, mich bat, ihm gefällig zu sein. Er wollte aus einem fünfzig Meter entfernt gelegenen Vorratshaus Lebensmittel für den nächsten Tag holen, wobei ich ihm mit meiner Taschenlampe leuchten sollte. Er wandte sich an einen Hünen von Mann mit Vornamen Alex und forderte ihn auf, uns ebenfalls zu begleiten.

Die Nacht war pechschwarz. Der Koch marschierte voraus, ich folgte ihm, hinter mir Alex. Dieser ließ die Tür des Vorratshauses nach unserem Eintritt offenstehen. Von dem unter dem Giebel angebrachten Gestänge schnitt Monsieur Louis eine Speckseite ab, die er auf einer Kiste ablegte. Dann ging er in eine Ecke des etwa sechs mal sechs Meter großen Raumes, ergriff einen Sack voll Mehl, den er Alex auf die Schulter legte. Dieser blieb, wie sich später herausstellte, mit Schuhsohle oder Absatz an einem aus dem Fußboden hervorstehenden Nagel hängen, so daß er sein Gleichgewicht verlor und stolperte. Der Mehlsack rutschte von seiner Schulter, schlug mir die Taschenlampe aus der Hand und ließ sie verlöschen.

In diesem Augenblick bekam Monsieur Louis einen derben Stoß in den Rücken, der ihn vornüberfallen ließ. Wohl annehmend, daß Alex, der Hüne, ihm zornig den Stoß versetzt hatte, sprang er auf und bohrte seine Faust wuchtig in die Richtung, aus welcher der derbe Puff gekommen war. Daß er getroffen hatte, ließ sich an einem schmerzerfüllten und seltsamen Grunzen erkennen. Dann bekam der Koch einen groben Schlag auf die linken Rippen, der ihn auf den Mehlsäcken in der Ecke landen ließ.

In diesem Moment fand ich meine Taschenlampe wieder und ließ sie aufleuchten.

Louis, der Koch, saß – grün im Gesicht – auf den Mehlsäcken, beide Hände auf den mißhandelten Rippen. Alex stand neben einem Stapel Kisten in der Mitte des Raumes. Seine Augen waren genau so kreisrund und weit aufgerissen wie sein Mund, der als eine dunkle Öffnung in seinem feuerroten Vollbart stand.

Auf der Türschwelle der Hütte aber saß ein voll ausgewachsener Schwarzbär auf seinen Keulen und schickte sich an, die geräucherte Speckseite zu vertilgen, deren Wohlgeruch wegen er sicherlich oftmals nachts um die Vorratshütte geschlichen war. Er würdigte uns nicht eines einzigen Blickes, wofür wir ihm dankbar zu sein hatten!

Alex' Stirn wurde feucht, die meine auch. Langsam suchte er volle Deckung hinter dem Kistenstapel. Ich folgte seinem guten Beispiel. Louis' so unsanft behandelter Magen rebellierte empört, und der Petz kaute begeistert und laut schmatzend an der appetitlich duftenden Speckseite und ließ sich nicht stören. Nach einer uns eine Ewigkeit dünkenden Zeit verabschiedete er sich schließlich ohne Dankesblick und verschwand in der finsteren Nacht.

Alex, der Hüne, setzte sich dort, wo er stand, auf den Fußboden, und da auch meine Beine so merkwürdig weich geworden waren, setzte ich mich neben ihn. Die Stille im Raum wurde nur durch das Zischen unterbrochen, mit dem Alex den komprimierten Überdruck aus seiner Lunge entließ. Dann brachte uns das leise Stöhnen des Kochs schnell auf die Beine. Wir schlugen Alarm, und die „lumber-jacks" eilten herbei.

Nicht nur, daß Monsieur Louis eine oder einige Rippen gebrochen hatte, auch sein stolzes Selbstbewußtsein zerbrach in dieser Nacht! Die rauhen Gesellen hänselten ihn grausam wegen des notwendig gewordenen Wechsels seiner Unterwäsche, bis es Alex zuviel wurde. Er stand dem doppelt Unglücklichen bei, ergriff einen der Burschen am Hosenriemen, hob ihn mit einem Arm hoch und donnerte den Lästerer gegen das Rundholz der Hüttenwand, wofür Monsieur Louis mit einem Anflug von Lächeln dankte. Mein Freund und ich brachten den Koch am kommenden Vormittag zum nächsten Hospital.

Im Mai des folgenden Jahres trafen wir Monsieur Louis, den Koch, seinen Leibwächter Alex, den Hünen, und die meisten der „fellows" erneut, und die Wiedersehensfreude war so groß, daß wir am nächsten Morgen kaum aus den Augen sehen konnten!

SIEBENTES KAPITEL

Vermisst

Beim ersten Lichtschimmer eines Maitages waren wir wieder in den wilden Busch eingedrungen, um nach unserem Kameraden Bob zu suchen. Schon zwanzig Stunden waren vergangen, seit wir Vier auf einer Lichtung im Urwald um ein Lagerfeuer gesessen hatten, auf dem wir frisch gefangene Saiblinge gekocht und mit gebräunter Butter in eine seltene Gaumenfreude verwandelt hatten. Zwei Stunden später hatten wir bestürzt festgestellt, daß Bob fehlte! Bis zum allerletzten Lichtschein hatten wir nach ihm gesucht, doch vergeblich. Dann hatten wir uns nach einem erhöht gelegenen, trockenen Platz umgesehen und waren erschöpft eingeschlafen.

Beim ersten Dämmerlicht waren wir wieder auf den Beinen. Nicht eine Minute Rast gönnten wir uns an diesem Tage. Einen Imbiß nahmen wir nur hastig während des ununterbrochenen Fahndens nach dem Freunde ein. Mit zerrissener und durchnäßter Bekleidung, bis an die Hüften mit Morast beschmutzt, erreichten wir bei Beginn der Nacht und mit dem Aufwand unserer letzten Kräfte meinen Wagen, den wir neben dem Trans-Canada-Highway zwischen den Orten Longlac und Hearst in Ontario geparkt hatten. Unsere große Hoffnung, hier den Freund vorzufinden, erwies sich leider als trügerisch.

Meine Waidgenossen, George und Gustav, schliefen sogleich fest ein. Mich hielt die große Sorge um den Vermißten wach, denn ich hatte selbst einmal an Leib und Gemüt erfahren, daß bei einem Herumirren im Busch Leben und Tod dicht beieinanderstehen! Nur harte, nervlich gesunde Naturen mit starkem Selbstvertrauen und großer Buscherfahrung haben die Chance, in die Zivilisation zurückzufinden.

Meine große Angst um das Leben des Freundes empfand ich fast als einen physischen Schmerz, wenn ich an seine Frau und seine beiden Söhne dachte, und ich machte mir bittere Vorwürfe, Bob nicht besser im Auge behalten zu haben. Da ich ihn eingeladen hatte, mit uns auf Saiblinge zu fischen und auf den Frühjahrsbären zu jagen, fühlte ich mich auch verantwortlich für seine Sicherheit.

Ich schaltete das Innenlicht des Wagens ein und studierte zum soundsovielten Male die Karte des Geländeabschnittes nördlich der Fernstraße. Ich suchte auf ihr nach zwei Seitenbächen, deren Einmündung in das von uns befischte Wildwasser ich gesehen hatte, fand sie aber auf der Karte nicht vermerkt. Der Gedanke an sie als Orientierungshilfe gab mir einen Hoffnungsschimmer.

Auch suchte ich mich dadurch zu beruhigen, daß ich Bob als einen selbstsicheren, furchtlosen und energischen Mann kennengelernt hatte, der als leidenschaftlicher Petrijünger und passionierter Nimrod viele Jahre Buscherfahrungen hatte. Ich wußte auch, daß er Notproviant für eine Woche mit sich führte, denn jeden der Kameraden hatte ich danach befragt, bevor wir den wilden Busch betreten hatten. Ein starkes Waidmesser und Streichhölzer hatte ich bei ihm gesehen. Bob liebte die Pfeife, wie auch ich. Und als selbstverständlich setzte ich voraus, daß er sich einen Kompaß und spezielles Einreibeöl gegen Schwarzfliegen eingesteckt hatte, ohne die kein buscherfahrener Mensch den Urwald betreten wird, besonders nicht im Frühjahr, wenn Wolken von blutgierigen Schwarzfliegen den Busch durchschwirren und Mensch und Tier erbarmungslos peinigen. Ohne Schutzmittel bedeutet selbst ein nur kurzer Aufenthalt von wenigen Minuten eine Qual.

Daß Bob von Raubtieren belästigt würde, erwartete ich nicht, obwohl er keine Waffe mit sich führte, weil wir bei dem bedeckten Wetter, an dem Bachsaiblinge besonders gut beißen, zunächst auf sie fischen wollten. Wir taten dies meist, wenn wir das Frühjahrswaidwerk begannen, denn die Liebe zur Mutter Natur geht auch durch den Magen.

Während mich alle diese Gedanken etwas beruhigt hatten, verstärkte sich meine Unruhe wieder in der Sorge, daß Bob einen ernsten Unfall gehabt haben könnte. So wurde ich zwischen Hoffnung und Angst hin- und hergerissen, und dies zwang mich, einen Entschluß zu fassen. Mich daran erinnernd, wie ich mich selbst verhalten hatte, als ich im wilden Busch von meiner Jagdgruppe abgekommen war und zwei Tage und drei Nächte lang meinen eigenen Betrachtungen überlassen geblieben war, wurde mir klar, daß Bob – gleich was auch passiert war – sicherlich versuchen würde, ein Feuer anzulegen, um Rauchzeichen zu geben, wo nach ihm zu suchen sei!

Tiger-Musky

Saiblinge

Watabeag-See

Algonquin-Indian

Als ob mich ein elektrischer Schlag getroffen hätte, kam mir die Erkenntnis, was zu tun notwendig war! Ich startete den Motor meines Wagens und fuhr den Trans-Canada-Highway nach Osten entlang, nach einem Schild Ausschau haltend, das mir die vorausliegende Station eines Polizeipostens ankündete. Fast zwei Stunden fuhr ich mit hoher Geschwindigkeit durch die Nacht, bis endlich das ersehnte Zeichen im Licht der Scheinwerfer aufleuchtete.

Der diensttuende Beamte sah mich erschrocken an, als ich in den Raum trat. Erst als ich mich vorgestellt hatte, veränderte sich sein mißtrauischer Gesichtsausdruck. In meiner zerrissenen und beschmutzten Kleidung schien er mich wohl zuerst für einen Vagabunden gehalten zu haben.

Mit genauen Zeit- und Ortsangaben machte ich meinen Bericht und bat darum, für den nächsten Morgen ein Buschflugzeug anzufordern, dessen Besatzung nach Rauchzeichen in dem fraglichen Raum Ausschau halten sollte. Um sofort verständigt werden zu können, bat ich um die Bereitstellung von Beamten, die mit Kurzwellen-Sprechfunkgeräten ausgerüstet waren und mit der Besatzung des Wasserflugzeuges ständig Verbindung halten konnten.

Schon nach wenigen Minuten wurde mir mitgeteilt, daß ein Flugzeug des „Ontario Department of Lands and Forests" am nächsten Morgen eingesetzt und ein geländekundiger Beamter bei Morgengrauen eintreffen würde. Weitere Beamten würden von der „Ontario Provincial Police" zu unserer Unterstützung entsprechend angewiesen werden. Auch erfuhr ich, daß eine Ambulanz mit Personal zu der von mir angegebenen Meilenzahl in Marsch gesetzt werden würde.

Dann holte ich meinen Schlafsack aus dem Wagen und streckte mich auf dem Fußboden des Raumes aus, erschöpft in tiefen, traumlosen Schlaf fallend.

Es war noch dunkel, als ich geweckt wurde. Der Forstbeamte Charles war eingetroffen, und wenige Minuten später traten zwei Beamte der OPP in den Raum. Bald brachen wir zum vereinbarten Punkt auf, den wir erreichten, als die Sonne ihre ersten Strahlen über die endlosen Wälder schickte. Eine halbe Stunde später traf auch der Sanitätswagen ein. Sein Fahrer war ein nach Kanada eingewanderter Engländer mit Vornamen Gordon, und der Sanitäter Rudy stammte aus Ungarn.

Kurz nach sechs Uhr morgens vernahmen wir im Westen Motorengeräusche, und bald kreiste über uns ein Wasserflugzeug, in dem wir zwei Insassen erkennen konnten. Der Pilot schaukelte mit den Tragflächen als Zeichen, daß er uns gesehen hatte, und gleichzeitig ertönte aus dem Kurzwellengerät eine Stimme. Im Zwiegespräch wurde vereinbart, daß zwei Suchgruppen den beiden Bächen folgen sollten, die auf den Karten nicht vermerkt waren. Man wollte uns in wenigen Minuten den Verlauf dieser Bäche möglichst genau beschreiben. Dann würde der Pilot zu kreisen beginnen und die Kreise beständig erweitern. Der Kontakt durch die Sprechfunkgeräte sollte ständig aufrechterhalten bleiben.

Der Forstbeamte Charles, George und der Sanitäter Rudy bildeten die erste Gruppe, der OPP-Korporal Chester, Gustav und ich die zweite. Außer einer Hängematte nahm jede Gruppe noch eine Axt mit. Gordon und Jack von der OPP blieben bei den Fahrzeugen.

Schon während des Anmarsches zu den Mündungen der Bäche in das Wildwasser bekamen wir brauchbare Angaben über ihren Lauf. Beide waren die Abflüsse von kleinen Seen. Einer der Bäche floß ungefähr drei Meilen nördlich, der andere verlief in einem großen Bogen, in seinem weitesten Abstand von der Fernstraße etwa fünf Meilen entfernt, dann parallel zu ihr aus Westen kommend als Abfluß eines Sees, der etwa 9 bis 10 Meilen von uns entfernt war. Diesem Bach folgte die Gruppe Charles.

Alle bloßliegenden Körperteile mit Antischwarzfliegen-Öl geschützt, begann unsere Gruppe die Nachsuche ruhiger und langsamer als in den vorausgegangenen Tagen, und wir achteten dabei aufmerksam auf Fußspuren. In einem sumpfigen Gelände neben dem Bach, an dem wir uns entlangarbeiteten, fand Chester auch tatsächlich Bobs Spur. Deutlich sichtbar stand sie im Morast! Sofort meldeten wir es der Besatzung des Buschflugzeuges und der Gruppe Charles. Dann verlor sich die Fußspur im trockenen Gelände, wurde aber noch einmal auf einem feuchten Geländestreifen eine halbe Meile weiter nördlich sichtbar.

Etwa eine Stunde später meldete Charles, daß seine Gruppe ebenfalls auf die Spur des Verirrten gestoßen sei, die in westlicher Richtung führte. Damit wußte ich, daß Bob keinen Kompaß mithatte.

Wenige Minuten später meldete sich die Flugzeugbesatzung und gab durch, daß in der Nähe eines kleinen Sees im Westen schwacher Rauch aufsteige, den der Pilot sogleich anfliegen würde. Diese Nachricht spannte unsere Nerven auf eine wahre Folter, bis uns dann endlich die erlösende Durchsage erreichte: „Wir haben ihn gefunden! Der Vermißte lagert am Südufer eines kleinen Sees, von dem der Bach abläuft, dem die Gruppe

Charles folgt. Euer Freund weiß, daß wir ihn gesehen haben. Wir schaukelten mit den Tragflächen, worauf er einen Arm hob. Unser Flugzeug hier zu wassern ist unmöglich, weil der See zu klein ist. Wir werden dies auf einem etwa vier Meilen weiter nordöstlich gelegenen See tun. Haltet uns informiert!“

Mit Charles vereinbarten wir, daß er uns bei Ankunft an jenem kleinen See die Kompaß-Marschzahl durchgeben sollte, der wir zu folgen hatten. Dann gönnten wir uns erst einmal eine halbe Stunde Ruhe und Entspannung und stärkten uns durch einen schnellen Imbiß. Als die unsere Sorgenlast von uns nehmende Mitteilung uns erreicht hatte, wurden mir die Augen vor Freude feucht. Erleichtert wanderten meine Gedanken wieder zu Bobs Frau und Söhnen. Chester legte mir wortlos seine Hände auf die Schultern. Ich hatte einen neuen Freund gewonnen. Er blieb nicht der letzte, den mir der wilde kanadische Busch zugeführt hatte!

In ihm werden Herkommen und Nationalitätsbewußtsein unwichtig, er läßt die Menschen, die ihn betreten, schnell erkennen, daß sie alle voneinander abhängig sind und der Begriff Freundschaft noch großen Wert und Gehalt hat. Ja, er ist ein strenger Erzieher und duldet nicht Schwächen, Halbheit, Unzuverlässigkeit oder Feigheit. Er kennt auch keine Unterschiede in Rasse und Hautfarbe und ist ein harter, oftmals grausamer, aber gerechter Richter!

Um 11.45 Uhr gab uns Charles die Marschzahl bekannt. Er berichtete, daß seine Gruppe Bob erreicht hätte. Dieser habe hohes Fieber, sei sehr schwach, jedoch bestehe nach seiner und des Sanitäters Rudy Ansicht keine Lebensgefahr. Wir sollten uns aber beeilen, damit der Gefundene so schnell wie möglich in ärztliche Obhut käme. Dann hörten wir, wie er dem Piloten die Anweisung gab, zu seiner Flugbasis zurückzukehren und den Erfolg der Suchaktion zu melden.

Um 15 Uhr hatten wir den Platz erreicht, wo Bob mit letzter Kraft ein schwaches Feuer angelegt hatte, vermutlich erst dann, als er das Flugzeug hörte. Als ich den Freund wiedersah, war ich entsetzt! Sein Gesicht war völlig entstellt, seine Augen zugeschwollen. Rudy sagte uns, daß Bobs Gesicht, Nacken und Hände von verkrustetem Blut überzogen waren; die Schwarzfliegen hatten ihn grausam zerbissen. Was der Bedauernswerte durchgemacht hatte, ahnten wir nur, und es war uns klar, daß es allerhöchste Zeit gewesen war, den Mann zu finden!

Die Injektion, die Rudy ihm sofort gegeben hatte, zeigte schnell ihre wohltuende Wirkung, und Bob schlief tief und fest, als wir eingetroffen waren. Wir schlugen eine kräftige Tragstange für die Hängematte und legten ihn hinein. Während vier von uns die Last trugen, schlugen die zwei übrigen Männer, wo notwendig, den Weg frei. Alle halbe Stunde wechselten wir von Schulter zu Schulter.

Um 18.20 Uhr hatten wir unsere Fahrzeuge erreicht. Gleich darauf sahen wir der Ambulanz nach, bis sie in einer Kurve unseren Blicken entschwand.

Wochen später fuhr ich mit George und Bobs Jungen zu dem Krankenhaus im Norden, um den Vater abzuholen. Auf der Heimfahrt versuchten wir zu ergründen, warum Bob sich verirrt hatte:

Wir waren damals dem Wildwasser stromaufwärts gefolgt, als wir das Fischen auf Saiblinge begonnen hatten. Nach unserer noch gemeinsamen delikaten Fischmahlzeit war Bob dorthin zurückgekehrt, wo er aus einem tiefen Kolk unterhalb eines über den Wildbach liegenden Stammes zwei Saiblinge gezogen hatte. Wie erhofft, hatte er hier einen dritten guten Fisch gefangen. Anschließend hatte er den Wildbach weiter stromabwärts überquert, um vom anderen Ufer aus sein Heil zu versuchen. Dem Wildwasser wieder stromaufwärts folgend, war ihm während des Fischens die Einmündung eines anderen Baches nicht aufgefallen, so daß er unbewußt diesem stromaufwärts gefolgt war. Schließlich hatte er erkannt, daß er von uns abgekommen war. Anstatt wieder dem Bach stromabwärts zu folgen, hatte er ihn verlassen, um einen Bogen, den der Bach machte, abzuschneiden. Damit hatte seine Irrfahrt begonnen!

Zutiefst erschrocken hatte er bemerkt, daß er seinen Kompaß in meinem Wagen gelassen hatte! Daß er sich in südlicher Richtung bewegen mußte, um die Fernstraße zu erreichen, war ihm klar gewesen. Jedoch hatte sich der Himmel stark bewölkt und ein Sumpfgebiet ihn gezwungen auszuweichen, wodurch er die letzte Orientierung verloren hatte.

Dann war es dunkel geworden, und er hatte sich nach einem trockenen Platz für die Nacht umgesehen, wo er ein Feuer anlegen konnte. Morgens hatte er einen der Fische verzehrt und die Zuversicht gewonnen, daß er mittags die Fernstraße erreicht haben würde, denn der hellere Lichtschein im Osten hatte ihn wissen lassen, in welcher Richtung er nach ihr zu suchen hatte.

Sorgfältig hatte er sich mit dem Antifliegen-Öl eingerieben, das Lagerfeuer gelöscht und sich auf den Weg gemacht. Unglücklicherweise hatte er das Fläschchen mit dem Fliegenöl dort auf einem Felsbrocken stehenlassen, womit die Katastrophe begonnen hatte. Solange er die Pfeife hatte rauchen können, waren die Teufelsfliegen zu ertragen gewesen. Dann war der Tabak zur Neige gegangen, und die Schwarzfliegen waren erbarmungslos über ihn hergefallen, so daß er fast blind geworden war!

Bobs Jungen sind inzwischen herangewachsen und begleiten nun ihren Vater auf Jagd und Fischwaid im wilden Busch!

ACHTES KAPITEL

Mein Traumelch

Viele Jahre suchte ich nach ihm, und ich wußte genau, wie seine Krone aussehen würde: breit ausliegend, mit zwei tiefgemuldeten, starkwandigen Schaufeln, die weit nach hinten über den Träger ragen, und deren lange und starke Enden sie gleichförmig und zahlreich rahmen!

Überall hatte ich nach dem Urigen gesucht, der diese Krone trägt, in den üppigen Mischwäldern südlich der kanadischen Taiga, in ihren geheimnisvollen, einsamen, stillen, unendlichen Nadelholzwäldern bis fast zur Tundra, in heimlichen Tälern und sumpfigen Niederungen, an den Hängen der Höhen und Berge und hinab zu den Fluten zahlreicher Seen, an den Ufern verschwiegener Wildwasser und in den Schilffeldern entlang der Ströme und Flüsse.

Ungezählte Recken seiner Sippe waren mir begegnet, und ich sprach den Schmuck ihrer Häupter genau an, doch der des Waldkönigs war nicht unter ihnen.

In jedem Jahr, wenn der Urwald wieder sein Festkleid in den tausendfach leuchtenden Farben des Herbstes anlegte und das Honken der nach Süden ziehenden Wildgänse wieder aus der Höhe des lichtgefüllten Himmelsdomes oder der Kuppel einer sternklaren Nacht erschallte, machte ich mich wieder auf, um nach dem Elchhirsch zu suchen, von dem ich träumte.

Schon ein Dutzend Jahre war vergangen. Gewaltige Elche, wahre Kolosse, hatte ich gesehen, die oftmals aber nur schwache Schaufeln trugen, oder deren Geweihe Fehler zeigten und unschön geformt waren. Schwache Hirsche kreuzten meine einsamen Pürschwege, die breite, aber blattdünne und sperrige Schaufeln trugen. Dann kam ich zum ersten Male in ein Gebiet, dessen Seen, Flüsse und schäumende Wildwasser oftmals eine milchige Färbung zeigten, und ein Jagdfreund und ich erkannten, daß wir hier auf dem kalkreichen Boden die Trophäen suchen mußten, deren Bilder wir schon jahrelang mit uns umhertrugen.

Als ich hier den ersten Elchhirsch sah, glaubte ich, meinen Augen nicht trauen zu können! Ein noch junger, erst angehender Kämpe äste vor uns in einem Flußbett. Da ein kräftiger Wind auf uns zustand, nahm der Hirsch uns nicht wahr. Auch Elche haben ein schlechtes Sehvermögen. Viele Minuten lang betrachteten wir den jungen Hirsch, dessen noch schaufelloses Geweih von einer Stärke war, wie ich es niemals zuvor bei solchem Jüngling gesehen hatte. Massiv und kräftig war auch sein Körperbau, und seine Decke glänzte wie die eines wohlgepflegten Pferdes.

Eine Stunde später machte mich mein Jagdfreund auf einen Elchhirsch aufmerksam, der inmitten eines breiten Schilffeldes äste. Der Wind stand uns entgegen, und wir beschlossen, das Boot weiter stromabwärts in das Schilf zu stoßen in der Hoffnung, daß der Elch auf uns zu äsen würde. Er tat dies, und nach einer Weile stand er uns auf etwa 60 Meter gegenüber. Mit seiner langen Oberlippe zupfte er an den Spitzen des Schilfes, dann trat er ins offene Wasser und griff sich saftige Bündel von Wildem Reis, der hier üppig zu wachsen schien.

Wieder versetzten mich der stämmige Körperbau sowie das sehr gut entwickelte und starke Geweih des etwa vierjährigen Elches in Erstaunen. Dunkel war die Farbe des Geweihes, nur an den Enden in hellerem Braun getönt. Nie zuvor hatte ich in gleicher Jahreszeit diese gesunde, tiefbraune Geweihfarbe beobachtet. Leise unterhielten mein Freund und ich uns über unsere Beobachtungen. Der Hirsch schien es gehört zu haben, denn plötzlich strebte er eilig dem etwa 300 Meter entfernt liegenden Urwald zu. Hastig stießen wir das Boot aus dem Schilf und versuchten, dem Elch den Weg zu verlegen. Es gelang, wir zwangen ihn, vor unserem Boot eine Bucht erst watend und dann rinnend zu durchqueren. Seine urige Kraft bewies uns erneut die hohe Bugwelle vor seiner Brust, als er dem Ufer zurann.

Hier machten wir eine Fahrtpause, um einen Imbiß zu nehmen. Wo wir uns niedersetzten, lag der Seestrand voller Kalkgestein, das vom Wasser des Flusses in bizarren Formen ausgewaschen worden war. Teilweise war es so weich, daß wir es mit den Waidmessern schneiden konnten. Andere Stücke dagegen widerstanden der Zerstörung, sie waren sehr hart. Auf dem Spiegel des auch hier milchigen Wassers spielten die schmalen Blätter von Wildem Reis. In Büscheln konnten wir ihn aus der Flut ziehen, und nun wurde uns völlig klar, warum die körperliche Konstitution der Elche hier außergewöhnlich stark und gesund war!

Das Ziel, dem wir zustrebten, war uns unbekannt. Die Karten gaben uns lediglich die Richtung an, die wir einzuschlagen hatten, um einen See zu finden, der ohne Namen eingezeichnet war. Von dem See aus, auf dem uns der Pilot des Wasserflugzeuges abgesetzt hatte, führte der Kesagami-River nach Norden, und wir schätzten, daß wir nach 18 bis 20 Meilen den Zielsee erreicht haben würden, durch den der Fluß weiter nach Norden zum Kesagami-See läuft.

Leise tuckerte der kleine Außenbordmotor, der das Frachtkanu antrieb, und schob das für Elchjagd ideale Boot spielend leicht voran. Der Sonnenstand mahnte, daß der Tag zur Neige ging, deshalb sahen wir uns nach einem geeigneten Platz an den Ufern um, wo wir das Zelt aufstellen konnten. Wir fanden ihn auf einer in den Fluß vorgeschobenen schmalen Halbinsel. Besser konnten wir nicht gewählt haben. Schnell war das selbsttragende Zelt errichtet, und bald loderte unser Lagerfeuer in der sternklaren Nacht. Nirgends leuchten die Sterne so intensiv wie im Norden Kanadas, und ihr Schein legt einen feinen Silberglanz über die wilde, romantische Einsamkeit.

Leichter Frost ließ uns dicht an das Feuer rücken, und wir lauschten den Stimmen der Wildnis, die uns teils bekannt, teils unbekannt waren. Wie wir es erwartet hatten, glühte der nächtliche Dom im Norden auf, und bald boten uns die bunten Farbschlangen des Nordlichtes unter dem nächtlichen Himmelszelt ein gigantisches Schauspiel. In solch lichtgefüllter Nacht konnten wir keinen Schlaf finden. Der Glanz hielt unsere Augen mit magnetischer Kraft gebannt. Gebündelte Strahlen jagten hinauf in das Universum und verkündeten die Allmacht des Schöpfers. Plötzlich fielen sie in sich zusammen, um erneut und lichtvoller wieder aufzublenden.

Als wir um zwei Uhr nachts in die Schlafsäcke krochen, wehten die Schleier des Polarlichtes immer noch über uns.

Erschrocken richtete ich mich auf, als mein Freund mich wachrüttelte. Er legte einen Zeigefinger über seine Lippen und mahnte mich, leise zu bleiben. Mich aufrichtend, sah ich durch das Fliegennetz des Zelteinganges einen feisten Biber am Uferrand, nur wenige Meter von uns entfernt. Neugierig betrachtete er das seltsame Gebilde des Zeltes und blieb einige Minuten völlig bewegungslos sitzen, so daß wir ihn mit Muße anschauen konnten. Leise bereitete ich meine Kamera für eine Portraitaufnahme vor und bat den Freund, langsam den Reißverschluß des Zelteinganges zu öffnen. Da zeigte uns der „Architekt der Wildnis“, wie gewandt und blitzschnell sich ein etwa 30 Kilogramm schwerer Biber herumwerfen kann! Bevor er unter Wasser zur sicheren Burg rann, knallte sein Kellenschlag in den stillen Morgen, und hoch stieg eine Wasserfontaine auf, wo er getaucht war.

Dann wollte mein Freund sein Morgenbad nehmen. Im Vorhaben, das gleiche zu tun, prallte ich im Zelteingang mit ihm zusammen. Mich mit hartem Griff an den Armen packend, schob er mich jedoch zurück und flüsterte leise: „Elch!“ Hastig entnahm er seine Büchse dem Futteral, schob drei Patronen in die Kammer und schlich aus dem Zelt. Dann backte er auch schon an, und ein Schuß zerriß die Stille der Frühe. Noch einmal schoß der Freund nach. Dann hörte ich ein dumpfes Geräusch, als ob ein Baumstamm auf das Wasser gefallen wäre. Da ich noch immer im Zelt stand, konnte ich nur durch einen schmalen Spalt hinausschauen, doch des Freundes jubelnder Aufschrei sagte mir genug. „Komm heraus“, rief er, „der Elch liegt!“

Nur 42 Meter entfernt lag der Hirsch am Ufer, an dem wir zelteten. Sein Geweih konnte ich nicht sehen, denn es lag hinter ihm und teilweise im Wasser. Durch den Uferbusch arbeiteten wir uns an den gestreckten Elch heran.

Welch ein Anblick!

Mein Freund hob das Haupt des Gefällten, und wir sahen auf eine wundervolle, ebenmäßig gewachsene Trophäe. Wie bei den vorher gesehenen Elchhirschen, hatte auch dieser ein dunkles Geweih, dessen zwanzig Enden gleichförmig, wahrlich wie die Zacken einer Krone, die Schaufeln säumten. Mein Freund hatte einen Hirsch in dessen besten Jahren gestreckt. Wie auch ich, hatte er viele Jahre nach der Trophäe gesucht, die ihm vorschwebte, und hatte unzählige Möglichkeiten ungenutzt gelassen.

Herzlich gratulierte ich ihm zu seinem Erfolg vor der Haustür!

Der Schaufler hatte mitten im Fluß gestanden, als mein Freund ihn sah. Vermutlich durch den Kellenschlag des Bibers beunruhigt, war er langsam unserem Ufer zugezogen. So war dem Freund nicht viel Zeit geblieben, nach Waffe und Munition zu greifen. Auf die kurze Entfernung saßen beide Geschosse wie gewünscht, das erste mitten auf dem Blatt, das zweite auf dem Träger.

Es gab nun zu tun! Mit Hilfe eines Flaschenzuges hing der Elch bald fertig für die rote Arbeit an einem Fichtenstamm. Wir hatten es nicht eilig und ließen uns viel Zeit, sie gut und sauber zu verrichten. Dann suchten wir uns mehrere Stämme aus, die ein Schwarzbär nicht erklettern konnte, also solche, die er nicht zu umgreifen vermochte oder die im Durchmesser zu schwach waren. An ihnen hängten wir das Wildbret in Beuteln von Fliegengaze, die wir stets mit uns führten, hoch hinauf in das Astwerk, ebenso das Schaufelpaar. Damit war alles gut aufgehoben, bis wir zurückkehren würden. Selbst wenn es über Tag noch wärmer werden sollte, würde das dem Spiel der Luft ausgesetzte Wildbret nicht verderben. Den Aufbruch mußten wir dem Raubwild überlassen. Daß nichts umkommen würde, dessen konnten wir sicher sein!

Erst am Nachmittag machten wir uns wieder auf den Weg nach Norden. Untiefen und Stromschnellen ließen uns nur langsam und vorsichtig fahren. Ein Unfall in dieser wilden Einsamkeit konnte ernste Folgen haben. Und Eile hatten wir sowieso nicht, denn der Pilot würde uns erst eine Woche später wieder abholen, es sei denn, daß ungünstiges Wetter einen früheren Termin ratsam sein ließ. In solchem Falle würde er den See anfliegen, den wir als Ziel ausgewählt hatten.

Auf einer kleinen Insel mitten im Fluß stellten wir kurz vor Einbruch der Abenddämmerung unser Zelt auf. Nur einige Büsche standen dort. So mußten wir uns Treibholz am Ufer einsammeln und zur Insel flößen, um ein Lagerfeuer unterhalten zu können. In niederschlagsreicher Zeit hätten wir solch einen Lagerplatz nicht gewählt, da plötzlich auftretendes Hochwasser gefährlich werden kann. Wir hatten jedoch unseren guten Grund, warum wir auf der kleinen Felseninsel zelteten. Hinter ihr hatte sich an der Nordseite ein tiefes Becken ausgewaschen, in dem schon der erste Spinnerwurf einen guten Zander einbrachte. Ein weiterer folgte mit dem zweiten Wurf, und bald bräunten ihre Filets in der Pfanne über dem Feuer. Der beste Koch im teuersten Restaurant hätte solch delikates Mahl nicht bieten können!

Wieder brannte der Nordhimmel in gleißendem Polarlicht. Sowie es aufleuchtete, verstummten die Stimmen der Wildnis. Nicht ein Laut war dann zu hören, außer dem Gurgeln des dahineilenden Wildflusses. Doch die harte Arbeit des Tages und wohl auch der „nordische Tee“ hatten uns müde gemacht, und bald schliefen wir ein.

Die Sonne stand schon wieder hoch am Himmel, als wir unseren Zielsee erreichten. Malerisch lag er vor uns wie eine unbewegliche Silberplatte. Über uns honkten zahllose Wildgänse, die ihre Reise nach Süden antraten.

Ihren Rufen nach waren es Kanada-Gänse. Staunend sahen wir den langen keilförmigen Ketten nach, bis sie im südlichen Horizont untertauchten. Flug nach Flug meldete sich an diesem Tage, und auch in der folgenden Nacht blieb es laut unter den Sternen. Der Winter war nicht mehr fern!

Langsam fuhren wir über den See weiter nach Norden, bis wir an eine Enge kamen. Beide bewaldete Ufer hatten hier nur einen 30 Meter breiten Zwischenraum. Nur sehr langsam und äußerst vorsichtig navigierten wir, denn der etwa eine halbe Meile lange Wasserarm zwischen den Wäldern lag voller Fall- und Treibholz, das teilweise so fest ineinander verkeilt war, daß wir zur Säge greifen mußten. Zwei Stunden Zeit brauchten wir, um den nördlichen Ausgang der Enge zu erreichen. Um Schaden am Motor zu vermeiden, hatten wir diesen hochgestellt und mußten nun vorwärts paddeln. Fast hatten wir das Ende der Wasserschlucht erreicht, als ich vor mir eine Bewegung sah. Da setzte mein Herzschlag aus!

Nur fünfzig Meter entfernt stand in einem Schilfstreifen vor dem Ostufer ein gigantischer Elchhirsch, der zu uns herüber sicherte. „Breit ausliegend die zwei tiefgemuldeten, starkwandigen Schaufeln, die weit nach hinten über den Träger ragten, und deren lange starke Enden gleichförmig und zahlreich die Schaufeln umrahmten", mit genau solch einem Geweih stand mein Traumelch völlig bewegungslos vor mir!

Langsam griff ich nach meiner Waffe, nahm fast zögernd einige Patronen aus der Rocktasche und lud so leise, wie ich nur konnte. Erst jetzt wurde mein Freund aufmerksam und verhielt mit seinen Paddeln.

Dann kam der Koloß in Bewegung, warf sich unfaßbar leicht herum und trollte durch das hoch aufschäumende Wasser dem Urwald zu. Um ihn besser frei zu bekommen und „gut drauf" zu sein, wenn er aus dem Schilfbett steigen würde, kniete ich mich auf den Sitz und suchte, mit dem rechten gestreckten Bein soliden Halt in den Rippen des Kanus zu finden.

Dann stieg der mächtige Elch aus Schilf und Flut. Doch während des Abkommens rutschte ich mit dem rechten Fuß über ein Tauende aus, der Schuß brach, und das Geschoß schlug vor mir in das Wasser!

Entsetzt sah ich meinen Traumelch im Busch untertauchen! Es schüttelte mich so, daß mir die Zähne klapperten. Vor Gram hätte ich am liebsten laut aufgeschrien. Dann kam eine bleierne Müdigkeit über mich, die mich tagelang nicht verließ, obwohl mich der Freund aufzuheitern versuchte. Jeden Tag von Sonnenaufgang bis -untergang suchten wir nach dem urigen Elch, fanden auch seine enorm große Fährte, nicht aber ihn. Er war vergrämt und heimlich geworden.

Dann kam der Tag, an dem wir Abschied von dem See ohne Namen nehmen mußten. Alle meine Hoffnungen blieben dort zurück, und darum taufte ich ihn „Lake Hope", den See der Hoffnung.

Als ein Jahr später wieder die Wildgänse mit ihren Rufen mahnten, mich auf den Weg zu machen, begleitete mich mein Freund erneut, und derselbe Pilot brachte uns diesmal direkt zum „See der Hoffnung".

Dieser Herbst schien regenreich zu werden. Schon während unseres Anfluges begann es zu gießen, und es goß drei Tage und Nächte ununterbrochen.

In unseren wetterfesten Nylonanzügen waren wir dennoch täglich unterwegs, sahen aber nur ein einziges Alttier. Zwischendurch beschäftigten wir uns mit der Sportfischerei, die uns unvergeßliche Erlebnisse bescherte. Kapitale Nordhechte und Zander brachten wir in das Kanu, um sie dann wieder in ihr Element zurückzusetzen. Endlich klarte es am Vormittag des vierten Tages auf, und nachmittags wärmte uns zum ersten Male die Herbstsonne. Auf unserer Rundfahrt entlang der Ufer des Sees und seiner Buchten sahen wir drei Stück Kahlwild und einen jungen Hirsch, der zwei oder drei Jahre alt war.

Erst am sechsten Tage fanden wir die frische Fährte des Giganten. Also war er noch im Revier! Damit erfüllte neues Hoffen mein verzagtes Herz. Dort wo ein kleiner Wildbach oder der Ablauf einer starken Quelle in den See mündete, fanden wir die frische Fährte. Wir folgten ihr bis tief in den wilden Busch und hinauf in einen Hang, wo Weichholz zwischen den Tannen eingestreut stand. Zu sehen bekamen wir den Kapitalen nicht, jedoch einen guten Beihirsch, der in seinem Geweih dieselben Veranlagungen zeigte wie jener, also wahrscheinlich sein Sohn war. Auch er würde einmal eine prachtvolle Krone tragen.

Dann begann es wieder zu regnen, und es blieb dabei, bis der große silberne Vogel eintraf, um uns abzuholen.

Fast zwölf lange Monate mußte ich mich wieder gedulden. Doch der Gedanke an das stärkste Elchgeweih, das ich je in Ontarios Busch sah, ließ mich nicht mehr los.

Der bevorstehende Winter kündigte sich in diesem Jahre sehr früh an. Auch die ersten Ketten der Wildgänse zogen schon zwei Wochen früher als üblich nach Süden. Dann setzte während des Indianersommers eine mehrtägige Hitzewelle ein, der ein radikaler Temperatursturz folgte. Während es morgens noch unangenehm warm gewesen war, brauste in der folgenden Nacht ein Blizzard um die Hausgiebel. Eine Frostwelle löste diesen ab und ließ die Laubbäume schnell kahl werden.

Mitte Oktober verließen mein Freund und ich St. Catharines und fuhren wieder auf dem Trans-Canada-Highway weit nach Norden. Als wir die Metropole Toronto etwa 100 Meilen hinter uns gelassen hatten, begann es zu schneien, und es blieb dabei, bis wir fast den See erreicht hatten, auf dem Buschflugzeug und Pilot auf uns warteten. Dieser hatte Bedenken, denn die Wettermeldungen lauteten sehr ungünstig. Starke Schneefälle waren vorausgesagt worden. So vereinbarten wir, daß er uns abholen sollte, wenn die Verhältnisse es nach seiner Ansicht verlangen würden.

Auf dem Flug zum „See der Hoffnung" sahen wir zweimal Wolfsrotten unter uns. Der Pilot kreiste, damit wir den Anblick länger genießen konnten. Der stärkste Wolf der zweiten Rotte war tiefschwarz vom Fang bis zur Rutenspitze. Zum ersten Male sah ich solch einen schwarzen Isegrim. Silbergrau leuchteten dagegen die drei anderen Timberwölfe.

Bei leichtem Schneefall setzte der Pilot sein Wasserflugzeug kaum spürbar auf unseren See auf. Er half uns noch das Lager einzurichten und das Zelt aufzustellen, dann verabschiedete er sich von uns mit bedenklicher Miene. Meinen Freund und mich beschlichen sofort Zweifel, daß wir diesmal Waidmannsheil haben würden.

Schon am nächsten Morgen fanden wir jedoch die frischen Trittsiegel meines Traumelches dort, wo sich das Wasser der Quelle in den See ergoß. Bei ihrem Anblick schlug mein Herz schneller! Langsam und sehr behutsam folgten wir seiner Fährte, die wieder denselben Wechsel nahm, den wir im Jahre zuvor entdeckt hatten. Diesmal aber hatte der Hirsch die Höhe überschlagen, war entlang eines engen Tales gewechselt und dann am Südeingang der Enge offenbar zu einem gegenüberliegenden Schilfbett geronnen, denn auf unserer Uferseite verlor sich seine Fährte im See. Nun wußte ich, wo ich ebenfalls nach ihm zu suchen hatte!

Am dritten Tage verschlechterte sich das Wetter von Stunde zu Stunde, und abends schneite es so dicht, daß wir kaum weiter als 15 Meter sehen konnten. Als wir am nächsten Morgen aus dem Zelt traten, sahen wir in einen Märchenwald! Tief beugten sich die Äste der Fichten und Tannen unter ihrer schweren weißen Last. Schätzungsweise waren in jener Nacht 50 Zentimeter Schnee gefallen. Mittags brach die Sonne durch die Wolkenlöcher, so hofften wir auf Wetterbesserung. Um so mehr überraschte es uns, als wir im Süden Motorengeräusche hörten, die schnell lauter wurden. Der Pilot kam, um uns abzuholen, da Schneesturm mit Windgeschwindigkeiten bis 60 Meilen pro Stunde (fast 100 km/h) angesagt wurden. In Eile brachen wir das Lager ab, verpackten alles Gerät im Flugzeug, und schon bald waren wir in der Luft geborgen und flogen nach Süden.

Meine Hoffnung, in diesem Jahre den Wunschelch zu strecken, war unter den großen Schneemengen begraben worden, die wenige Tage später Rekordhöhe erreichten. Wieder hieß es ein Jahr geduldig warten und hoffen!

Zwei Tage vor der geplanten Abfahrt besuchte mich mein Freund. Sein bekümmerter Gesichtsausdruck und sein zu langes Zögern, den Mund aufzumachen, verrieten mir schon, daß mich eine unerfreuliche Nachricht erwartete. Sie war mehr als das und stellte die Herbstjagd ernstlich in Frage. Mein Freund mußte geschäftlich am nächsten Tage nach British-Columbia fliegen, konnte also an der geplanten Fahrt nicht teilnehmen. Er bat mich, seinen ältesten Sohn als Begleiter mitzunehmen. Nur zu gerne würde er, der Vater, ihm das erste Waidwerken auf Hochwild im romantischen Norden als Anerkennung für erfolgreichen Universitäts-Abschluß ermöglichen. Natürlich konnte ich einem stolzen Vater und gutem Freund solche Bitte nicht abschlagen. Große Bedenken und Zweifel am Erfolg ließen mich jedoch diese Fahrt mit recht gemischten Gefühlen antreten.

Um dem jungen Mann sogleich einen Vorgeschmack der Jagd in der Wildnis zu geben, entschloß ich mich, das Flugzeug dort aufsetzen zu lassen, wo wir beim ersten Mal gewassert hatten. Anstatt den Motor zu benutzen, paddelten wir das Frachtkanu vorwärts, und ich lehrte meinen jungen Begleiter, wie man ein Paddel lautlos handhabt, ohne sich zu überanstrengen.

Der Herbst dieses Jahres war voller Pracht. Selten schön glühten Büsche und Laubbäume in den üppigsten Farben unter der strahlenden Sonne. Überall in der Natur regten sich Stimmen, denn noch nicht alle Singvögel hatten das Nordland verlassen. Dagegen hatte ich das Honken von ziehenden Wildgänsen noch nicht vernommen. Es würde also ein langer, sonniger Indianersommer bevorstehen.

Daß Bäume und Büsche noch dicht belaubt waren, war aber recht ungünstig für die Jagd auf den Elch, und es sah mir nicht danach aus, daß die Blätter innerhalb der nächsten zehn Tage fallen würden, es sei denn, starker Tau mit folgendem Frost würde den Herbstwald schlagartig entkleiden.

Während der stillen Fahrt zum Lagerplatz am „See der Hoffnung" sahen wir kein Elchwild, jedoch einen starken Schwarzbären, der am Fluß schöpfte. Als wir auf etwa 30 Meter leise an ihm vorbeipaddelten, hob er den Fang hoch und windete. Seine Blicke folgten dem merkwürdigen Schatten, der an ihm vorbeiglitt. Sein schwarzer Pelz stand in einem eindrucksvollen Kontrast zu der farbenfreudigen Blätterkulisse des Hintergrundes. Fragend sah mich der junge Freund an, doch wortlos schüttelte ich den Kopf. Unsere Jagdfahrt galt dem Elchwild, nicht einem Schwarzbären!

Fast war es dunkel geworden, als wir unser Ziel erreichten, doch zwei Weißgaslampen gaben uns helles Licht, in dem wir das Lager einrichten konnten. Rechtschaffen müde geworden, schlüpften wir in die warmen Schlafsäcke und erwachten erst, als die Sonne schon hoch stand.

Mein junger Begleiter hatte noch nie einen Zander gefangen. Darum setzten wir die Spinnruten zusammen und fuhren zu zwei kleinen, bewaldeten Inseln, zwischen denen ich Zander vermutete. Meine Erwartung bestätigte sich, denn schon bald hatte der Jüngling einen guten Fisch am Ende der Schnur, den er begeistert drillte und ausspielte. Sein Gesicht strahlte, als er den fast fünfpfündigen Fisch in den Kescher führte.

Dann schlug meine Rute heftig und tief nach unten. Als ich anschlug, bog sie sich für Sekunden noch mehr, so daß ich sofort Schnur geben mußte, um die hohe Flucht des Fisches zu parieren. Zu meinem großen Erstaunen warf sich ein prachtvoller Seesaibling aus der Flut und zeigte alle akrobatischen Künste, um sich zu befreien. Im Kampf mit dem starken Fisch wurde es mir warm in der Jacke. Nach glücklich beendetem Drill zeigte die Zugwaage etwas über vier Pfund an. Wir hatten ein delikates Frühstück beisammen und beeilten uns, es zu bereiten.

Gesättigt brachen wir auf, um mit dem Kanu eine weite Rundfahrt zu machen. Ich wollte dem Jagdkumpan einen Rundblick gewähren und zugleich nach Elchwild Ausschau halten. Leise und gemächlich paddelten wir an den Ufern des Sees und seiner versteckt gelegenen Buchten entlang. Um eine scharf vorstehende Landspitze biegend, stießen wir auf ein Alttier, das an Unterwasserpflanzen äste. Das Erschrecken war auf beiden Seiten groß, denn die Entfernung war nicht weiter als etwa 10 Meter. Beim Absprung strauchelte das Tier in seiner Panik und verschwand für Sekunden ganz unter der Wasseroberfläche. Dann flüchtete es in rasender Fahrt dem Ufer zu und kam hier noch einmal fast zu Fall. Nachdem das Tier im Busch verschwunden war, sah ich in das Gesicht des jungen Mannes, das vor Schreck blaß geworden war. Auch mein Herz pumpte heftig, so erregend schön war diese Situation gewesen.

Ein zweites Elchtier sahen wir in einer anderen Seitenbucht. Da wir mit dem Winde kamen, drückte es sich schnell zwischen den Büschen des Ufers. Der Wind hatte aufgefrischt, als wir der Enge zustrebten. Langsam suchte ich nach der Furt, die wir wieder ausholzen mußten. Währenddessen hörte ich das Plantschen im Wasser und sah auf. Und wirklich, da stand mein Wunschelch etwa 40 Meter entfernt vor uns und sicherte zu uns herüber! Schnell griff ich nach meiner Büchse, ließ sie aber im Futteral. Der Wind drückte das Kanu gegen einen der im Wasser liegenden Bäume, und die Bewegungen des leichten Fahrzeuges waren zu stark, um einen sauberen Schuß abgeben zu können. Auch widerstrebte es mir, auf einen tief im Wasser stehenden Elch fliegen zu lassen.

Minutenlang stand der Kapitale regungslos, nur die spielenden Lauscher zeigten Leben in ihm. So hatten wir beste Gelegenheit, seine prachtvollen Schaufeln zu betrachten. Durch mein Glas zählte ich ihre Enden, es waren 22! Und wundervoll symmetrisch war dieses Geweih gewachsen, das stolzeste, das ich in all meinen kanadischen Jagdjahren gesehen hatte! Dann drehte der Koloß ruhig ab und strebte ohne Hast, noch zweimal verhoffend, dem dicht bewachsenen Ufer zu.

Mit zitternden Händen steckte sich mein junger Freund eine Zigarette an, und auch ich stopfte mir die Pfeife. Dann fragte er mich erstaunt: „Warum haben Sie nicht geschossen?“ Da erklärte ich ihm, wie unsicher Schüsse aus einem schwankenden Kanu sind, selbst auf solch kurze Entfernung. So lernte er früh, daß ein Jäger, der Erfolg haben will, sich beherrschen muß. Nachdenklich sah er mich an, und sein Kopfnicken zeigte mir, daß er die Lehre angenommen hatte.

Mein Herz aber gewann er sich damit, daß er begeistert ausrief: „Alles, was ich in diesen wenigen Stunden erleben durfte, ist so wunderbar und köstlich, daß es gar keine Rolle spielt, ob ich selbst zum Schuß komme oder nicht. Ich danke Ihnen, daß Sie mich auf diese Jagdfahrt mitgenom-

Nach Fraß suchende Wölfe

Kapitaler Schwarzbär

Stachelschwein

men haben!“ Jetzt wußte ich, daß er einmal der gleiche gute Jäger sein würde, der sein Vater war.

So freute ich mich, den sympathischen und bescheidenen jungen Menschen um mich zu haben, und ich nahm mir vor, ihn dort anzusetzen, wo er eine gute Chance auf seinen ersten Elch haben würde. Sein erstes Waidwerken auf Hochwild im wilden Norden sollte ein unvergeßliches Erlebnis für ihn werden!

Auf der Rückfahrt zu unserem Lager begleiteten uns zwei drollige Fischotter, die sich wieder und wieder wassertretend aufstellten und prustend ihr Erstaunen über unser Erscheinen erkennen ließen. In den Folgetagen gewannen wir sie zu Freunden, die sich am Ufer abgelegte Delikatessen abholten und sich mit Purzelbäumen höflich bedankten.

Während des Nachmittags führte ich den jungen Jäger dorthin, wo das Quellwasser in den See gurgelte. Hier standen frische Trittsiegel von Elchwild im Morast, und ich erklärte dem Wissensdurstigen, woran man erkennen kann, ob sie von Hirsch oder Tier stammten.

Um einen gefallenen Stamm steckten wir Buschwerk, damit der Ansitzplatz gut verblendet war, denn hier sollte mein junger Begleiter sein Heil versuchen. Dann machten wir es uns vor dem Zelt gemütlich und genossen den friedvollen Abend. Saiblinge warfen sich aus der Flut und ließen uns wissen, wie zahlreich sie hier waren.

Als das Licht schwand, fielen auf dem See Hunderte von Schwarz- und Stockenten ein, die unter Tage auf den Wildbächen nach Nahrung gegründelt hatten. Ein Paar Kanadagänse ruderte am Ufer entlang und reckte die Hälse, als ich einen leisen Pfiff hören ließ. Dann klatschten die Kellenschläge eines Bibers über den See. Das satte tiefe Hu-huhu einer Großohreule mahnte uns schließlich, Schlaf zu suchen.

Nach dem Frühstück gab ich dem jungen Freunde weitere jagdliche Ratschläge, die er beachten sollte. Mit Zuversicht erfüllte mich, daß er sich mit der Waffe seines Vaters gut eingeschossen hatte. Er wollte nur dann den Finger krümmen, wenn er auf einen Elchhirsch zu Schuß käme. Es berührte mich warm, als er versicherte: „Ihren Traumelch habe ich ja gesehen, ich werde ihn wiedererkennen. Seien Sie bitte unbesorgt, ich werde nicht auf ihn schießen!“

Weder er noch ich sahen an diesem Tage ein Stück Elchwild. Gegen Abend wurde es kühler, und nachts hatten wir den ersten leichten Frost. Darauf hatte ich gewartet. Frühmorgens, als es noch dunkel war, hörte ich den heiseren Ruf eines Hirsches. Erst wollte ich antworten, unterließ es aber, denn es wäre ein grober Fehler gewesen, vom Lagerplatz aus und bei völlig unzureichendem Licht zu antworten. Auch war der Busch noch zu dicht belaubt, als daß ein Reizen sicheren Erfolg haben könnte, denn selbst auf kurze Entfernungen wäre ein Hirsch nicht zu erkennen.

Noch bevor es im Osten lichter wurde, hatte ich meinen Freund zu seinem Schirm gebracht. Ich selbst fuhr mit Motorkraft langsam durch die Enge, wo ich mich am Südausgang unter einer hohen Tanne niedersetzte.

Etwa 35 Meter vor mir lag der Rand des großen Schilffeldes, das sich etwa 60 Meter tief vor dem anderen Ufer ausbreitete. Zwergweidenbüsche waren in Gruppen eingestreut und verhinderten teilweise die Sicht auf den Rand des Urwaldes.

Als die Sonne über die Baumwipfel stieg, beschien sie eine im Rauhreif aufglühende Landschaft. Ihre Schönheit blendete meine Augen. Die letzten Enten brachten rauschend Wind unter ihre Schwingen und klingelten über mich hinweg, um landeinwärts auf Wildbächen einzufallen.

In Andacht genoß ich den werdenden Tag, als mich der harte Knall eines Schusses zusammenfahren ließ. Ein zweiter und dritter folgten. Dann blieb es still. Ein Jungjäger schoß seinen ersten Elchhirsch, fuhr es mir in heißer Mitfreude durch den Kopf! Ich sah auf meine Uhr, es war gerade die achte Stunde angebrochen. Zwanzig Minuten später glaubte ich, mir gegenüber dicht am Urwaldrand eine Bewegung wahrgenommen zu haben. Mit dem Glas beobachtete ich lange, konnte aber nichts ausmachen.

Um 7.45 Uhr erfaßten meine Augen abermals an gleicher Stelle eine Bewegung im Busch, und nun entdeckte ich durch das Glas die rechte Schaufel eines Hirsches. Die Augen begannen mir schon zu tränen, da endlich schob sich der Hirsch durch das Buschwerk, und beide Schaufeln wurden sichtbar. Als ich sie im Glase erfaßte, begann mein Herz wild zu jagen, denn ich erkannte das herrliche Geweih meines Wunschelches! Fast eine Stunde lang stand der Recke unbeweglich am selben Platz, nur seine langen Lauscher spielten unentwegt.

Endlich setzte er sich wieder in Bewegung und begann zu äsen. Langsam auf mich zukommend, zupfte er an den Spitzen der Zwergweiden. Ab und zu hob er das mächtige Haupt, um Wind zu nehmen. Dann verdeckten mir einige Büsche für eine halbe Stunde die Sicht auf den Elch.

Es war neun Uhr geworden, als er hinter der Buschgruppe hervortrat, und — spitz zu mir stehend — sicherte. Die Entfernung bis zu ihm schätzte ich auf etwa 75 Meter. Er stand völlig frei im Schilf, an dem er wieder zu äsen begann. Es dünkte mich wie eine Ewigkeit, bis er einige weitere Schritte auf mich zog, aber immer noch spitz zu mir.

Mein Herz schlug so wild, daß ich den Mund öffnen mußte, um mehr Luft zu schöpfen. Dazu plagte mich ein Hustenreiz, dessen Bekämpfung mir den Schweiß aus allen Poren trieb. Den Daumen am Sicherungsschieber wartete ich wie in Fieberglut, daß der Elch sich breit stellen würde.

Da spürte ich in meinem Nacken einen Lufthauch, der Wind hatte aufgefrischt und sich gedreht! Eiskalt durchfuhr mich der Schreck, daß der Schaufler sogleich aufwerfen und flüchtig werden würde! Als ob er meine Gedanken gespürt hätte, tat er es sogleich. Mißtrauisch Wittrung nehmend, drehte er sich und zeigte mir endlich die Breitseite!

„Diana, steh mir bei!“ flehte ich, schöpfte tief Luft und hielt auf die Schulter des Riesen. Der Schuß hallte durch die Enge, in der sich sein Echo mit dem Knall meines zweiten Schusses verfing. Als wollte sich der Hirsch zum Ruhen niederbetten, knickte er langsam in der Vorderhand ein. Dabei traf ihn die dritte Kugel und löschte sein Leben aus!

Ich mußte mich hinsetzen, denn meine Beine wollten mich nicht mehr tragen. Ich konnte mich nicht erinnern, je von solch einem Jagdfieber überfallen worden zu sein. Lange Zeit mußte ich ruhen, um wieder zu Kräften zu kommen. Dann schob ich das Kanu aus der Deckung und paddelte es hinüber an den Rand des Schilffeldes, in dem ich bis an die Knie einbrach.

Als ich an den gefällten Waldkönig herantrat, ruhte sein edles Haupt auf den Vorderläufen, als ob er schliefe. Sonnenglanz lag auf dem kapitalen Geweih und ließ seine satte Farbe schimmern und leuchten. Lange saß ich still und überglücklich neben meinem Wunschelch, nach dem ich viele Jahre unbeirrt gesucht hatte. Von einer Zwergweide pflückte ich einen Bruch und schob dem gestreckten Riesen den letzten Bissen in das Geäse. Der allergrößte Wunsch meines langen Jägerlebens hatte sich nun erfüllt!

Als ich zu meinem jungen Freunde zurückkehrte, sah ich in ein gleichfalls strahlendes Gesicht. Stolz und mit leuchtenden Augen nahm er den ersten Bruch aus meiner Hand! In seinem Elch glaubte ich, den Sohn des Kapitalen wiederzuerkennen.

„Als wäre der Elch aus dem Erdboden gewachsen“, berichtete der junge Jäger stotternd vor Glück, „stand er plötzlich auf etwa 35 Meter vor mir. Gehört hatte ich nichts! Erst zitterte ich so sehr, daß ich fürchtete, der Elch würde mich wahrnehmen. Anscheinend hatte er auch Wittrung bekommen, denn plötzlich trat er unruhig hin und her. Das brachte mich zur Besinnung. Ich nahm mich eisern zusammen und schoß auf die Stelle der Schulter, die Sie mir bezeichnet hatten. Nach dem ersten Schuß blieb der Elch völlig ruhig stehen, erst die zweite Kugel fällte ihn. Doch versuchte er, noch einmal hochzukommen, da zielte ich auf den Träger, wie Sie mir geraten hatten. Dieser Schuß ließ ihn verenden!"

Herzlich gratulierte ich dem jungen und stolzen Waidmann. Dann begann harte Arbeit, die erst beendet war, als die Nacht sich anmeldete. Unser denkwürdiges Abfeiern der beiden Schaufler am Lagerfeuer vor dem Zelt endete erst, als die Prachttaucher den neuen Tag verkündeten!

Auch die Stunden des folgenden Tages verstrichen schnell, bis alles Wildbret bereitet und die Trophäen ausgesägt worden waren. Dann erfreuten wir uns an der stillen Fischwaid, bis der silberne Vogel kam, um uns abzuholen. Drei Flüge mußte er machen, bis die Lasten ausgeflogen waren, deshalb konnten wir erst einen Tag später als vorgesehen die Heimfahrt antreten.

An jedem Tag, den ich beginne, fällt mein Blick auf das stolze Geweih des Waldkönigs, und an jedem Abend, bevor ich Schlaf suche, erinnert es mich an die köstlichen Stunden, die eines Jägers Lebenswunsch erfüllten.

Eine andere und erste Trophäe mahnt – dessen bin ich sicher – einen jungen Jäger, daß Wünsche und Träume sich nur erfüllen, wenn man sie sich verdient!

NEUNTES KAPITEL

Washi-Amaka, das »Licht der Ewigkeit«

Als wir Ottawa, Kanadas Hauptstadt, hinter uns gelassen hatten, meldete sich ein neuer Augusttag im Osten an, und wir überfuhren die Grenze zwischen den Provinzen Ontario und Québec, als die ersten Sonnenstrahlen die Gipfel hoher Urwaldberge aufleuchten ließen. Links von uns ragten Felsenwände steil hinauf, die rechts ebenso schroff in das Tal des Gatineau-Rivers abfielen. Bodennebel verheimlichte noch seine Schönheit.

Wir hielten unsere beiden Wagen an, um den Sonnenaufgang über einem der schönsten Flußtäler dieses Landes zu erleben. Langsam hob sich die große Sonnenscheibe aus dem dunstigen Schleier, der sich in beständigem leichtem Weben gegen ihre Kraft wehrte. Dann löste sich der Nebel auf, und ein unbeschreibbar romantisches Panorama breitete sich vor uns aus. Die Niederung im Osten glich einer endlos erscheinenden Parklandschaft, vergoldet im ersten vollen Licht des neuen Tages. Über ihr zogen Hunderte und aber Hunderte von Wildenten mit eiligen Schwingenschlägen den in der Ferne glitzernden Tümpeln und Lagunen zu. Im Norden ragten die Berge einer gigantischen Waldlandschaft in die Kuppel des sommerlich blauen Himmelsdomes. Turmhohe Tannen und mächtige, von Stürmen zerzauste Kiefern, die sich von dem wolkenlosen Firmament abhoben, bannten unsere Blicke. Wo wir auch hinsahen, umgab uns überwältigende Schönheit!

Dann fuhren wir durch enge Waldtäler und über steile Höhen, während sich die Fernstraße Nr. 58 in unzähligen Windungen ihren schwierigen Weg suchte. Geheimnisvoll dunkel, licht wie ein Türkis, grün wie ein Smaragd oder blau wie ein Aquamarin schillerten die zwischen den Waldbergen eingebetteten Seen, denen schäumende Wildwasser zueilten. Langsam ließen wir die Wagen durch diese wundersame Landschaft rollen, und alle Müdigkeit der zehnstündigen Nachtfahrt entlang des Nordufers des riesigen Ontario-Sees war verflogen.

Die Regierung der Provinz Québec hatte mich eingeladen, um den etwa 20 000 Quadratkilometer großen Wild- und Naturschutzpark De La Vérendrye zu besuchen, damit ich hier meine Kenntnisse in der Tier- und Pflanzenwelt ausweiten konnte. Das riesige Gebiet ist ein Wild- und Fischparadies im wahrsten Sinne des Wortes. Selbst die kühnsten Erwartungen eines Sportfischers können sich hier erfüllen! Im Herbst wird eine Anzahl von Elchen für den Abschuß freigegeben, und jeder Jäger, dem die Regierung einen Abschußschein erteilte, wird unter der Führung eines erfahrenen Forstmannes oder Indianers einen Elch erlegen – wenn er gut schießen kann. Elchwild ist hier so zahlreich, daß man es häufig sehen und beobachten kann. Und so ist es mit allem Wild. Schwarzbären durchstreifen den Wildpark überall. Da Jagd auf sie und alles andere Wild verboten ist, ausgenommen die bereits erwähnte, zahlenmäßig beschränkte auf Elche, hat jeder Besucher des Naturschutzparkes Gelegenheit, erfolgreich zu photographieren und zu filmen.

Forstbeamte wachen darüber, daß die Schwarzbären oder anderes Raubwild nicht zu aufdringlich werden, eine Ausnahme, die meist nur dann vorkommt, wenn die Warnungen und Anweisungen der Parkverwaltung unbeachtet bleiben. Nur in einem schmalen Raum im Süden des Wildparkes dürfen Besucher in Zelten oder Wohnwagen übernachten. Streifen der Forstbeamten garantieren für ihre Sicherheit. In den übrigen etwa 90 % betragenden Teilen des Naturschutzparkes ist Übernachten nicht erlaubt, mit Ausnahme einiger festgelegter Plätze für Touristen, die vorgeschriebene Routen mit dem Kanu befahren wollen.

Sportfischer werden bei Sonnenaufgang von durchweg buscherfahrenen Führern, häufig auch von Indianern, in Booten der Parkverwaltung zu einem der Hunderten von Seen begleitet, die sie bei Einbruch der Abenddämmerung verlassen müssen.

Urgemütliche Hütten bieten den Gästen aus aller Welt bequemes Wohnen und Ruhen, und die Speiseräume der Verwaltung im Herzen des Parkes an der einzigen Straße, die den Wildpark von Süden nach Norden teilt, bieten beste Kost. Köche mit speziellen Kenntnissen in der Zubereitung der vielen Edelfische ließen die Küche bereits berühmt werden. Ob Regenbogenforelle oder Saibling blau gekocht oder die nur in Québec heimische rote Bachforelle in Dill gedünstet, ob Filets des „Ouananiche"-Lachses frisch geräuchert serviert werden, stets ist es eine Gaumenfreude. Steaks kapitaler Seeforellen oder der riesigen Nordhechte, zarte Filets der Zander, die die Sportfischer am Tage fingen, werden ihnen abends serviert.

Privatbauten gibt es in dem Wildpark nicht. Um die Verwaltungsgebäude der Domäne gruppieren sich außer den Gasthütten auch die Laboratorien der Wissenschaftler. Biologen, Zoologen, Forst- und Wasserwissenschaftler und andere erforschen hier Wesen und Geheimnisse der Natur. Eine Piste für Landflugzuge sowie ein See, auf dem Buschflugzeuge wassern können, liegen am Rande des Domänenkomplexes.

Unterbringung und Verpflegung sind für jeden erschwinglich gehalten, und die Kosten für Boot, Motor und Führung erlauben auch Minderbegüterten den Sport in diesem Paradies. Vorschriften und Gesetze der Provinz verhindern, daß Raubfischerei betrieben wird. Wer dagegen verstößt, muß den Park verlassen und verliert seinen Angelschein. Grundsätzliche Kontrollen bei Ein- und Ausfahrt sorgen dafür, daß keine Waffen in den Park eingeschmuggelt oder zu viele Fische hinausgebracht werden.

Wo ich auch der Fischwaid nachging, ob in den Ländern Europas oder auf dem amerikanischen Kontinent, nirgends fand ich solch vielseitigen Fischreichtum wie im Parc De La Vérendrye in Québec! Die Regierung hatte uns die Genehmigung erteilt, drei Wochen dort zu zelten, wo wir es wünschten. Der Forstbeamte, Monsieur Eugène Labell, wurde uns als ständiger Führer zugeteilt. In ihm lernten wir einen besterfahrenen Buschläufer kennen, der einen sechsten Sinn zu haben schien, denn immer wußte er, wo das Wild für Beobachtung oder Filmen mit Sicherheit zu finden oder Fische bestimmter Art zu fangen sein würden. Sein Wissen über Wesen und Eigenarten aller Tiere bereicherte uns in diesen Wochen ungemein.

Während eines Dinners, das der Chef der Verwaltung uns zu Ehren gab, fragte mich Eugène Labell, ob wir daran interessiert wären, Schwarzbären zu photographieren. Natürlich waren wir es! Doch was wir dann erlebten, kann nur verstehen, wer die schwarzen Waldläufer in Wesen und Eigentümlichkeit kennenlernte.

Nicht weit entfernt von der Domäne lag eine von goldgelbem Sand bedeckte Lichtung, die tief in den dunklen Urwald, der außergewöhnlich dichtes Unterholz hatte, einschnitt. Sie lief am Ufer eines Flusses aus, in dessen Flut sich die hohen Tannen eitel spiegelten. Zu unserer Sicherheit bestand Eugène darauf, daß wir dorthin mit dem Wagen fuhren, um uns nötigenfalls in diesen „zurückziehen“ zu können. Der Forstmann trug unter seinem Jagdrock eine Pistole starken Kalibers. Dies beruhigte vor allem die etwas nervösen Gäste aus der alten Heimat, die ich eingeladen hatte.

Als wir den Wagen mit Film- und Einzelbildkameras bewaffnet verließen, lag die sandige Lichtung im Glanz der Nachmittagssonne vor uns. Schwarzbären, die wir auf die Filme bannen wollten, waren nirgends zu sehen. So schritten wir arglos und mutig in Richtung des Flusses voran. Plötzlich standen wir vor einer Senke, die vorher nicht einzusehen war. Allen verschlug es jetzt den Atem, als nur sechs bis sieben Meter unter uns fünf Schwarzbären dicht beieinanderstanden und uns mit ihren für die Kopfgröße sehr kleinen Sehern in unsere fassungslosen Gesichter äugten. Diese Überraschung ging wahrlich auf die Nerven! Auch ich sah zum ersten Male fünf freilebende Bären beieinanderstehend so dicht vor mir. Unentwegt betrachteten uns die Tiere, ohne sich zu regen.

Ich stellte meine Filmkamera auf, und leise begann ihr Elektromotor zu summen. Einer der Bären wurde unruhig und drückte hörbar sein Mißfallen aus. In kurzen Stößen entließ er die Luft aus seiner Lunge, während er die Lefzen anhob. „Der Bursche will euch ja nur begrüßen!" sagte Eugène.

Dann zogen sich die fünf Bären auseinander und verteilten sich so, daß ich den Eindruck gewann, sie wollten sich in den Flanken gegen uns absichern. Plötzlich sagte der Forstmann leise: „Werdet nicht nervös und macht bitte keine hastigen Bewegungen, hinter uns treten zwei starke Bären aus dem Walde!" Langsam wendete ich mich um. Die ruhigen Schrittes auf uns zukommenden Schwarzbären waren die größten, die ich je zu Gesicht bekam! Ich schätzte ihr Gewicht auf je 450 bis 500 Pfund. Ohne ihren Trott zu unterbrechen, näherten sie sich, so daß ich ihre selbstsichere Vorstellung prächtig mit der Filmkamera festhalten konnte. Bis auf etwa 12 Meter herangekommen, verhielten beide Bären und beobachteten uns. Dann gesellten sie sich ihren Artgenossen zu.

Schon meldete Eugène neuen Besuch an. Eine alte Bärin trat aus dem Busch. Asthmatisch hechelte sie, und sie schien schlecht gelaunt zu sein, denn sie ließ uns ein böses Brummen hören. Mit ihren Vorderpranten schlug sie nach Steinen und Astwerk, die ihr im Wege lagen. Entweder wollte sie damit ihre Kraft ausdrücken oder uns nur zeigen, daß ihr unsere Anwesenheit nicht paßte.

Sie schien auch eine ungesellige Natur zu haben, denn sie begab sich nicht zu den anderen Bären, sondern setzte sich, nur wenige Meter vor uns, auf ihre Keulen und ließ uns nicht einen Moment aus ihren Sehern. Ab und zu stieß sie einen Laut aus, den ich als Drohung deutete. Nun tat Eugène das, was ich, wenn ich ihr allein begegnet wäre, auch getan hätte. Laut schimpfend ging er festen Schrittes auf sie zu. Die alte Dame zog sich sofort zurück, legte sich aber so, daß sie uns beobachten konnte, im Buschwerk des Waldrandes nieder.

Bald erschienen die nächsten Besucher auf der Szene, diesmal zwei Jungbären, jeder etwa 150 Pfund schwer. Neugierig oder dreist kamen sie lebhaften Schrittes auf uns zu. Beide hatten einen noch erstaunlich sauberen, fehlerfreien Sommerpelz, der im Sonnenlicht wie schwarze Seide glänzte. Die beiden eleganten jungen Herren im „Frack" rückten uns so dicht auf die Filmbühne, daß wir vorzogen, einige Schritte rückwärts auszuweichen, „natürlich nur", um die wertvollen Kameras nicht in Gefahr zu bringen.

Als hätten sich alle Schwarzbären des Parc De La Vérendrye zu einem Stelldichein verabredet, erschienen weitere Filmstars, bis ein Dutzend voll wurde. Die mitgenommenen Filmstreifen wurden bis auf den letzten Zentimeter belichtet. Dann zogen wir uns langsam zum Auto zurück. Keiner von uns, außer Eugène, war während dieser Zeit ohne Furcht oder doch Unbehagen geblieben, und ich selbst gebe zu, daß all mein Vertrauen zu Schwarzbären, das ich in langen Jahren gewonnen hatte, hier auf eine harte Probe gestellt worden war. Den Schneid, um nicht zu sagen den Mut, den die Besucher aus der alten Heimat bewiesen hatten, mußte sogar Eugène anerkennen.

Ich halte es für wahrscheinlich, daß man ihnen daheim diese Bärengeschichte nicht glaubt, und so möchte ich ausdrücklich bestätigen, was schwer glaubhaft ist.

An der Bar des Speiseraumes der Domäne erholten wir uns von der Nervenanspannung und kühlten die innere Hitze. Nach unserem Bericht fragte der Chef des Forstamtes, Monsieur P. Whissell: „Habt ihr euch denn nicht gefürchtet?" „Gar nicht!" antwortete ich, „Monsieur Labell war ja mit einer Kanone bewaffnet!" Dieser aber stellte grinsend fest: „Für die ich die Munition vergessen hatte!" Da brauchten wir alle einen Schnaps!

Unsere Frage, warum sich die Bären auf der Lichtung ein Stelldichein gegeben hatten, schien Eugène schon erwartet zu haben. Schmunzelnd erklärte er uns: „Der Küchenchef François bringt täglich zu einer bestimmten Zeit die Überreste der Steaks des Vortages seinen schwarzen Freunden, die sie ihm artig und vorsichtig aus der Hand nehmen. Diejenigen, die sich unmanierlich benehmen, bekommen von ihm mit der Hand einen Klaps auf die Schnauze, denn für schlechtes Benehmen gibt es keinen Leckerbissen!"

„Eines Tages hatte sich François mit einem Schnupfen ins Bett gelegt", fuhr Eugène in seiner Erzählung fort. „Eine Stunde nach der üblichen Besuchszeit in der Bärenschlucht klopfte es an die Hintertür der Domänenküche. Da der Aufforderung einzutreten niemand folgte, öffnete der Vicechef die Tür. Durch sie betraten elf schwarz gekleidete Damen und Herren den Raum, um eine Inspektion vorzunehmen oder Monsieur François an das gewohnte Frühstück zu erinnern. Die erstaunten Gäste des Parkes sahen jetzt mit Verwunderung, daß der Vicechef flüchtig die Stätte seines Wirkens durch den Vordereingang verließ und sieben Köche aufgeregt ihm schreiend folgten. Mit Unterstützung der Förstergarde schlugen schließlich die Köche bratpfannenschwingend die vollgefressene Bärenhorde aus dem wichtigsten Raum der Domäne.

An diesem Tage mußten Gäste und Verwaltungspersonal fast bis Mitternacht warten, bis sie die knurrenden Mägen füllen konnten, denn die ungebetenen Besucher hatten reinen Tisch gemacht und, was sie nicht bewältigen konnten, am Boden zerstört!"

Nach diesem lustigen Umtrunk drängte Eugène zur Abfahrt, wenn wir noch vor Einbruch der Dunkelheit das Zeltlager errichten wollten. So tankten wir auf und rollten auf einer guten, geteerten Autostraße nach Norden. Nach anderthalbstündiger flotter Fahrt verließen wir sie und bogen auf einem Sandweg nach Westen ab, bis das Schild „Washiamaka Lake" vor uns auftauchte. Hier schlängelte sich ein südlicher Seitenweg aus der Höhe hinab durch prachtvolle, himmelhoch erscheinende Kiefern- und Tannenbestände. Bald öffnete sich ein Waldtor und gab unseren Blick über einen meilenlangen, landschaftlich atemberaubend schönen See frei, dessen Flut lichtgrün oder türkisblau schimmerte, je nach der Richtung, aus der wir das große Wasser betrachteten.

Unsere Wagen hielten auf einer breiten Lichtung, die von allem Buschwerk freigemacht war und deren goldgelber Sand glitzerte, als seien Millionen von kleinen Diamanten in ihn eingestreut. Malerisch üppige Inseln und dichte, dunkle Nadelwälder boten einen so harmonischen Kontrast zu dem in der Abendsonne leuchtenden See, daß wir uns von dem Bild nur schwer trennen konnten. Doch Eugène mahnte zur Eile, denn bald würde sich Dämmerung über die Landschaft legen.

Leicht liefen die Boote von den Transportwagen auf den Wasserspiegel. Eugène schraubte seinen eigenen Außenbordmotor an eines der seetüchtigen Boote der Parkverwaltung, die hier bereitlagen. Dann schlossen wir die Wagen ab und fuhren nach Westen auf den Washiamaka-See hinaus. In mäßiger Fahrt glitten die drei Boote über das spiegelglatte Wasser. Dabei überraschte es mich, wie tief ich in das glasklare Wasser hineinsehen konnte, und ich hielt mein Boot für einige Minuten an, um meinen Schwiegersohn Thomas auf die Durchsichtigkeit des Wassers aufmerksam zu machen. Sogleich sahen wir im letzten Sonnenlicht über einem goldgelben, sandigen Seeboden eine große Fischschule ziehen, die ich als Zander ansprach. Ich schätzte, daß wir etwa 30 Meter tief sehen konnten, derart lichtgefüllt erschien mir das Wasser, dessen Farbenspiel beständig wechselte.

Unser Führer drehte in südwestlicher Richtung auf eine große Bucht ab. In ihr lag eine Insel, die in ihrer Gestalt wie ein Wasserschloß wirkte, das – von hell leuchtenden Felsen umrahmt – kreisrund aus der Flut ragte. Die hohen Tannen sahen wie Wachttürme aus, und Buschwerk täuschte den Garten einer Wasserburg vor.

Als unsere Boote auf einer Felsenplatte aufliefen, hatten wir das Wildnisheim, das uns drei Wochen beherbergen sollte, erreicht. Ein Platz in der Mitte der im Durchmesser etwa 50 Meter großen Insel war von Unterholz sauber befreit, und zwischen schlanken Tannen hatte die Parkverwaltung für uns einen Eßtisch mit angebauten Bänken aufstellen lassen. Eugène schlug Stangen ab, die wir als Sparren für eine Überdachung aus Plastiktüchern mit Seilen an den Bäumen festbanden, und schon bald war ein regensicherer Speiseraum gebaut. Im hellen Licht der Gaslampen wurden auch die Wohnzelte schnell aufgestellt, und dann schmorten auf einem großen Eisenrost, den wir über Felsenbrocken gelegt hatten, pfannengroße Steaks über dem Lagerfeuer.

Der nächtliche Himmelsdom erstrahlte im Licht der Sterne, die näher und näher zu rücken schienen. Die immer lustigen und gesprächigen Prachttaucher jodelten auf dem weiten See. Verstummten sie einmal, dann übernahmen die Eulen und Nachtschwalben die Nachtmusik, in die die Menge der Frösche, Grillen und Zikaden einfiel.

Erstes Licht zeigte sich im Osten, als Eugène uns weckte. Wir nahmen ein erfrischendes Bad in der kristallklaren Flut, und alsbald hatte der Franko-Kanadier ein Frühstück für uns bereitet, gerösteten Speck auf gebackenen Käseschnitten, womit wir eine neue Delikatesse kennenlernten. Dazu gab es Tee mit Jamaica-Rum, ohne den kein „Outdoors-man" den Tag beginnt, ob Sommer- oder Winterzeit.

Dann mußten wir dem erfahrenen Führer unsere gesamte Sportausrüstung vorlegen, die er kritisch oder zustimmend begutachtete. Als ich ihn nach seinem Gerät fragte, sah er mich erstaunt an und sagte: „Ich habe euch zu führen und zu dienen!" Damit war ich gar nicht einverstanden und forderte ihn auf, sich aus meiner Kollektion eine Rute auszuwählen. Mit Erfahrung ergriff er eine der besten Spinnruten, zu der ich ihm eine passende Rolle reichte. „Bedienen werden wir uns selbst!" erklärte ich ihm. „Wenn du uns dorthin führst, wo die allerbesten Fische stehen, sollst du als unser Gast auch mit uns fischen!" Damit hatte ich uns einen Freund gewonnen, dessen Ehrgeiz und Stolz uns unvergeßliches Erleben bescheren sollten.

Die Sonne stand schon über den dunklen Wäldern, als unsere Spinner, Blinker oder Löffel in die Flut tauchten. Leichter, kaum spürbarer Wind ließ die Boote sacht über den See treiben. Da die meisten Fischarten im hohen Sommer Schatten und Kühle tief über dem Seeboden suchen, ließen wir die künstlichen Köder bis auf ihn hinabfallen, bevor wir Leben in sie brachten. Durch schwaches Anheben und Senken der Rutenspitzen tanzten sie in einer Tiefe von etwa 25 bis 30 Metern. Eugène belehrte uns: „Der Seeboden ist hier stark wellig und hat tiefe Täler zwischen hoch hinaufragenden Bergen. Teils ist er sandig, teils felsig, jedoch frei von Unterwasserflora. Schwere Fische wurden hier schon gefangen, darunter Seeforellen von 40 Pfund Gewicht!"

Wir hatten erst wenige Minuten gefischt, als Ulrich aus Deutschland, mein Bootspartner, einen Jauchzer ausstieß. Tief und rund bog sich seine Rute, wir konnten deutlich das schrille Singen der Rollenbremse hören Daß er eine schwere Seeforelle am Schnurende hatte, erkannten wir Erfahrenen am Verhalten des Fisches, der in einer steil nach unten führenden Flucht dem Seeboden zustrebte und wahrscheinlich in eines der tiefen Täler tauchte, ein typisches Verhalten dieser Salmonidenart.

Die feine Spinnschnur mit einer Reißfestigkeit von 10 Pfund Belastung sang wimmernd wie eine Violinsaite auf, deshalb riet ich, mehr Schnur zu geben. Beängstigend schnell leerte sich die Spule. Hastig startete ich den

Motor und folgte der langen Flucht des Fisches mit dem Boot. Da Uli die Wildheit dieser Forellenart noch nicht kennengelernt hatte, mahnte ich, sich beim Drill Zeit zu lassen und den starken Fisch zunächst an langer Schnur mit ständig hoher Rute unter Kontrolle zu halten, ebenso die Bremse weicher einzustellen, damit die Schnur nicht überdehnt und dadurch geschwächt wurde. Keiner von uns setzte das Fischen fort, sondern wir beobachteten gespannt den erregenden Zweikampf. Sehr bald schon erkannten wir, daß unser deutscher Gast Erfahrungen hatte, eine Spinnrute zu handhaben, denn geschickt parierte er die oftmals wilden Fluchten der Forelle.

Nach langem Schwimmen im tiefen Wasser begann sie, sich beständig zu überrollen mit der Absicht, auf diese Weise den Haken auszudrehen. Dies erkannten wir am beständigen Wippen der Rutenspitze und am Schlagen der Schnur. Hätte der Haken nicht solide gesessen, so wäre jetzt der Kampf zugunsten des Fisches schon entschieden gewesen.

Um eine Seeforelle zu ermüden, muß man sie in höheres, wärmeres Wasser führen. Dreimal gelang es Uli auch, den Fisch vom Seeboden zu lösen und hochzubringen, jedoch schoß dieser in eiliger Fahrt stets wieder in die Tiefe und spreizte hier eigenwillig die Flossen gegen den Zug nach oben. Als hinge ein schwerer Stein am Ende der Schnur, spürte Uli den Widerstand in der Rute.

Schließlich konnte er den Fisch aber doch im oberen, wärmeren Wasser halten. Wie erwartet, brach er nunmehr den Wasserspiegel, einmal um hier frischen Sauerstoff aufnehmen zu können, zum anderen um durch beständiges Schlagen mit seinem großen, gegabelten Schwanzfächer die Schnur zu durchschlagen. Wir alle jubelten begeistert auf, als wir die Seeforelle zu sehen bekamen.

Uli hielt sie jetzt kurz, so daß sie schnell ermüdete. Nach 52 Minuten Kampf konnte er den Landehaken in ihre Kiemen schlagen. Strahlend hob er seine erste Seeforelle in das Boot, die heute gewiß als Trophäe sein Heim schmückt. Zur rechten Zeit zu feiern ist eine Kunst, die geübt werden muß, und so kreiste die Waidflasche von Mund zu Mund. Eugène Labell lernte bei dieser Gelegenheit das erste deutsche Wort „Petriheil“, das wir in den folgenden Wochen dann oft von ihm hören sollten.

Der Wassergott des Sees Washiamaka schien Ulrich besonders wohlgesonnen zu sein, denn schon bald jauchzte er abermals auf, und eine Stunde später hob er eine noch stärkere Seeforelle in das Boot. Im Hochgefühl des Augenblickes versprach er, diese Trophäe seinem Angelsportverein für den Klubraum zu schenken. Er hielt sein Versprechen, und seitdem sollen die Spaichinger Petrijünger unruhige Träume haben.

Plötzlich schrie mein Schwiegersohn Thomas auf, und ich sah, wie Eugène ihm blitzschnell in den Hosenriemen faßte, sonst wäre er über Bord gefallen. Thomas' Rute stand kopf! Ich bezweifelte, daß sie den kapitalen Fisch, der angebissen hatte, aushalten konnte. Es war eine schlanke Turnierrute bester Qualität, aber für die kräftigen Fluchten dieses Fisches schien sie mir zu schwach. Weitere Bedenken kamen mir, weil Thomas an eine bereits einmal gebrochene Schnur von 6 Pfund Reißwiderstand eine Spinnschnur mit 8 Pfund Belastungsgrenze angeknüpft hatte. Ich sah deshalb eine Katastrophe kommen.

Abermals strauchelte Thomas im harten Zug des Fisches. Da schrie Eugène warnend: „Schnell, klemm dir den Motor zwischen die Knie und reite auf ihm! Stell die Rollenbremse weicher ein und laß den Fisch abziehen, ich werde mit dem Boot folgen. Nimm die Rutenspitze höher, Junge!"

Der Zweikampf, der sich jetzt vor unseren Augen in langen 78 Minuten abspielte, war so erregend, wie ich es bei der Fischwaid noch nicht erlebt hatte.

Brillant reagierte Thomas auf alle Bewegungen des Fisches. Dort, wo er minutenlang unbeweglich stand, loteten wir später die Tiefe von 45 Metern aus!

Alles, was die schwere Seeforelle an Tricks gelernt hatte, versuchte sie, um sich vom Haken zu befreien. Die größte Überraschung bereitete sie uns damit, daß sie während des langen Drills verschiedentlich aus der Tiefe in steiler Fahrt hinaufschoß und sich hoch aus ihrem Element warf. Wir, die wir Erfahrungen mit Seeforellen hatten, glaubten unseren Augen nicht trauen zu können, denn es ist sehr selten, daß diese Fischart schon zu Beginn des Kampfes aus der Flut steigt.

Bei einer ihrer Fluchten schwamm sie so dicht hinter dem Boot vorbei, daß wir fürchten mußten, die Schnur würde sich im Propeller des Motors verfangen. Doch dies geschah nicht, und endlich ermüdete der Fisch, drehte plötzlich den Leib nach oben und ließ sich ohne Widerstand an das Boot heranziehen. Er hatte sich aufgegeben! Mit einem Jubelschrei hob Thomas die kapitale Forelle in das Boot. So hatte uns der erste Vormittag drei prachtvolle Fischtrophäen beschert!

Der Nachmittag schenkte uns weiter die Erfüllung kühnster Anglerträume! Wir fischten mit leichteren Spinnruten und feineren Schnüren in einer schmalen, langen Bucht des Sees, deren Wassertiefe im Durchschnitt 15 Meter betrug. Als Köder verwendeten wir selbstgefertigte „Jigs". Das sind an einem kräftigen Haken mit langem Schenkel am Kopf angegossene Bleisenker, und die Haken sind mit schwarzen, gelben und weißen Haaren verblendet. Wir ließen diese Kunstköder über dem Seeboden steigen und fallen. Dabei pufften die Haare auf, und in diesem Moment packten die Zander zu. Es erfolgte Biß auf Biß! Als der Tag zur Neige ging, schmerzten unsere Armmuskeln und Handgelenke vom pausenlosen Drill der Fische.

Nur einige der Vierpfundklasse behielten wir für unsere Abendmahlzeit, alle anderen lösten wir vorsichtig vom Haken und übergaben sie ihrem Element wieder.

Während des Angelns sah ich große Schulen von Zandern in der kristallklaren Tiefe ziehen, und dabei fiel mir wieder das eigenartige Leuchten des Wassers auf, und zwar besonders, als die Sonne sich anschickte, unterzugehen. In einem eigentümlichen Weben verstärkte es sich, um plötzlich geheimnisvoll zu verschwinden. Aufmerksamer sah ich in die Tiefe und erkannte in ihrer klaren Flut Felsenbänke, die wie Marmor leuchteten. Sie lagen in gelbem oder weißem Sand eingebettet, von dem das irisierende Schillern auszugehen schien. Selbst, als es zu dunkeln begann, blieb das mysteriöse Leuchten; es löste sich wieder auf, um an anderer Stelle um so intensiver wieder zu erscheinen. Niemals zuvor hatte ich diese merkwürdige Erscheinung in einem See gesehen.

Bei dem Abendessen fragte ich Eugène, worauf die Lichterscheinung zurückzuführen sei. „Ich weiß es nicht", antwortete er, „Wissenschaftler versuchen es schon seit Jahren zu ergründen. Man nimmt an, daß es auf die zahlreichen Phosphatkristalle zurückzuführen ist, an denen der Sandboden des Sees reich ist, und man vermutet, daß diese das Sonnenlicht aufspeichern, wie es z. B. die Leuchtmasse auf einer Uhr oder einem Kompaß tut. Das Merkwürdige aber ist, daß der Sand, den die Forscher dem See entnahmen, in den Laboratorien seine Leuchtkraft verlor. Es muß also noch andere Gründe geben, deshalb arbeitet man an der Analyse des Seewassers, bisher ohne Erfolg. Weiter ist sehr auffallend, daß alle Fische dieses Sees länger und kraftvoller kämpfen als anderswo. Ihr habt es ja heute selbst erfahren! Ebenso merkwürdig ist, daß sie an Land fast um die doppelte Zeit länger am Leben bleiben, als Fische aus anderen Seen. Oftmals konnte ich beobachten, daß Fische nach einer halben Stunde schnell ihre Lebenskraft wiederbekamen, wenn sie in das Wasser zurückgesetzt wurden. Seit 25 Jahren führe ich Gäste auf diesen See, ohne sein Geheimnis ergründen zu können!"

Ich nahm mir vor, Indianer danach zu befragen, und erkundigte mich bei Eugène, ob noch Eingeborene in diesem Gebiet leben.

„O ja", antwortete er mir. „Ich habe vor, euch zu einer Familie der Algonquin-Indianer zu führen, die auf dem Moose Lake (See der Elche) eine Insel bewohnt. Hier bauen sie noch die berühmten Birkenrindenkanus, und Vater und Sohn sind weit bekannt wegen ihrer großen handwerklichen Kunst, denn sie fertigen die besten Kanus an, die ihnen von Liebhabern für höchste Preise abgenommen werden. Wenn es euch recht ist, werden wir morgen den Moose Lake besuchen!" Es war uns recht, und wir bereiteten unseren Ausflug noch an diesem Abend vor.

Schon bei Sonnenaufgang erreichten wir mit unseren Wagen den etwa 25 Meilen weiter nördlich gelegenen „See der Elche". Der Himmel hatte sich bezogen, es sah nach Regen aus. Unsere Boote tanzten auf dem lebhaften Wellengang des großen Wassers, von dem Eugène berichtete, daß es voller Fische sei, vorwiegend starke Zander und kapitale Hechte.

Die letzteren waren nicht bißfreudig. Nur einige Hechte bis zehn Pfund Gewicht faßten die Köder, die starken taten es nicht. Darum griffen wir wieder zu den „Jigs", und sofort bogen sich unsere Ruten. Da der Wind die Boote zu schnell vor sich hertrieb, fuhren wir langsam unter Motorkraft und ließen die Köder weit hinter uns und tief über den Seeboden laufen. Leichte Rucke mit der Rute ließen die „Jigs" vorwärtsschießen, dann wieder stoppen und sinken. Im Durchschnitt waren die Zander hier schwerer als im Washiamaka-See.

Gegen Mittag gab es einen harten Schlag in meiner Rute, und ich nahm an, daß mein Haken an einem versunkenen Baumstamm hängengeblieben war. Das Boot zurücksetzend, griff ich nach der Schnur, um den vermeintlichen Hänger zu lösen. Dies brachte mir einen tiefen Schnitt im Handballen ein, als ein schwerer Fisch davonschoß. Dreißig Minuten kämpfte ich mit diesem Zander, bis ich ihn endlich ermüdet hatte. Als ich den kapitalen Zander in mein Boot hob, bestätigte der Chor mit einem lauten „Aah", daß ich den größten seiner Art in meinem langen Sportsleben gefangen hatte!

Ermüdet von vielen Zweikämpfen, brachen wir jetzt den Sport ab und fuhren zu der Insel, auf der die Indianer lebten. Wir sahen ihre Blockhäuser vor uns liegen und ihre Bewohner aus den Türen treten.

Zunächst ging Eugène allein auf die Insel, um die Erlaubnis für unseren Besuch zu erwirken. Reserviert, aber freundlich empfingen uns darauf Großvater, Sohn, Schwiegertochter und ein reizendes, noch sehr junges Mädchen. Ich fragte die Kleine auf Englisch nach ihrem Namen und bekam als Antwort nur ein leichtes Achselzucken. So versuchte ich es auf Französisch, und siehe da, nun verstand sie. Ohne Scheu kam die Antwort aus dem frischen kleinen Mund: „Toya!" Blümchen bedeutet das Wort in der Sprache ihres Stammes, und damit hatten die Eltern wahrlich den passenden Namen gewählt.

Nun verteilten wir einige Gastgeschenke, die reserviert, doch offenbar erfreut entgegengenommen wurden. Der Großvater der niedlichen kleinen „Blume" zeigte uns dann, wie er aus Zedernholz die Spanten für die Kanus mit einem kleinen Handbeil herstellte, wobei uns seine Erfahrungen in der Auswahl des Holzes und seine Geschicklichkeit erstaunten. Anschließend holte er eine große Rolle Birkenrinde, um uns zu belehren, daß seine Kanus mit solcher ohne Nähte in einem Stück überzogen werden.

Hierzu erklärte er uns: „Oftmals muß ich viele Wochen die Wälder auf der Suche nach einem Birkenstamm durchstreifen, dessen Durchmesser dick genug, dessen Wuchs gerade und dessen Rinde fehlerfrei ist, und dessen Alter die notwendige Stärke der Rinde verspricht. Dann muß ich diese lange wässern und viele Tage klopfen, damit sie im gespannten Zustand und auch später nicht bricht oder reißt. Passiert das, dann ist das Kanu wertlos geworden, denn es wird der führenden Hand nicht mehr gehorchen und auch nicht mehr so leicht über das Wasser gleiten, wie es soll!"

Nach diesen Worten schritt er zu einem der Blockhäuser, aus dem er ein prachtvolles Birkenrindenkanu holte. Geschmackvolle Verzierungen hatte dieser Meister auf den oberen Gürtel gemalt. Am Bug sahen wir auf beiden Seiten einen Elchhirsch abgebildet, sein „Warenzeichen". Meine Frage, ob er die Farbe selbst hergestellt hätte, überhörte er. Er wollte sein Geheimnis nicht preisgeben. Die handgearbeiteten Paddel, die auch als Träger bei dem Transport des Kanus auf den Schultern dienen, waren ebenso elegant gearbeitet. Als ich das Kanu anhob, überraschte mich sein leichtes Gewicht, das ich auf 50 bis 60 Pfund schätzte.

Meine Frage, ob wir die Hütten betreten dürften, lehnte er höflich, aber bestimmt ab, bereitwillig gestattete er uns jedoch, draußen Aufnahmen zu machen und zu filmen. Kurz vor dem Abschied fragte ich den Alten, ob er den Washiamaka-See kenne. Lebhaft nickte er. „Kannst du mir erklären, warum das Wasser dieses Sees leuchtet?“ versuchte ich ihn auszuforschen.

Sekundenlang sah er mich an, und ein feines Lächeln spielte um seinen Mund. Wir warteten gespannt auf seine Antwort.

„Unsere Vorfahren ließen uns wissen“, sagte er leise, „daß es das Licht der Ewigkeit ist. Aber du wirst es nicht verstehen, wie der Name ‚Washi-amaka‘ gemeint ist!“ Er wendete sich ab und zeigte damit, daß unsere Unterhaltung beendet sei.

Wir verbrachten die Tage damit, Elchwild zu beobachten, das in den Buchten der Seen zahlreich zu sehen war. An Menschen gewöhnt, wich es erst aus, wenn wir allzu dicht an das Wild herankamen. Bären trotteten zu den Ufern, um zu schöpfen, und auch zwei Wölfe ließen sich überraschen, als sie ihren Durst löschten.

Zum Schluß versuchten wir unser Petriheil auf die rote Bachforelle, die nur in Québecs Gewässern heimisch ist. Wir warfen die Spinner und „streamer“ erfolgreich auf Regenbogenforellen und Kleinmaulbarsche, bis uns die Arme schmerzten. Doch es blieb bei den vier genannten Fischtrophäen, weitere kapitale Fische erbeuteten wir nicht. Auch unsere Fischzüge auf die großen Nordhechte und den „Ouananich“-Lachs blieben ohne Erfolg.

Als wir von unserer Wasserburg Abschied nehmen mußten, erstrahlte im See geheimnisvoll das „Licht der Ewigkeit“, das die Algonquin-Indianer bewogen hatte, ihn „Washi-Amaka“ zu nennen.

ZEHNTES KAPITEL

Waidmannsheil auf Wildgänse und Enten

Die Jagd auf Wasserflugwild gehört nach meinem Geschmack zum schönsten Waidwerk! Keine andere Jagd auf Haar- und Federwild verlangt größeres Können und vielseitigeres Wissen, wenn sie erfolgreich und waidgerecht ausgeführt werden soll. Ein Jäger muß nicht nur die Vielzahl der verschiedenen Gänse- und Entenarten auf dem Wasser oder im Fluge schnell und sicher ansprechen können, sondern sich auch die unterschiedlichen Stimmen einzuprägen lernen, um sie klangecht nachahmen zu können. Darum setzen allein schon die ornithologischen Kenntnisse ein umfassendes Wissen voraus, und es vergehen viele Jahre, bis es erworben werden kann.

Keine andere Jagdart verlangt schnellere Entschlußfassung, sichereres Abschätzen von Flughöhe und Geschwindigkeit und die sich daraus ergebende gute Beherrschung, Handhabung und Führung der Flinte. Experten im Wurftaubenschießen, die Turniere gewannen, versagten nach meinen Beobachtungen auf dieser Jagd, weil die eng gebohrten und weittragenden Flinten, die auf Gänse- und Entenjagd verwendet werden, ein sehr genaues Abkommen verlangen. So lernte ich nur wenige Meister in dieser hohen Schießfertigkeit kennen, obwohl Kanada in seinem großen Reichtum an Wasserflugwild alles bietet, was sich ein Jäger erträumen kann! Ich erlebte, daß sich der Himmel unter Tausenden von Schwingen verdunkelte, wenn Wildenten auf ihrem Flug nach Süden über mich hinwegklingelten.

Ziehen in sonnenüberfluteten Herbsttagen die Wildgänse Flug auf Flug in langen Ketten nach Süden, dann wird es Zeit sich aufzumachen, um sie dort zu erwarten, wo sie für eine Rastpause und zur Nahrungsaufnahme einzufallen pflegen.

Bei solcher Gelegenheit sah ich Tausende um mich herum einfallen, um auf einsam gelegenen Feldern und Lichtungen an Wintersaat, Wildgras und Wildsamen zu weiden. Selbst hier sah ich nur wenige Jäger, die mit vollem Erfolg einen Jagdtag abschlossen, weil die Kenntnisse über Eigenarten und Verhalten der großen Wildvögel meistens unzulänglich waren.

Die Vielseitigkeit dieser Jagd, je nach Wildart und Örtlichkeit, verlangt auch unterschiedliche Jagdmethoden und entsprechende Ausrüstung. Solche kann noch so gut und kostspielig sein, aus Mangel an Kenntnissen über Eigenarten, Verhalten und Lebensweise des Federwildes wird sie wertlos, wenn sie unerfahren und falsch verwendet wird. Allein schon die Zahl, Form, Färbung und Gliederung ausgesetzter Lockvogel-Attrappen ist eine Wissenschaft für sich. Wer sie nicht erlernt, wird meist ohne Beute enttäuscht wieder heimfahren. Die scharfsichtigen und klugen Vögel bringen ihr Gefieder rechtzeitig genug in sichere Höhe.

Ohne die Jagd auf Wasserflugwild aber erscheint mir mein Jägerleben unausgefüllt. Deshalb will ich von solchen köstlichen Jagdtagen erzählen:

An einem Frühlingstage erreichte mich ein Brief aus der alten geliebten Heimat. Als ich den Namen des Absenders las, schlug mein Herz schneller, denn mit diesem Mann, meinem Jugendfreund Eberhardt, hatte ich vor vielen, vielen Jahren unvergessen gebliebene Tage auf Jagd und Fischwaid in Westpreußen verlebt. In der Tucheler Heide hatten wir oftmals zusammen gejagt, und aus der Radaune, nördlich von Danzig, hatten wir mit Fliegen- und Spinnrute so manche prachtvolle Bachforelle und Äsche in das grüne Gras geworfen. Eberhardt hatte einen meiner Jagdaufsätze in der Zeitschrift „Wild und Hund“ gelesen und erst dadurch erfahren, daß ich den Krieg überlebte. So wurde ein seit 1939 abgerissener Freundschaftsfaden wieder zusammengeknüpft. Im Herbst des gleichen Jahres folgte er meiner Einladung nach Kanada, und er ist einer der besten Jäger, mit denen ich zusammen waidwerkte.

Gleich nach Ankunft fragte ich ihn: „Worauf willst du jagen, auf Elch, Schwarzbär, Wolf oder Wasserflugwild?“

„Na, das solltest du doch wissen“, war seine Antwort. „Natürlich auf Wasserflugwild!“

Schon einen Tag später rollten wir durch eine sternklare Nacht nach Norden. Nie eilten die vielen Meilen so schnell dahin wie in dieser Herbstnacht mit dem Jugendfreund an meiner Seite, denn unsere Erinnerungen schlugen die Brücke vom Gestern zum Heute. Als unser Ziel hatte ich Moosonee, die Endstation der Ontario-Nordlandeisenbahn ausgewählt. Dort mündet der breite Moose-River, in dem sich die Wassermassen der Ströme Mattagami, Missinaibi, Abitibi und Northern French-

River sammeln und in die James-Bay, die Südbucht der riesigen Hudson-Bay, fließen.

Hier ist eines der Jagdparadiese auf Wildgänse!

Wir fuhren mit dem Wagen bis zum Ort Cochrane in Ontario, wo wir ihn stehenließen, um unsere Reise mit der Nordlandbahn fortzusetzen. Fünfzehn Stunden später erreichten wir Moosonee, wo uns der Cree-Indianer Russ Norranja erwartete. Kraftvoll schüttelte er meine Hand in der Freude des Wiedersehens, und in alter indianischer Weise begrüßte er meinen Freund, indem er ihm beide Hände auf die Schultern legte. Dies bedeutete eine besondere Ehrerbietung! Nachdem wir uns im Hotel des Ortes ausgeschlafen hatten, folgten wir der Einladung von Russ und verbrachten sehr interessante Stunden mit dem alten Indianer, wobei ich den Dolmetscher spielte; des Alten dialektreiches Englisch konnte Eberhardt nicht verstehen.

„Laßt uns zwei Tage warten", schlug Russ vor, „denn bei diesem sonnigen Wetter ziehen die Gänse viel zu hoch. Es kommen Witterungswechsel und kräftiger Wind, der die Gänse auf ihrem Flug herunterdrücken wird, so daß sie für Schrote zu erreichen sind." Der Alte, dessen Lebensalter ich nie erfahren konnte, hatte mich schon dreimal mit sicherer Wettervoraussage zu besten Erfolgen geführt, und ich wußte, daß es auch dieses Mal so sein würde.

Meine Frage, ob er Lockvögel auszusetzen beabsichtige, verneinte er kopfschüttelnd: „Damit würde ich euch die klugen Gänse nur verscheuchen! Zu viele unerfahrene Schießer sind schon hierhergekommen und haben die Lockvögel massenweise aufgestellt. Daß es über diesen stets knallt, haben die Gänse schnell herausgefunden, und die alterfahrenen Ganter, die die einzelnen Flüge führen, haben inzwischen gelernt, bei Sicht dieser Attrappen schnell ihren Flug in sichere Höhen zu führen. Darum laßt uns auf trübes und windiges Wetter warten. Einen guten Schirm baute ich schon, von dem aus ihr guten Erfolg haben werdet. Verlaßt euch darauf!"

Auf meine Frage, ob wir in zwei Tagen sicher anderes Wetter bekommen würden, erhob sich Russ und verließ die Hütte. Als er zurückkam, hielt er einige Grashalme in der Hand und forderte uns auf: „Trocknet erst gut die Hände, dann befühlt zart die Halme! Sie sind etwas feucht und klebrig. In spätestens 48 Stunden wird sich das Wetter ändern!" Wir betasteten die Halme, doch weder Eberhardt noch ich empfanden, daß sie feucht waren und klebten. Jedoch, genau wie es der alte Indianer vorausgesagt hatte, stieg der übernächste Tag trübe und windig aus der vorausgegangenen Nacht!

Wie oft schon hatten mich Indianer mit genauen Wetterdiagnosen verblüfft! Diese mit der Natur noch eng verbundenen Menschen besitzen noch Fähigkeiten, die wir längst verloren haben. Darum sehe ich in ihnen die besten Führer, die man im wilden Busch haben kann, von ihren jagdlichen Kenntnissen ganz abgesehen. Sind auch diese vorhanden, soll man dankbar und sehr zufrieden sein und die stillen, bescheidenen und klugen Urbewohner des Landes respektvoll behandeln! Leider lassen Arroganz und Mangel an Takt, Überheblichkeit und allgemeines Verhalten den Indianern gegenüber, oft sehr zu wünschen übrig. Mit Geld kann man wohl einen Indianerführer bezahlen, niemals aber als Freund gewinnen. Im Busch braucht man aber einen Freund, wenn Jagd oder Fischwaid erfolgreich verlaufen soll!

Nach zweistündigem Fußmarsch erreichten wir eine felsige Höhe, die mit Buschwerk dicht bewachsen war. An ihrem Nordrande hatte der Alte einen Schirm so geschickt errichtet, daß wir ihn erst erkannten, als wir unmittelbar vor ihm standen. Unser Lob machte den Indianer stolz. Im Schirm hatte er eine aus Rundholz gefertigte Bank aufgestellt, auf der wir es uns bequem machten.

„Der Wind ist noch nicht kräftig genug", erklärte uns Russ, „aber er wird es in einer Stunde sein, wenn die Luftmassen sich mehr erwärmt haben. Ihr werdet sehen, daß es dann auch dunstiger wird. Dann werden die Gänse niedrig über die Büsche auf uns zustreichen. Macht euch nun fertig! Noch können wir uns laut unterhalten", fuhr er fort, „denn wir werden die Gänse hören, wenn sie anfliegen. Auf der Reise nach Süden sind sie besonders erregt und gesprächig. Laßt sie erst über uns hinwegstreichen, damit die Schrote von hinten durch die Daunen ins Leben schlagen! Schätzt dabei ihre Geschwindigkeit und Flughöhe gut ab, haltet unter sie und hebt im Mitschwingen mit ihrem Fluge die Flinten so weit, daß ihr die Gänse voll über dem Korn seht. Dann seid ihr gut drauf! Wenn ihr dennoch vorbeischießt, habt ihr Flughöhe und Geschwindigkeit unter- oder überschätzt. Wählt grobes Schrot, denn ein Korn genügt, um den Vogel fallen zu lassen!"

„Butt", wie Russ seinen Hund nannte, schien ein Nachkomme von Husky und Wolf zu sein. Seine grünen, schrägliegenden Augen und seine gestreckt getragene buschige Rute deuteten darauf hin. Als Russ unser Interesse an dem Hund wahrnahm, warnte er uns: „Faßt den Hund nicht an, er würde euch beißen. Sonst ist er ein gutes Tier, unentbehrlich für mich auf der Jagd auf alles Wild. Er wird jede Gans sicher bringen, verlaßt euch darauf!"

Eberhardt und ich steckten uns gerade die Pfeifen in Brand, als wir das erste Honken heranziehender Wildgänse vernahmen. Ein Flug von sieben Kanadagänsen strich in einer Höhe von etwa 25 Meter auf uns zu. Fast über uns erkannten sie den Schirm und teilten sich. Fünf Vögel des Fluges drehten nach rechts, zwei nach links ab. Diese beiden nahm ich aufs Korn. In schneller Folge fielen vier Schüsse und vier der großen Wildvögel taumelten zu Boden. Russ sprang in Begeisterung vom Sitz und hieb seine Hände dem Freunde auf die Schulter. Noch während wir nachluden, flog schon die nächste Kette an, dieses Mal zwölf Gänse, und wieder rollten vier Schüsse über die diesige Weite. Damit war unser Ansitz für diesen Tag beendet.

„Ihr könnt schießen!" lobte Russ, nahm die angebotene Zigarre aus Eberhardts Hand und entzündete sie schmunzelnd. Butt brachte alle acht Gänse zu seinem Herrn und legte sie vor ihm ab. Es brauchen nicht unbedingt Rassehunde mit langen Ahnentafeln zu sein, die zuverlässig und erfahren ihre jagdliche Arbeit tun! Fast vergaß ich die Warnung des Indianers und wollte den Hund liebeln, doch ohne Laut zu geben, zeigte er mir drohend sein starkes Gebiß.

Am nächsten Tag ließen wir alle Kanadagänse unbehelligt weiterziehen, denn wir warteten auf Blau- und Schneegänse. Schon war es später Nachmittag geworden, und wir wollten schon abbrechen, als ein großer Flug Gänse anstrich.

„Blues!" flüsterte Russ hastig. Eberhardt holte zwei Blaugänse herunter. Ich fehlte mit dem ersten Schuß, schoß aber mit dem zweiten zu meiner Überraschung eine Schneegans, die ich als eine alte Blaugans angesprochen hatte, denn diese haben auch einen weißen Kopf und Hals, jüngere dagegen nicht. Der Indianer erklärte uns, daß Schnee- und Blaugänse sehr oft gemeinsam fliegen und sich auch untereinander paaren sollen.

In der folgenden Nacht fror es, und als wir am nächsten Morgen wieder zu dem Schirm marschierten, blies ein sehr kalter Nordwestwind. „Es wird bald schneien", sagte der Alte und steckte dabei seine Hakennase wie ein wittrungnehmender Jagdhund in die Luft. „Viel Schnee wird in den nächsten Tagen fallen! Ihr müßt euch gedulden, denn die Gänse werden nicht ziehen, bis das Wetter besser geworden ist.

Soviel Geduld gedachte ich aber nicht aufzubringen, denn im Süden wartete allerbeste Entenjagd auf uns. Darum verabschiedeten wir uns von Russ, als der nächste Zug Moosonee verließ. Er winkte uns nach, bis wir seinen Blicken entschwanden. Die Pfeife, die Eberhardt ihm zum Abschied geschenkt hatte, baumelte in seinem zahnlosen Mund.

Wieder in Cochrane angekommen, ruhten wir uns 24 Stunden aus. Dann fuhren wir nach Süden, bis wir den Ort Timagami am gleichnamigen See erreicht hatten, wo ich mein Boot während der Fahrt in den hohen Norden stehengelassen hatte. Der See Timagami ist der landschaftlich romantischste in diesem Gebiet. Seine Ufer, die in unzählbaren Buchten tief in die Kiefern- und Tannenwälder einschneiden, sind 5120 Kilometer lang! Wer diesen riesigen, weit verzweigten See nicht kennt, wird sich bestimmt verirren, wie es in jedem Jahr vorkommt. Ohne genaue Karten, Kreiselkompaß im Boot und gute Orientierungsgabe ist es ein großes Risiko, den See ohne Führer zu befahren.

Dieser See ist berühmt wegen seiner kapitalen Seeforellen, die Gewichte bis 40 Pfund erreichen. Reich besetzt mit Zandern, Kleinmaulbarschen, See-Saiblingen und kapitalen Nordhechten bietet er Sportfischern alles, was ihr Herz begehrt. Obwohl sie ihn zahlreich besuchen, haben sich die Fischbestände niemals verringert.

Dieser See liegt mitten in dem 10000 Quadratkilometer großen „Timagami-Forest", über dem immer ein würziger Harzduft liegt, den die Kiefern, Tannen und Fichten ausströmen. In ihm ist das Jagen auf Weißwedelhirsche, Schwarzbären, Elche, Timberwölfe und Rot- sowie auch Silberfüchse vielversprechend, und gute Führer stehen in Timagami bereit, Gastjäger davon zu überzeugen. Außergewöhnlich gut aber ist die Jagd auf Wildenten vieler Arten und im Herbst auch auf Wildgänse, die auf dem Flug nach Süden hier die erste Rast einlegen.

Wer Komfort bevorzugt, findet in den „Sportsmen-Camps", die auf den größeren Inseln des Sees erbaut sind, beste Unterkunft und Verpflegung. Wer das Zelten und das eigene Lagerfeuer bevorzugt, wird genug einsame Plätze finden, wo er wie im Paradies lebt und haust.

Ich suchte uns Quartier auf einer stillverträumten, dichtbewaldeten Insel, auf der ich schon viele Male die Schönheit der Landschaft und all ihren Reichtum genossen hatte. Zelt und Lager waren schnell errichtet, dann genossen wir das wundersame Bild und den köstlichen Abendfrieden.

Den ersten Vormittag verwendeten wir, um die Umgebung zu erkunden. Wie ich erwartet hatte, sahen wir nur wenige Enten, denn unter Tage halten sie sich in unzugänglichen, sumpfigen Niederungen und auf Wildwassern auf, wo sie reichhaltige Nahrung finden. Darum fuhr ich mit meinem Freund zu einer Bucht, die versteckt und sehr tief in den Urwald hineingriff, und in der ich in vorausgegangenen Jahren besten Entenzug erlebt hatte. Hier würden Wildenten bei Beginn der Abenddämmerung zu Hunderten einfallen.

Beide Ufer dieser Bucht waren mit breiten Schilfbändern eingefaßt, in deren Tümpeln wir viele Entenfedern schwimmen sahen. Überall zeigte sich ein üppiger Pflanzenwuchs, wie Enten ihn lieben. In einer Schilfnase, die sich weit in die Bucht schob, steckten wir Büsche in den Grund, die das Boot verblenden sollten. Überzeugt davon, einen sehr guten Platz ausgewählt zu haben, verließen wir die Bucht, um erst während des Nachmittages zu ihr zurückzukehren.

Etwa 30 Meter vor dem Boot setzten wir zwei künstliche Lockenten aus, die sich in leichtem Winde geschäftig bewegten. In Form und Färbung glichen sie den Schwarzenten. Diese ähneln den Stockenten, nicht aber den Stockerpeln und sind durchschnittlich bis ein Pfund schwerer als diese. Das Flugbild der Schwarzenten ist dem der Stockenten so ähnlich, daß Verwechselungen häufig vorkommen.

Wir luden unsere Flinten, ich erwartete aber keinen Anflug vor Beginn der Abenddämmerung. Deshalb überraschten uns einige Minuten später vor der Bootblende einfallende Spießenten, und beide schossen wir vorbei, als sie infolge unserer hastigen Bewegungen abstrichen. Wir mokierten uns gegenseitig über unser schlechtes Schießen. Durch diese Überraschung gewarnt, waren wir jedoch vorbereitet, als abermals drei Enten einfallen wollten. Diesmal flogen die Federn und alle drei Spießenten überschlugen sich dicht über dem Wasserspiegel. Wir ließen sie im Winde abtreiben.

Dann verging die Zeit bis zum Dämmerungsbeginn ohne Anflug. Plötzlich rauschte es über und um uns herum, denn ein großer Schoof von Schwarzenten fiel ein. Wir schossen fünf von ihnen, dabei blieb ungeklärt, auf wessen Abschußliste die fünfte kam. Noch bevor es dunkel geworden war, hatten wir das täglich erlaubte Soll erfüllt: Mit zehn Enten im Boot fuhren wir zufrieden und glücklich zu unserem Inselheim.

Während ich uns in der Glut des Lagerfeuers Enten zubereitete, wie ein Indianerführer es mich gelehrt hatte, ertönte nicht weit von uns auf dem Festland das schaurige Heulen von drei Wölfen. An ihren Stimmen erkannte ich, daß es außer Altwolf und Wölfin ein Jungwolf war, dessen Tenor sich im Stimmbruch überschlug. Dann setzte um uns herum, nahe und fern, ein stimmenreiches Wolfskonzert ein. Eberhardt war erschrokken herumgefahren und sah mich fragend an. Ich erklärte ihm, daß es Timberwölfe seien, die uns das nächtliche auf- und abschwellende Konzert boten.

Mir sagte es, daß auch hier der Winteranfang kurz bevorstand.

„Das geht einem ja an die Nerven!“ gestand mein Freund und schüttelte sich, als ob er fröre. Offenbar lief ihm eine Gänsehaut über den Körper. Doch wem ginge es nicht so! So nickte ich nur und versicherte ihm, daß keine Gefahr bestände. Schließlich verstummte das Wolfsgeheul und tiefes Schweigen legte sich wieder über die schwarzen Umrisse des Urwaldes.

Nach einundeinhalb Stunden holte ich die Lehmkugeln, in denen ich die Enten — ausgewaidet, jedoch mit ihrem vollen Federkleid — eingepackt hatte, aus der Aschenglut, schlug sie mit einem Stein auf und ließ sie abkühlen. Alle Federn blieben nun an der Lehmhülle haften, und das nackte Wildpret fiel vom Knochengerüst. Ich würzte es und übergoß es mit gebräunter Butter. Es wurde ein köstliches Mahl!

Wie es die Wölfe angekündigt hatten, war die Landschaft über Nacht weiß geworden. Für diesen Tag beschloß ich, dem Freunde die besonders begehrten Waldenten vor das Rohr zu bringen. Zuvor machte ich ihn darauf aufmerksam, daß bei laufendem Motor die Waffen nicht geladen sein dürfen. Erst wenn er ausgeschaltet ist, darf nach kanadischen Gesetzen geladen und geschossen werden.

Sehr langsam fuhr ich mit dem Boot entlang der Ufer und suchte vorwiegend die Buchten nach dem begehrten Flugwild ab. Als ich vor uns dicht unter dem Ufer zwei Waldenten erkannte, stoppte ich das Boot. Sofort gingen sie hoch und strichen klingelnd tief über den Wasserspiegel dem Ausgang einer Bucht zu. Gleichmäßig und ruhig mit- und vorschwingend, folgte mein Freund mit dem Flintenlauf. In einem Schuß fielen beide Vögel!

Später ging ein weiteres Waldentenpaar vor uns hoch, doch für einen Schuß war es zu weit. Zu unserem Erstaunen kam es jedoch zurück und überflog uns. Trotz seiner Flughöhe holte Eberhardt den Erpel aus der Luft und stellte seine Schießkunst unter Beweis. Ein Schellentenpaar erfüllte die Tagesstrecke.

Darauf heftete ich dem Jugendfreund den Schmuck meiner roten Jagdmütze – ein goldenes Ahornblatt mit einer in farbiger Emaille dargestellten Waldente – an seinen Lodenhut und reihte damit den hochgeschätzten Jägersmann in den Kreis kanadischer Flugwildschützen ein!

Als wir uns an diesem Abend an den mit Tannenzweigen dekorierten Eßtisch setzten, um uns abermals an Wildenten zu delektieren, überraschte ich den Freund mit einer Flasche „Wachenheimer Hitzkopf". Wieder erfüllte das schaurig-schöne Wolfsgeheul die letzte Nacht unserer Nordlandfahrt. Erst um Mitternacht krochen wir in die Schlafsäcke.

Am letzten Jagdtag übten wir noch unsere Schießfertigkeit auf Mittelsäger, die wegen ihrer großen Zahl für unbegrenzten Abschuß freigegeben werden. Wir enthäuteten 17 Säger und bereiteten mit ihnen ein wohlschmeckendes Jägeressen vor, das ich daheim geben wollte. In Timagami verpackten wir die nun tiefgefrorenen Wildgänse, dann traten wir in dichtem Schneetreiben die Heimfahrt an.

Als mein Freund auf dem Internationalen Flughafen in Toronto wenige Tage später Abschied nahm, beglückte er mich mit den Worten:

„Waidmannsdank für die erregendste Jagd auf Wasserflugwild, die ich je erlebt habe!"

ELFTES KAPITEL

Unvergessenes Waidwerk in Manitoba

Vor Jahren, als meine Freunde und ich noch jeden einzelnen, hart verdienten Dollar bedachtsam umdrehen mußten, bevor wir ihn ausgaben, brachte mir der Postbote eine Werbung der Nachbarprovinz Manitoba in unser Haus. Die wundervoll illustrierten Broschüren und ihre Beschreibungen eines Jäger- und Fischerparadieses im Herzen Kanadas hatten die beabsichtigte Wirkung. Der Wunsch, in der einsamen und noch wenig besuchten Wildnis des Nordens dieser Provinz zu jagen und zu fischen, ließen mich nicht mehr los, und meinen Freunden, denen ich diese Lektüre gegeben hatte, erging es nicht anders.

Einige Monate später sahen wir einen sehr guten Amateur-Farbfilm, den ein junges österreichisches Ehepaar während einer wochenlangen Kanufahrt durch die einsame Wildnis von Manitoba gedreht hatte. Dieser packte uns so an, daß wir an jenem Abend beschlossen, im kommenden Herbst im wilden Norden der Nachbarprovinz zu waidwerken. Es begann eine emsige Beratung, und Stein für Stein wurde das Mosaik unserer Planung zusammengesetzt. Als es Herbst geworden war, stand fest, wo wir „ungefähr“ zu jagen und zu fischen gedachten.

Die Knappheit an Dollar zwang uns, sparsam zu sein. Darum entschlossen wir uns, die weite Fahrt bis zum Ort The Pas, der etwa 150 km westlich der Nordspitze des riesigen Sees Winnipeg liegt, mit den Wagen zurückzulegen. Auf ihre Dächer schraubten wir Bretter, die zwei Frachtkanus tragen konnten. Beide Kanus hatten wir uns gegen eine Mietgebühr von 10 Dollar für zwei Wochen von einem Bootverleiher geholt, dazu für weitere 15 Dollar die Außenbordmotore mit drei PS, deren Treibstoffverbrauch sehr sparsam ist. Obwohl sehr billig, erschien uns diese Ausgabe hoch, denn jeder von uns verdiente in jener Zeit nur zwischen 40 und 50 Dollar in der Woche. „Große Sprünge“ konnte also keiner von uns machen, zumal wir die vorausgegangenen nicht unerheblichen Ausgaben spürten, die wir für die notwendigste Ausrüstung in vielen Überstunden hatten verdienen müssen. Begüterten Kanadiern hatten wir die Häuser innen und außen neu gestrichen, anderen ihre Gärten gepflegt und saubergehalten oder ähnliche Arbeiten geleistet, wenn der „Boß“ es wünschte.

Endlich kam der 24. September heran, an dessen Morgen wir bei Sonnenaufgang Abschied von unseren Familien nahmen und gen Westen fuhren.

Da wir uns damals einen neuen, also guten Wagen noch nicht leisten konnten, ließen wir uns Zeit, um die acht und neun Jahre alten Autos nicht zu überanstrengen. Darum trafen wir erst gegen Abend des folgenden Tages in Manitobas Hauptstadt, Winnipeg, ein. Obwohl wir uns gegenseitig alle 200 Meilen am Steuer abgelöst hatten, waren wir rechtschaffen müde geworden und suchten uns für die folgende Nacht ein möglichst preiswertes Quartier. Wir fanden es – im Heuschober eines Farmers am Nordausgang der Stadt!

Diese Wahl war auch aus anderen Gründen eine glückliche, denn „Old Jack Wood“, wie unser bejahrter Gastgeber hieß, hatte fast jede Freizeit seines langen Lebens im Busch verbracht und kannte das Gebiet gut, in dem wir zu waidwerken gedachten. Er zeichnete uns Skizzen von dem dortigen Gelände, und was er uns über den Wildreichtum und die 30 Pfund wiegenden Seeforellen erzählte, machte es uns schwierig, in der Nacht Schlaf zu finden. Als wir am nächsten Morgen Abschied von ihm nahmen, knotete er an jedes Frachtkanu einen Hasenlauf als Talisman.

Nun ist es an der Zeit, daß ich meine Freunde vorstelle:

Bob, irischer Herkunft, war im gleichen Jahr wie ich nach Kanada gekommen, und wir hatten uns kennengelernt, als jeder seinen Weg in der neuen, für uns fremden Welt suchte. Gemeinsame Interessen ließen uns Freunde werden. Jagdlich nicht unerfahren, war er ein Meister in der Handhabung der Fliegenrute, und von ihm erlernte ich die große Kunst.

Wally war erst seit drei Jahren im Lande, und sein Englisch war noch so miserabel, daß er sich sicherlich oftmals selbst nicht verstehen konnte. Das hinderte nicht, daß er heute in einer großen Fischkonserven-Fabrik an der Küste des Pazifischen Ozeans erfolgreich wirkt und kapitale Trophäen an der Grenze zu Alaska auf Land und Wasser erbeutete. Das Jagen hatte er sich in Deutschland nicht leisten können, dafür aber hatte er jeden Tümpel auf Fische untersucht. Auf unserer jetzigen Jagdfahrt wollte er seinen ersten Elchhirsch erlegen, und er sprach selbst beim Kauen davon. Niemals erlebte ich soviel Optimismus wie bei ihm. Diese schöne Eigenschaft blieb ihm selbst dann erhalten, wenn er vorbeischoß, und das Jagdfieber spielte ihm oft einen solchen Streich.

Gus, der in Deutschland und Österreich einst Gustav genannt wurde, war schon einige Jahre länger in Kanada. Seine Sparsamkeit, um nicht zu sagen sein Geiz wurde von uns akzeptiert, da er sein unterbrochenes Studium wieder aufnehmen wollte. Infolge seiner Länge von 205 cm trug er in Ergebenheit oft eine in allen Farben schillernde Beule vor der Stirn. Ein prachtvolles Exemplar solcher Art hatte er sich gerade wieder am Türbalken des Heuschobers von Old Jack geholt, gegen den er mit dem Kopf derart donnerte, daß es uns schlecht wurde. Er selbst schüttelte nicht einmal den Kopf. Er stammte aus den Tiroler Bergen, doch wir bezweifelten es stets, da er nicht jodeln konnte. Auch schien er mehr gewildert als rechtmäßig gejagt zu haben, denn anders konnten wir uns sein großes Wissen über Wild und Jagd nicht erklären. Danach befragt, antwortete er ausweichend: „Man spricht nicht über seine Liebe!" Beim Greifen von Bachsaiblingen hatte er bessere Erfolge als wir mit den Ruten, und auch das erschien uns verdächtig. Es gab nur eine Möglichkeit, sein immer gleichmütiges Wesen zu erschüttern, und zwar wenn man ihn möglichst harmlos danach fragte, ob er Tirol als Italiener verlassen habe. Dann trat seine Stirnader bleistiftdick hervor, und man tat besser, sich schleunigst zu entfernen.

Uns vieren waren die tief verankerte Naturliebe und die Passion zum Waidwerk eigen, und darum paßten wir gut zusammen.

Old Jack hatte uns geraten, schon von Winnipeg aus mit der Eisenbahn zu fahren, da die Straßen nach The Pas unbefahrbar seien. Natürlich nahmen wir solch gutgemeinten Ratschlag mit Rücksicht auf Reifen und Federn unserer alten Autos gerne an. Schon auf der Fahrt zu der Station hatten wir innerhalb kurzer Zeit drei „Plattfüße". Irgendein Lastwagen, der mit Abschnitten einer Aluminiumproduktion beladen war, hatte einen Teil seiner Ladung verloren. Durch diese Reifenkatastrophe verpaßten wir den Zug nach The Pas.

Gus forderte mich inmitten einer Hauptstraße plötzlich auf, den Wagen zu stoppen. Bevor ich ihn nach dem Grund fragen konnte, schnitt er von den Kanus die baumelnden Hasenläufe ab und meinte lakonisch, daß sie wegen ihres Alters die mythische Kraft verloren hätten. Das schien der Fall gewesen zu sein.

Endlich vor der Station der Hudson-Bay-Nordland-Bahn angekommen, erfuhren wir, daß der nächste Zug in Richtung Lynn-Lake 13 Stunden später abfahren würde. Vor dem Ort suchten wir nach einem geeigneten Platz, rollten die Schlafsäcke aus und uns hinein. Eine Stunde vor Abfahrt des Zuges verluden wir die Kanus, Motoren und Gerätschaften und baten dann Zug- und Lokführer, uns genau zwischen den Seen Sisipuk und Highrock auf der Strecke abzusetzen.

Auf die Abfahrt des Zuges mußten wir dann noch 3½ Stunden länger als vorgesehen warten, aber schließlich heulte die Loksirene auf, und es begann die Fahrt in den wilden Norden Manitobas. Daß wir die eingesparten Dollar schwer mit Zeit aufwiegen mußten, betrübte uns sehr.

Unser Zug bestand aus einem Personen- und vierzehn Güterwagen. Außer uns vieren fuhren noch eine Frau und zwei Männer mit, von denen einer ein Schullehrer war, der die Gegend zu kennen schien, in der wir waidwerken wollten. Die von ihm gefangenen Seeforellen überstiegen die von Old Jack aber noch um 10 Pfund, und dies veranlaßte Gus zu der Frage, ob der Lehrer nicht in seiner Firma den Posten als Werbeleiter annehmen wollte.

180 Meilen sind eine endlose Strecke, wenn man den Hudson-Bay-Nordlandexpreß benutzt. Ausgerechnet nach 13 Stunden hielt der Lokführer ihn zwischen den genannten Seen an, und dies hielten wir für ein schlechtes Omen. Wie recht wir damit hatten, stellten wir fest, als der Zug im Busch verschwunden war. Unser Benzinkocher war im Packwagen stehengeblieben. Daß es nicht Pfanne und Kochtopf waren, beruhigte uns etwas.

Bald hatten wir die beiden Kanus auf dem Wasser des Highrock Sees verladen. Auf unseren Karten schätzten wir seine Länge auf 40 bis 50 km. Wir beschlossen, bis zu seinem Ostufer zu fahren, um dort das erste Zeltlager einzurichten. Etwa 25 km ostwärts führte ein Wasserarm nach Norden und bildete die Verbindung zum Granville-See, vor dem nach der Karte ein großer Wasserfall liegen mußte.

Um Treibstoff einzusparen, paddelten wir die Kanus. Eineinhalb Stunden vor Abenddämmerung erreichten wir das Ziel und fanden einen guten Platz für das Lager. Während die Freunde es aufbauten, fuhr ich mit dem Boot am Ufer entlang und ließ Spinner und Blinker in die klare Flut sinken. Zunächst blieb ich ohne einen Anbiß, so daß ich mich weiter vom Ufer entfernte, um in größerer Tiefe mein Heil zu versuchen. Das war richtig, denn bald fuhr ein solider Schlag durch meine Rute, und ich drillte einen guten Nordhecht, den die Zugwaage mit 9 Pfund auswies. Einen zweiten von fast 6 Pfund holte ich bald danach in das Boot, damit war unser Abendessen gesichert.

Gleich nach der Rückkehr machte ich mich daran, einen sicheren Feuerplatz zu schaffen, und ließ die Hechtfilets in der Pfanne brutzeln. Im Flackerschein des Lagerfeuers nahmen wir das delikate Mahl ein, dann krochen wir satt und müde in die Schlafsäcke.

Morgens wurden wir von dem leisen „tuck-tuck-tuck“ der Haselhühner geweckt. Das liebliche Trommelkonzert wurde so lebhaft, daß wir neugierig die Nasen aus dem Zelt und in den neuen Herbsttag steckten. Da sahen wir etwas Köstliches: Nur wenige Meter vor dem Zelt stand ein eitler Haselhahn auf einem Baumstumpf und präsentierte seine unwiderstehliche Schönheit einer Schar von sieben Hennen, die bewundernd um ihn herumstanden und lange Hälse machten, genauso wie wir es taten.

In rasendem Schwingenschlag, mit hochgestelltem Federkamm und weit gespreiztem Fächer, dessen breites schwarzes Band wundervoll vom braunen Federkleid abstach, demonstrierte der Hahn seine Wichtigkeit. Wir konnten seine schwirrenden Schwingen nur als Schatten erkennen. Seine Balzkünste schienen den Hennen genauso zu imponieren wie uns. Keiner von uns griff nach der Flinte, um einen leckeren Bissen für den Kochtopf zu erbeuten. Das Bild war zu lieblich, als daß wir es hätten zerstören mögen! Der junge Tag hätte für einen Jäger gewiß nicht schöner beginnen können!

Während sich der Himmel bewölkt hatte, als wir die Grenze zwischen Ontario und Manitoba passiert hatten, stieg dieser Tag leuchtend und wolkenlos aus der Taufe. Doch war es kühler geworden, so daß wir uns beeilten, in die warmen Sweater zu schlüpfen. Der eitle Kavalier zog sich mit seinen Damen in den Busch zurück, als wir aus dem Zelt traten. Doch nicht weit entfernt setzte er sein Schwingenschlagen fort, vielleicht in der Annahme, daß er in unserer Nähe vor Raubwild sicher war.

Wie eine leuchtende Glasplatte lag das Wasser des Sees vor uns, eingerahmt von dem majestätischen Herbstwald. Seine Farben schienen uns noch üppiger und leuchtender zu sein als anderswo, und nur schwer konnten wir uns von diesem herrlichen Anblick lösen.

Eines der Kanus hatte über Nacht Wasser gezogen. So mußten wir uns

[Pi]cknick am Lagerfeuer

Das Boot wird zu Wasser gebracht

Kapitale Seeforelle, 22 kg

zunächst an die Reparatur machen, wozu wir das Harz der Tannen verwendeten. Auf dieses klebten wir auf beiden Seiten ein Stück Birkenrinde und schafften damit eine Dichtung, die das Leck völlig abschloß. Dann fuhren wir hinaus, um uns ein Frühstück zu fangen.

Gus und Wally wollten ihr Heil mit Schleppangeln versuchen, das man hier „Trollen“ nennt. Eine steife Rute mit Rolle, auf der reißfeste Nylonschnur aufgespult war, sollte den Zweck erfüllen. Sie stellten fest, in welcher Tiefe eine Wassertemperatur von 45 Grad Fahrenheit herrschte, und wußten nun, daß sie die künstlichen Köder 15 Meter tief sinken lassen mußten, wenn sie Seeforellen fangen wollten. Gus und Wally fuhren auf eine Insel zu und umkreisten sie in weitem Bogen.

Bob und ich warfen die Blinker und Spinner vom felsigen Ufer aus. Drei Hechte, die wir einholten, setzten wir wieder in ihr Reich zurück. Dann meldete Bobs Aufschrei einen harten Anbiß. Beide erkannten wir sofort, daß ein kapitaler Hecht zugefaßt hatte. Sausend schoß er in tieferes Wasser, während wir eilig in das Kanu sprangen, um dem Fisch folgen zu können. Als wir ihn nach hartem Drill endlich im Boot hatten, zeigte die Zugwaage 21 Pfund. Trotzdem gaben wir auch diesem Fisch die Freiheit wieder, denn wir hatten Appetit auf Forellen.

Als das Boot mit Gus und Wally wieder diesseits der Insel in unser Blickfeld kam, hielten beide eine etwa vierpfündige Seeforelle hoch. Dies veranlaßte mich, das Lagerfeuer zu schüren und die Butter bereitzuhalten.

Als die Freunde langsam auf uns zuschleppten, hallte ein Schrei von Gus über das Wasser. Seine steife Schlepprute bog sich so stark durch, daß es ein Mordsfisch sein mußte, den er am Haken hatte. Dreißig Minuten lang mußten die Männer dem tief kämpfenden Fisch mit dem Kanu folgen, dann schnellte plötzlich die Rute hoch und streckte sich. Die Nylonschnur mit 25 Pfund Reißfestigkeit war – gerissen! Wie schwer diese Seeforelle war, blieb also ein Geheimnis, jedoch kam sie mit Sicherheit den genannten Gewichten von Old Jack, wenn nicht sogar denen des werbefreudigen Lehrers sehr nahe. Ich untersuchte die Schnur genau. Wenn sie auch schon einige Jahre verwendet worden war, so war es mir doch nicht möglich, sie mit den Händen in gleichmäßigem Zug zu zerreißen. Nach der Bruchstelle zu urteilen, schien sie durch eine Felskante beschädigt worden zu sein. Gus war kaum zum Frühstück zu locken. Ihm wollte das Mahl nicht recht munden. Mit einem Auge schielte er beständig dorthin, wo er einen Wunschtraum hatte davonschwimmen lassen müssen.

Längst war mir das ungeschickte Paddeln von Gus und Wally aufgefallen, beide hatten bereits Blasen an den Händen. Während unser Frachtkanu ohne Schwingungen dahinglitt, bewegte sich das der Freunde in unruhigen Seiten- und Schleuderbewegungen vorwärts. Wieder beobachtete ich, wie die Freunde die Paddel handhabten. Offenbar fehlte es ihnen an Erfahrungen und Übung. Das beunruhigte mich ernstlich, denn sicherlich würden wir auch auf weißes, schnelles Wasser geraten. Als ich Gus und Wally vorsichtig darauf aufmerksam machte, um sie nicht zu verletzen, meinten beide, daß sich das Kanu verzogen haben müsse.

Um dies nachzuprüfen, fuhren Bob und ich das Kanu auf den See. Wie erwartet, lag es genauso ruhig auf dem Wasser wie das vorher von uns benutzte Boot. Deshalb bestand ich darauf, den Freunden zu zeigen, wie solch Frachtkanu zu paddeln sei, um die Seitenschwingungen zu vermeiden. Fast alle bisherigen Fahrten hatte ich im Kanu unternommen und von guten Lehrmeistern die Führung der Paddel und Kanus gut erlernt. So konnte ich die Freunde einschulen. Damit verging der Vormittag. Wie sehr sich diese versäumten Stunden bezahlt machten, sollte sich später herausstellen.

Auch Bob hatte bereits gute Erfahrungen sammeln können. Darum beschlossen wir, daß er die Führung des einen, ich die des anderen Kanus übernahmen. So hatten wir auch die Möglichkeit, die Kameraden noch besser einzugewöhnen, um unser aller Sicherheit zu stärken. Auf der Mitführung von kleinen Außenbordmotoren hatte ich deshalb bestanden, um schnelles, weißes Wasser gefahrloser überwinden zu können. Darum hatten wir in den sauren Apfel gebissen und die Kosten auf uns genommen. Ein anderer Grund war der, daß das Paddeln eines mit Wildbret gefüllten Kanus eine ungeheure Strapaze bedeutet und auf schnellem Wasser oftmals unmöglich wird.

Den Rest des zerpflückten Tages benutzten wir, um Haselhühner und „Spruce grouse“, die Waldhühner der Nadelwälder, für den Kochtopf zu schießen, denn unsere Mahlzeiten mußten hauptsächlich aus dem bestehen, was uns die Natur bot. In einem Gebiet von etwa einem Viertelquadratkilometer schossen wir gemeinsam etwa 20 Waldhühner, deren Brüste wir zum Teil auf das Eis im Thermoskühler legten. Vor Einbruch der Abenddämmerung stellten wir uns auf Wasserflugwild in den Buchten an und konnten dann im flackernden Schein des Lagerfeuers eine Strecke von fünf Enten und zwei Kanadagänsen legen. Bis sie gerupft und ausgewaidet waren, war es fast Mitternacht geworden. So hatten wir für die nächsten Tage mehr als reichlichen Vorrat.

Gerade hatten wir uns in den Schlafsäcken ausgestreckt, als Timberwölfe für einige Minuten nicht weit von uns entfernt heulten. Wahrscheinlich würde es kälter werden und bald Frost und Schnee kommen.

Im ersten Dämmerlicht hörte ich vor dem Zelt ein Geräusch und weckte die Kameraden. Am Ufer, wo wir Fische, Waldhühner, Wildenten und Gänse ausgewaidet hatten, suchte ein einjähriger Bär gierig nach Fraß. Von unserem Zelt schien er keine Notiz zu nehmen. Als es heller wurde, traten wir leise aus dem Zelt. Da stellte sich der junge Buschläufer auf seine Hinterpranten hoch und betrachtete uns staunend. Wir konnten ein Gelächter nicht unterdrücken, und dies brachte ihn völlig aus seiner Fassung. Er machte einen so großen Satz, daß er im Wasser landete. Kräftig ausholend, rann er dann am Ufer entlang davon. Sein Verhalten bewies uns, daß er das Zelt vorher gar nicht wahrgenommen hatte, wieder eine Bestätigung, wie schlecht das Sehvermögen der Bären ist.

Wir taten dann dasselbe, was uns der Petz vorgemacht hatte, und nahmen ein erfrischendes Morgenbad. Dabei empfanden wir, daß die Luft recht kühl geworden war, wie es uns die Wölfe angemeldet hatten. Ein Jägerfrühstück muß bis zum Abend vorhalten. Noch während des Rupfens der Enten und Gänse hatten wir die Brüste der Haselhühner über dem Lagerfeuer kochen lassen. Nun brutzelten sie und Schinkenspeck in der Pfanne, und der Duft ließ uns das Wasser im Munde zusammenlaufen.

Nach dem köstlichen Schmaus losten wir die Jagdgebiete aus. Gus und ich gedachten entlang des Ostufers nach Norden, die beiden Freunde nach Süden alle Buchten nach Elchwild abzusuchen. Wir trennten uns und paddelten in entgegengesetzter Richtung davon, hoffend daß sich der Petz genug vor uns erschrocken hatte, um unserem Lager fernzubleiben. Jedoch Kinder sind oftmals vergeßlich, und darum hatte ich eine Grube ausgehoben, in der alle Lebensmittel sicherer und vor allem auch kühl untergebracht worden waren. Den Eingang des Zeltes hatten wir weit offen gelassen, um seiner Zerstörung vorzubeugen. Bären, die unbehindert hinein- und wieder hinaustreten können, zerreißen erfahrungsgemäß nur selten die Planen!

Mittelstützen sollten in jedem Wildniszelt fehlen. Betritt ein Bär den Zeltraum, dann würden diese Stützen mit Sicherheit zerbrechen und die

Zeltplane über dem Bären zusammenfallen. Man kann sich leicht ausmalen, was nun passieren würde. Ich hatte es erlebt und nur noch Fetzen vom Zelt vorgefunden! Es ist also an vieles zu denken, wenn man sich in den wilden Busch begibt!

Das Aufhängen von leeren Konservenbüchsen, wie es in manchem „Führer“ geraten wird, ist reiner Unsinn. Im Gegenteil, sind auch nur kleinste, wohlriechende Reste von Lebensmitteln in solchen Dosen, dann wird jeder Schwarzbär eine nach der anderen sehr genau untersuchen, und man hat später das Vergnügen, das Tohuwabohu abzuräumen und zu vergraben. Gruben müssen so stark überdeckt sein, daß die Knüppeldecke einen ausgewachsenen Bären tragen kann. Bricht dieser ein, dann ist es für ihn eine Aufforderung zum Fest.

Gus und ich sahen schon in der ersten Bucht einen Elchhirsch dicht unter dem Ufer im See stehen. Er ließ uns bis auf etwa 40 Meter herankommen, dann strebte er im hochspritzenden Wasser dem Ufer zu. Leicht hätten wir den jungen Hirsch schießen können, doch seine sich gerade bildenden Schaufeln verlohnten es nicht.

Gus hatte an diesem Tage das Schußrecht, ich mußte mich also sowieso bescheiden. Bucht nach Bucht suchten wir leise und langsam dahinpaddelnd ab. Überall lagen Wildenten vieler Arten, teils in Schoofen, teils in Paaren, und auch Kanadagänse waren häufig. Doch dem Wasserflugwild galt unser jagdliches Interesse diesmal nicht. Wir erfreuten uns aber an jedem neuen Bild, das die Wildnis uns bescherte. Höher stieg der feurige Sonnenball, so daß wir die wärmende Unterbekleidung ablegen mußten.

Um die Mittagszeit waren wir etwa 5 Meilen vom Lager entfernt, als Gus und ich gleichzeitig einen starken Elchhirsch in einer kleinen Bucht dicht vor den Uferbüschen erkannten. Da wir mit dem Wind anfuhren, drehten wir sofort ab und machten einen weit ausholenden Bogen über den See, um gegen den Wind erneut anzufahren. Daß der Hirsch sehr gut aufgesetzt hatte, war sicher, doch wir hatten es nicht gewagt, ihn durch die Gläser zu betrachten, um ihn nicht durch das Stoppen des Bootes zu vergrämen.

Als wir uns der Bucht wieder näherten, war der Elch verschwunden. Wir suchten das Ufer nach seiner Fährte ab und fanden sie auch bald. Sie war stark! Wir berieten die Lage und einigten uns dahin, daß Gus sich auf einem felsigen Vorsprung, der uns in Mitte der Bucht auffiel, ansetzen sollte, während ich auf den See hinausfahren und dort auf Salmoniden fischen, jedoch in Rufweite bleiben wollte. Schnell brachte ich ihn zum auserwählten Platz und verließ dann leise die Bucht.

Aus meinen schon gesammelten Erfahrungen wußte ich, daß Elchwild oft gegen Abend dorthin zurückkehrt, wo es in der Mittagszeit äste. Gus schien mir also eine sehr gute Chance zu haben.

Dort, wo eine Geröllbank von einer kleinen Insel in das Wasser tauchte, begann ich zu fischen. Schon einer der ersten Würfe mit dem Spinner brachte mir gleich Kontakt, und als die Sonne sich verabschieden wollte, hatte ich viele Seeforellen und einen großen Saibling gefangen und die meisten der Fische wieder in ihr Element zurückgesetzt. Der schwerste Fisch hatte etwas über 10 Pfund gewogen. Lange brauchte ich nun nicht mehr zu warten, denn in wenigen Minuten würde das Büchsenlicht geschwunden sein. Gerade hatte ich meine Rute in ihr Futteral geschoben, als mich der harte Knall eines Büchsenschusses zusammenfahren ließ. Ein zweiter peitschte über den See und fand an den Höhen des Südufers ein Echo. Gleich darauf hörte ich Gus nach mir rufen und warf diesmal den Motor an, um den Freund schnell zu erreichen.

Unmittelbar am Ufer lag ein Elchhirsch im Wasser und ließ seine rechte breit und schön gewachsene Schaufel sehen. Von Herzen gratulierte ich Gus zu seinem Waidmannsheil!

Das letzte Licht noch ausnutzend, befestigten wir unseren für die Jagd stets mitgeführten Flaschenzug an einem Baumstamm und zogen den Hirsch auf das trockene Ufer. Erschrocken sah ich auf die jetzt sichtbar gewordene linke Schaufel, die verkümmert war. Natürlich bedeutete dies für Gus eine große Enttäuschung. Wir schärften den Hirsch auf und hängten ihn am Flaschenzug hoch. Es dunkelte, als wir uns schweigsam auf den Weg zu unserem Lagerplatz machten. Daß es Gus an diesem Abend nicht recht schmecken wollte, dafür hatten wir Verständnis. So blieb die Stimmung gedrückt, bis wir bald in unsere Schlafsäcke schlüpften.

Am nächsten Tage hatten wir bis mittags mit dem Zerwirken des Elches zu tun. Wally und Bob hatten sich nach Norden aufgemacht und wollten in einem großen Bogen dem Nordufer folgen. Vor Dunkelheit sollten wir sie nicht zurückerwarten.

Aufschlußreich war, daß der Elchhirsch am rechten Hinterlauf eine Kallusbildung zeigte, die auf eine schwere Verletzung des Knochens zurückzuführen war. Wir fanden auch kleine Steinreste in der Knorpelmasse. Damit war die Mißbildung der linken Schaufel erklärt.

Doch die Enttäuschung von Gus war immer noch groß. Darum legte ich ihm meine Hände auf die Schultern und fragte: „Wer von deinen Freunden in der alten Heimat hat schon mal einen Elchhirsch erlegt?" Sekundenlang sah mich der Freund verblüfft an. Dann löste sich seine kummervolle Miene, und nunmehr lächelnd sagte er: „Keiner!"

„Na also, warum denn so zerknirscht?" tröstete ich ihn. „Zumindest wird die starke Schaufel einen wundervollen Kronleuchter für die Halle in deinem späteren Hause abgeben!" Treuherzig sah er mich an und antwortete: „Du hast recht!"

Abends am Lagerfeuer stellte Gus unvermittelt fest: „Eigentlich sollte ich nun schon alt genug sein, um zu wissen, daß Voreiligkeit meist bestraft wird! Künftig werde ich mir Zeit lassen und jeden Hirsch vor dem Schuß genau ansprechen!" Ich nickte nur, doch es war auch für mich eine Warnung und Lehre, die ich nie mehr vergessen habe.

Es sei erwähnt, daß der Freund viele Jahre später im Nordwestterritorium Kanadas eine Trophäe von Weltklasse erbeutete, und zwar mit den letzten Büchsenschüssen, die er auf Elchwild abgab.

Rechtschaffen müde geworden, suchten wir frühzeitig Ruhe. Gegen 23 Uhr fuhren wir beide gleichzeitig erschrocken hoch, denn wir glaubten, einen Schuß gehört zu haben. Waren die Freunde inzwischen noch nicht heimgekehrt?

Eilig traten wir vor das Zelt, und in diesem Moment sahen wir es auf dem See aufblitzen. Einige Sekunden später hallte das Echo eines zweiten Schusses über uns hinweg! Wir hatten vergessen, für die Freunde die Gaslaterne hinauszuhängen und beeilten uns nun, sie aufleuchten zu lassen!

Es war stockfinster, als Wally und Bob anlegten und uns schwere Vorwürfe machten. Gus und ich zogen es vor, zunächst einmal volle Deckung hinter dem Zelt zu suchen. Dann versöhnten wir die Kameraden damit, ihnen ein delikates Mahl zu bereiten, das sie mit Heißhunger verschlangen. Schließlich verlangte Wally noch einen Schluck aus der Rumflasche. Auch den bekam er, und wir halfen ihm beim Trinken, denn die Nacht war kühl.

Auf unsere Frage: „Habt ihr Wild gesehen?" schien Bob gewartet zu haben, denn prompt antwortete er: „Ja, einen Mordselch mit einem Mordsgeweih!"

„Wo ist es?" rief ich aus.

Wally rutschte unruhig auf seinem Sitzplatz hin und her und sah Bob flehentlich an. Doch erbarmungslos erzählte uns dieser, was geschehen war:

„Weil Wally heute das Schußrecht hatte, steuerte ich das Kanu. Wir kamen zu einer tief in den Wald einschneidenden Bucht, in die wir hineinfuhren. Diese Bucht verengte sich mehr und mehr bis zu einem etwa 15 Meter breiten Durchgang, hinter dem ein kleiner, stark verschilfter See lag. Ich ahnte schon, daß wir hier Elchwild zu sehen bekommen würden und schob das Kanu sehr langsam, leise und vorsichtig durch die Enge. Und dann stand ein Mordselch, wie ein Scheunentor groß, nicht weiter als 20 Meter vor uns! Wally rutschte von seiner Sitzstange auf die Knie und backte die Waffe an. Der Hirsch stand immer noch unbeweglich, hatte uns aber wahrgenommen. Dann fing Wally so an zu zittern, daß sein ganzer Körper flog, während er am Abzug herumspielte.

Ich sagte: ‚Mensch, entsichere doch!'

Damit hörte der Hirsch wahrscheinlich, daß es ihm ans Leder gehen sollte, denn nun trollte er auf das Ufer zu und ließ das Wasser hoch aufspritzen. Wally fummelte noch einige Sekunden an der Büchse herum, bis er in seiner Erregung den Sicherungsknopf fand. Na, und dann knallte es dreimal, bis der Hirsch im Busch verschwunden war. Wo die Kugeln hingingen, weiß der Kuckuck, getroffen hatten sie jedenfalls nicht!

Ihr hättet nur diese Schaufeln sehen sollen! Wie man auf solchen Riesen vorbeischießen kann, ist mir ein Rätsel!"

„Mir nicht", entgegnete ich Bob, „denn es gehört viel Geschick dazu, aus einem schwankenden Kanu sauber draufzugehen und entsprechend abzukommen!" Dankbar sah mich Wally an.

Als beide uns die Größe der Schalenabdrücke beschrieben, blieben Gus und ich ungläubig. Doch die Freunde schworen Stein und Bein, daß sie nicht übertrieben hätten. Darauf beschlossen wir, bei Morgengrauen das Lager abzubrechen und einen neuen Platz zu suchen, um uns diesen Mordselch anzusehen.

Schon um 10 Uhr vormittags stand das Zelt wieder, diesmal auf einer bezaubernd schön gelegenen, überhöhten Stelle, von der aus wir einen guten Überblick über den kleinen, etwa einen halben Hektar großen See hatten.

Unser erster Weg führte uns dorthin, wo der Elchhirsch in den Urwald eingezogen war, und wo Bob eine Stunde lang vergeblich nach Schweiß Umschau gehalten hatte. Tatsächlich, die Freunde hatten nicht übertrieben, die Fährte dieses Hirsches war gewaltig!

Wie wir es stets taten, losten wir jetzt um den ersten Ansitz, der Bob und Wally zufiel. Nun aber hatte Bob das Schußrecht. Gus und ich machten uns auf den Weg, das Gelände im Norden hinter dem kleinen See zu erkunden, auch wollten wir uns einmal gründlich die Beine vertreten. Stundenlang pürschten wir gemeinsam durch Urwald und Busch, ohne ein einziges Stück Wild zu sehen. Auch die Freunde hatten auf ihrem Ansitz keinen Anblick. Dafür hörten wir nachts Elchwild im Schilf des Sees äsen. Deutlich vernahmen wir das saugende Geräusch eines sich im Sumpf fortbewegenden Elches.

Keiner von uns hatte damals schon das Rufen eines brunftigen Tieres oder eines suchenden Hirsches erlernt, so daß wir uns den Kapitalen nicht heranrufen konnten. Ja, wir konnten uns nicht einmal den Ruf erklären, den wir im frühen Morgengrauen hörten.

Diesmal saßen Gus und ich gemeinsam an. Er wollte wenigstens den erhofften Anblick des Kapitalen genießen. Geduldig lauerten wir, nicht weit vom Lagerplatz entfernt, auf einer Felsplatte, von der aus wir fast den ganzen See überblicken konnten. Da es sich stark bewölkt hatte, kam die Abenddämmerung früher als sonst. In ihrem Zwielicht zog der Mordselch uns gegenüber am anderen Ufer in das Schilf! Auf eine Entfernung von etwa 150 Meter konnten wir den Riesen gut durch unsere Gläser ansprechen. Er trug tatsächlich ein schweres, weit ausliegendes Schaufelpaar! Licht und Entfernung waren mir für einen sicheren Schuß nicht gut genug, auch stand der Hirsch tief im Wasser oder Morast. Darum ließ ich den Finger gerade.

Schon bevor es hell geworden war, suchten sich Wally und Bob einen Platz am gegenüberliegenden Ufer aus. Gus und ich fuhren hinaus auf den großen See, um seinem Nordufer weiter nach Westen zu folgen und hier die Buchten abzusuchen. Mittags sahen wir ein Elchtier aus dem Busch treten und in einen Schilfstreifen einwechseln. Wir warteten hier eine Stunde, ob ein Hirsch dem Tier folgen würde, doch umsonst. In der nächsten Bucht sahen wir dann einen Hirsch, aber es war noch ein Jüngling, und so drehten wir ab. Wir fischten noch ein paar schöne Seeforellen und traten dann die Rückfahrt an.

Zu unserem Erstaunen fanden wir Wally und Bob schon am Lagerfeuer vor. Wortkarg antworteten sie auf unsere Fragen, doch Bob grinste so merkwürdig, daß wir den Auskünften, die wir bekamen, nicht recht trauten.

„Kommt“, sagte Bob mit gespielter Gleichgültigkeit, „ich will euch etwas zeigen!“ Sehr langsam ging er voraus, hinunter zum See. Schon auf dem Anmarsch sahen Gus und ich einen Elch am Querholz im Baum hängen, und wenig später standen wir vor einem starken Hirsch mit prachtvollen Schaufeln! Neugierig lauschten wir dem Bericht der Freunde.

Wally hatte den Elch wieder zweimal glatt gefehlt! Darauf ließ Bob fliegen, bevor der Hirsch in den Urwald flüchtete. Sein erster Schuß auf etwa 60 Meter ließ den Hirsch vorne einknicken, sein zweiter Schuß warf ihn um. Wie wir sahen, lagen beide Einschüsse vier Zentimeter nebeneinander auf dem Träger. Bob war also sehr sauber abgekommen! Das Einknicken war eine Folge der Schockwirkung, doch wäre der Hirsch auch mit diesem ersten Schuß nicht weit gekommen. Die zweite Kugel hatte einen Wirbel des Trägers gefaßt.

Mit glänzenden Augen nahm der Freund unsere Glückwünsche entgegen. In dieser Nacht feierten wir seinen stolzen Erfolg lange am Lagerfeuer, brachen die dritte und letzte Rumflasche an und brauten uns mit ihrem Inhalt einen nordischen Tee. Die Wolkendecke riß auf, bald strahlten die Billionen Sterne über uns und legten ihren feinen Silberschleier über die wundersame Landschaft. Bis in die dritte Morgenstunde hinein genossen wir fröhlich diese köstlichen Stunden.

Bevor wir Schlaf suchten, schmiedeten wir unsere Pläne für den folgenden Tag. Wally wollte sich einen Platz für den Ansitz auf Elche suchen und ich gedachte dasselbe zu tun. Bob entschloß sich, der Fischwaid nachzugehen, während Gus auf Haselhühner jagen wollte.

Erst als die Sonne schon im Südosten stand, machten wir uns auf die Wege. Am Ostufer des Wasserarmes, der nach Norden zum Granville-See führte, setzte ich Gus an einer großen Bucht ab, wo ich ihn am Nachmittag wieder abholen sollte. Wir vereinbarten Platz und Zeit, dann fuhr ich allein weiter nach Norden. Nach einer knappen Meile fand ich eine etwas verschilfte Bucht, die mir für einen Ansitz auf Elchwild geeignet erschien.

Ein Paar Kanadagänse unterhielt mich während der nächsten Stunden. Nur wenige Meter vor mir ruderte es mehrmals an mir vorbei, ohne mich wahrzunehmen. Zum ersten Male hatte ich hier Gelegenheit, diese herrlichen großen Wildvögel auf naheste Entfernung beobachten zu können. Entzückend war die Galanterie des Ganters, die in seinem Benehmen und Verhalten seiner Schönen gegenüber zum Ausdruck kam. Als ich einen leisen Pfiff hören ließ, reckte er seinen langen Hals kerzengerade hoch und sicherte aufmerksam in meine Richtung. Der Laut schien ihm fremd zu sein. Beständig in meine Richtung äugend, drückte er, leicht rudernd, mit seinem Körper die Gans in die entgegengesetzte Richtung. Erst nach einiger Zeit verlor er seinen Argwohn.

Elchwild trat nicht aus, so verließ ich 15 Minuten vor der vereinbarten Zeit die Bucht, um Gus abzuholen. Als ich mich mit dem Kanu näherte, sah ich ihn dicht am Ufer sitzen und mir zuwinken. Erst als ich das Ufer betrat, fiel mir auf, daß er den rechten Arm im Lederriemen seines Jagdglases trug. Er hatte ihn umwickelt, und der Verband hatte sich rot gefärbt. Sein Gesicht erschien mir blaß. Erst jetzt sah ich, daß auch sein rechtes Bein einen Verband trug, der bis hinab zum Stiefel reichte. Entsetzt fragte ich, was geschehen wäre.

Stockend und offensichtlich von Schmerzen gepeinigt, berichtete mir Gus folgendes: „Am frühen Nachmittag pürschte ich im Busch am See entlang, da erhob sich plötzlich vor mir ein wüst keifendes Tier, dunkelbraun mit gelber Zeichnung. Gesehen habe ich ein solches Tier noch nie, aber ich glaube, es war ein Vielfraß. Wild nahm mich die Bestie an, und mein derber Fußtritt schien sie noch wütender gemacht zu haben, denn der folgende Angriff war noch ungestümer. Sie erwischte mich an meiner rechten Wade, verbiß sich dort und ließ erst los, als ich ihr den Flintenlauf über den Schädel schlug. Dann sprang ich einige Schritte zurück, um schießen zu können, doch als ich den Abzug des rechten Laufes durchriß, machte das Tier einen Satz auf mich zu, und der Schrotschuß riß ihm nur einige Haare vom Rücken. Nun vor Wut rasend, griff mich die Bestie derart wild an, daß ich wohl die Nerven verlor und auf zu kurze Entfernung abermals auf sie schoß, leider vorbei! Dann hatte sie auch schon meinen rechten Unterarm gepackt und sich wieder fest verbissen. Ich schlug mit der linken Hand und mit dem Flintenlauf auf das rasende Tier ein, das nun den Arm losließ. Jetzt konnte ich endlich einen wuchtigen Schlag auf seinem Rücken landen. Da zog es sich schnarrend in die Büsche zurück. Ich wurde für eine Weile ohnmächtig.

Wahrscheinlich hatte der Vielfraß hinter einem gefallenen Baumstamm, den ich überstieg, geschlafen und sich von mir angegriffen gefühlt.

Die Bißwunden schmerzten sehr. Ich zog mein Hemd aus und zerriß es in Streifen, um die Wunden verbinden zu können. Ich wäre euch dankbar, wenn ihr mich zur Bahnstrecke bringen würdet, damit ich mit dem nächsten Zug zu einem Arzt fahren kann!"

Schon damals führte ich in meiner Jagdtasche immer Verbandszeug, Desinfektionsmittel und auch Penicillintabletten mit und bestand natürlich darauf, die Wunden sofort zu desinfizieren und frisch zu verbinden. Ihr Anblick ließ mich erschrecken! Vor allem sah das Bein böse aus! Ich ließ Gus eine der Penicillintabletten schlucken und beeilte mich, ihm in das Kanu zu helfen. Dann fuhr ich mit äußerster Motorkraft zum Lagerplatz. Bob trafen wir fischend auf dem See, verständigten ihn und baten ihn, sofort Wally abzuholen.

Da der nächste Zug erst frühmorgens nach Süden fahren würde, hatten wir genug Zeit, alles in Ruhe zu überlegen und zu planen. Im Lager angekommen, blieb Bob bei dem verletzten Freund, während Wally und ich alles Wildbret zum Ufer schleppten, um es schnell verladen zu können. Wir vereinbarten, daß Wally im Lager bleiben, Bob jedoch Gus und mich zur Bahnstrecke fahren sollte, um dann zurückzukehren, das Lager abzubrechen und alles in die beiden Kanus zu verladen. Ich wollte den verletzten Freund nach Winnipeg in ein Krankenhaus bringen, dann nach The Pas zurückkehren und auf der Station auf die Freunde warten.

Erst während der Nacht fiel Gus in einen unruhigen Schlaf. Das Fieber meldete sich an.

Es war noch dunkel, als wir Gus vorsichtig in ein Kanu legten und abfuhren. Schon eine halbe Stunde nach unserer Ankunft an der Bahnstrecke kam der Zug, den wir durch Zuwinken anhielten. Im Gepäckwagen bereitete der Zugführer ein weiches Lager, auf dem sich der verwundete Freund ausstrecken konnte.

Das Fieber stieg, und er wurde sehr unruhig. Ich ließ ihn die zweite Penicillintablette schlucken und machte mir große Sorge, da ich eine Blutvergiftung befürchten mußte. Bis wir The Pas erreichten, schien mir eine Ewigkeit vergangen zu sein. Von dort fuhren wir mit dem Auto weiter, bis wir endlich das Krankenhaus erreichten.

Dort erfuhr ich eine Stunde später, daß der Freund tatsächlich eine Blutvergiftung hatte. Doch war man zuversichtlich, sie noch abfangen zu können. Mit dieser Beruhigung schlief ich einige Stunden in einem Hotel, um neue Kräfte zu sammeln.

Dann machte ich mich wieder nach The Pas auf den Weg. Hier waren die Freunde schon eingetroffen. Sie hatten sich Säcke beschaffen können und einen Teil des Wildbrets als Expreßgut aufgegeben. Den größten Teil aber hatten sie dem Bahnpersonal geschenkt, das uns allen aufopfernd in dieser Situation geholfen hatte.

Ich teilte die Ansicht des Freundes, daß sich der Vielfraß angegriffen gefühlt hatte, denn Gus wäre fast auf ihn getreten. Unsere größte Sorge, daß das Raubtier tollwütig gewesen sein könnte, bestätigte sich Gott sei Dank nicht.

Gus wurde wieder gesund, doch die Narben werden ihn ein Leben lang an seine unerwartete Begegnung im wilden Busch erinnern!

ZWÖLFTES KAPITEL

Begegnungen mit Raubkatzen

Eine große Überraschung erlebte ich während eines Fluges über die Berge im Norden der Provinz Ontario. Üppiger Sonnenschein lag über der zerklüfteten und wilden Waldlandschaft, in die der Frühling seinen Einzug hielt. Aus der Höhe konnten Ted, der Buschpilot, ein Freund und ich gut in den unter uns liegenden Urwald sehen, in dem ab und zu ein Elch oder ein Schwarzbär gut sichtbar wurde.

Als wir eine Felspartie überflogen, meinte ich eine Bewegung bemerkt zu haben. Aufmerksamer beobachtete ich und glaubte meinen Augen nicht zu trauen. „Bitte, fliege zurück über die Felsengruppe und gehe mit dem Flugzeug mehr hinunter", bat ich Ted.

„Warum, was hast du gesehen?" fragte er.

Ich befürchtete, daß er mich auslachen würde, als ich ihn fragte: „Gibt es in Ontario auch Berglöwen?"

Zu meinem Erstaunen antwortete er: „Ja, vereinzelt kommen sie auch hier vor!"

Ted flog über dem Felsengelände eine Schleife, und auch er sah jetzt den „Cugar", der in langen Sprüngen unter dem niedrig fliegenden Flugzeug flüchtig wurde. Ich beugte mich hinüber, so gut ich dies vermochte, und bekam die große, rotbraune Katze noch einmal zu sehen. Dann verschwand sie zwischen den Felsen unseren Blicken.

Ein Jahr später hatten wir, wieder mit Ted über diese Landschaft fliegend, noch einmal das seltene Glück, aus der Vogelschau einen Berglöwen zu sehen, der in Kanadas Alpen, den Rocky Mountains, noch häufiger vorkommt. Auch wurde mir bestätigt, daß Berglöwen vereinzelt auch in der Provinz Québec festgestellt werden.

Zahlreich dagegen streifen in diesen und anderen Provinzen Luchse durch die Misch- und Nadelwälder. Ebenso sind hier Wildkatzen mehr oder weniger stark verbreitet. Kleiner als Luchse, finden sich diese auch in der Nähe und sogar innerhalb menschlicher Siedlungen, während sich die Luchse vom Menschen meist fernhalten, was aber nicht ausschließt, daß man ihre Spuren im Sand eines einsam gelegenen Gehöftes oder Lagers finden kann, wo sie gelegentlich ein Huhn, eine Gans oder gar den Schoßhund des Besitzers davontragen.

Meine erste Begegnung mit einer Raubkatze hatte ich schon vor vielen Jahren. An einem sonnigen Wintertag folgte ich auf der landwirtschaftlich genutzten Niagara-Halbinsel einer eigenartigen Feldhasenspur, die von einem Mümmelmann stammte, dessen Vorfahren im Böhmerland herumgehoppelt waren. Vor einem Menschenalter waren nämlich von dort europäische Feldhasen nach Ontario eingeführt worden und hatten sich gut vermehrt und weit verbreitet.

Ein Hinterlauf des Hasen, dessen merkwürdiger Spur ich in der Neuen folgte, war offenbar durch einen Schuß verletzt worden und nach auswärts stehend wieder angeheilt, so daß er in einem rechten Winkel zur Laufrichtung zeigte. Mitten auf einem Felde nahm diese Spur ihr Ende, und der Schnee war von Schweiß rot gefärbt. Hier fand ich eine andere Wildspur, die, vom Waldrand kommend, auf diese Stelle zuführte. Zunächst konnte ich sie nicht ansprechen, denn ich hatte solche Spur nie gesehen. Daß sie von einer starken Hauskatze stammen könnte, hielt ich für ausgeschlossen, oder solche Katze hätte ein wahres Monstrum sein müssen. Dann kam mir die Erleuchtung, daß ich an der Spur einer Wildkatze stand! Ich folgte ihr nunmehr. Sie führte zunächst entlang einer Hecke, die ein Farmer als Windschutzstreifen gepflanzt hatte, und überquerte dann eine Straße, an deren Seite ein großer Steinbruch lag. Langsam und sehr vorsichtig näherte ich mich ihm und schaute über seinen oberen Rand in ihn hinein. Die Spur verschwand hier hinter einer Felspartie.

Ich machte mir Gedanken darüber, daß die Wildkatze den Hasen so weit geschleppt hatte, denn von der Stelle, wo ich ihre Spur aufgenommen hatte, bis hinunter in den alten Steinbruch waren es etwa 500 Meter. Es mußte sich also um ein sehr starkes Tier handeln.

Da ich den Wind im Nacken spürte, umschlug ich den Steinbruch in einem weiten Bogen, um ihn von der anderen Seite anzupürschen. Als ich meine Nase vorsichtig über den Rand des Bruches hob, sah ich die Wildkatze unter mir auf etwa 40 Meter damit beschäftigt, dem Mümmelmann den Balg abzuziehen. Mein Schrotschuß schleuderte sie hoch in die Luft, dann lag sie still. Daß ich eine der stärksten Wildkatzen erlegt hatte, die in diesem Raum jemals geschossen wurden, freute mich besonders.

Zwei Jahre später erbeutete ich in derselben Gegend eine zweite Wildkatze an einem Stück Fallwild. Ein schwaches Weißwedeltier war in diesem besonders kalten Winter erfroren. An seinem Kadaver schoß ich einige Tage später meinen einzigen Buschwolf, eine kleinere Wolfsart, den Coyoten verwandt.

Die dritte und letzte Wildkatze schoß ich vor wenigen Jahren im mittleren Norden in dem Augenblick, als sie vom Ast eines Ahornbaumes auf einen Schneehasen hinabsprang. Ich hatte mir an einem von Weißwedelhirschen stark belaufenen Wechsel über einem nicht zugefrorenen Wildbach am Hang einen Schirm gebaut, in dem ich auf einen Hirsch wartete, den ich wenige Tage vorher hier gesehen hatte und der ein gutes Geweih trug. Die Katze mußte, während ich schon ansaß, den Baum erklettert haben, ohne daß ich es wahrgenommen hatte.

Als der Schneehase in seinem eleganten weißen Winterpelz des Weges gehoppelt kam, sauste ein grauer Blitz aus dem Ahornbaum. Dann schoß ein anderer Blitz aus meiner Büchsflinte und eine Kugel in den Kopf der Katze. Den Weißwedelhirsch schoß ich eine Stunde später – vorbei! Auch das kann einem Jäger in Kanada passieren!

Spuren von Wildkatzen fand ich noch oft, doch nie wieder bekam ich eine Wildkatze zu sehen, dafür aber um so mehr Luchse, obwohl diese noch heimlicher sind. Meine erste Begegnung mit Luchsen war dramatisch und hätte einem Jagdfreund und mir das Leben kosten können. Nur dem Umstand, daß das bergige und sehr kurvenreiche Gelände eine mäßige Fahrtgeschwindigkeit verlangte, verdankten wir es, daß wir mit einem Schreck und einigen Schnittwunden an Händen und Kopf davonkamen. Wir fuhren bei Tage auf dem Trans-Canada-Highway durch eine Felsenschlucht, als ein Schatten auf uns zuflog. Dann knallte es, und die Windschutzscheibe zersplitterte. Ein Luchs war — im Begriff, die Fahrbahn zu überspringen — vom Felsen hinunter auf die Motorhaube des Autos gesprungen, war gegen die Scheibe geschleudert worden und dann über das Dach des Wagens gerollt. Als wir das Auto verließen, lag er mit gebrochenem Rückgrat auf der Fahrbahn und verendete vor unseren Augen. Er war der erste Luchs, den ich zu sehen bekam.

Im nachfolgenden Jahr verlebte ich mit meiner Familie in derselben Gegend in dem Camp Andorra die Sommerferien. Nach einem freudevollen Tag, den wir mit der Sportfischerei auf dem See Pishabo verbracht hatten, waren ein amerikanischer Gast des Camps und ich im Begriff, unser Boot über eine Felsbarriere zu bringen. Ein gräßlicher Schrei, der wie das Keifen eines bösen Weibes klang, ließ uns erschrecken. Nicht weiter als etwa 20 Meter von uns entfernt sahen wir einen starken Luchs, der uns schnarrend und fauchend anäugte und seine Gehöre flach nach hinten über den dicken Kopf legte. An seinem Verhalten sah ich, daß wir in Gefahr waren. Mit Steinen bombardierten wir das wütende Tier und erzielten einen guten Treffer, der die Raubkatze sogleich in dichten Weidenbüschen verschwinden ließ.

Am nächsten Tage besuchte ein junges Ehepaar mit einem Führer den See Pishabo. Sie wurden von dem starken Luchs an der gleichen Stelle gefährlich belästigt. Der Führer, ein Student, der sich während der Ferien auf diese Weise Dollars verdiente, schlug mit einem Ruder auf die Katze ein, die flüchtig wurde. Noch sehr erregt, erzählte die Gruppe uns ihr Erlebnis.

Ich bat den Eigentümer des Camps, mir seine Waffe mitzugeben, eine leichte Büchse des Kalibers 22. Abermals begaben der Amerikaner und ich uns zum See Pishabo. Wieder erschien der Luchs an derselben Stelle, als wir das Boot die Felsen hinabgleiten ließen. Widerlich schreiend, schnarrend und fauchend näherte er sich uns, bis ein Kopfschuß sein Leben auslöschte!

In darauffolgenden Jahren sah ich häufiger Luchse, die aber meist sofort flüchtig wurden, sowie sie mich wahrgenommen hatten. Dann erlebte ich eine urkomische Situation, und mich ihrer erinnernd, muß ich heute noch schmunzeln.

Mit einem Kanadier, dessen Neckname Mick war, fischte ich auf dem Watabeag-See, südlich des Ortes Matheson in Ontario. Mick bat mich, das Ufer anzulaufen, weil er gerne einmal allein sein wollte. Er verschwand eilig im Busch.

Da es Herbst war, führte ich eine Büchsflinte mit mir, die ungeladen neben mir im Boot lag. Mit ihr pflegte ich während des Fischens Haselhühner oder andere Waldhühner, wenn ich sie am Waldrande antraf, für den Kochtopf zu schießen.

Bald teilten sich vor mir die Büsche, und Mick erschien in Hockestellung mit dem Hosenbund unter den Kniescheiben und bewegte sich rückwärts. Schallend mußte ich lachen, denn der Freund – kurz, gedrungen, aber sehr wendig – warf sich herum und zog im Laufschritt manierlich seine Hose hoch. Mit einem langen Satz wollte er in das Boot springen, ver-

Kapitaler Elch

Wälder – Felsen – Seen
Typische Nordlandschaft

Ziehender Elch im Bast

fehlte es aber und verschwand für Sekunden in der Flut. Während mir vor Lachen die Augen tränten, erschien er wieder triefend an der Oberwelt und zeigte mit offenem Munde, aber sprachlos, auf den Waldrand. Dort, etwa 25 Meter entfernt, saß ein Luchs auf der Hinterhand und musterte uns sehr interessiert und neugierig. Seinem bereits ergrauten Bart nach zu urteilen, handelte es sich um einen alten Luchskuder.

Ich schob eine Patrone in den Kugellauf und hielt zwischen die Seher der Raubkatze, setzte die Waffe dann aber ab, weil ich nicht den Eindruck hatte, daß der Luchs mit uns anbändeln wollte. Sobald ich Mick wieder im Boot hatte, stieß ich es vom Ufer ab. Jetzt erhob sich der Kuder, folgte uns bis zum Uferrand und betrachtete uns freundlich und neugierig.

Mick zitterte wie Espenlaub und schien die Sprache verloren zu haben. Ob es der Schreck oder die Kühle des Wassers gewesen waren, die ihn so flattern ließen, blieb ungeklärt. Mein freundliches Angebot, ihm an einer anderen Uferstelle ungestörte Gelegenheit zur Erleichterung zu verschaffen, lehnte er wortlos mit einer Handbewegung ab.

Im Herbst eines anderen Jahres verbrachten Freunde und ich auf dem Watabeag-See zwei Wochen auf Entenjagd und Fischwaid. Weil mein langjähriger Jagdfreund Werner eine Motorpanne hatte, die erst behoben werden mußte, brach die Dunkelheit über uns herein. Um den Teil des Sees, auf dem wir uns befanden, verlassen zu können, mußten wir eine nur 20 Meter breite Enge durchfahren, die wir in der Finsternis trotz meines 12-Volt-Suchscheinwerfers nicht finden konnten. Zwei Stunden suchten wir erfolglos an den Ufern entlang. Die Nacht war so dunkel, daß wir ohne Licht nicht die Hand vor Augen sehen konnten. Darum lief das Boot meines Freundes dicht am Ufer auf eine Kiesbank auf. Um es wieder frei zu bekommen, stiegen wir aus beiden Booten aus.

In diesem Moment wurde einer der Freunde von einem fauchenden Luchs angriffen. Mit einem Prankenschlag schlitzte die wütende Raubkatze einen Rockärmel seiner Jagdjoppe auf. Ich blendete den Luchs mit dem starken Licht der Suchlampe, und einer der Freunde versetzte ihm mit einem Ruder einen kräftigen Schlag über den Kopf, was die Angriffe aber nur für kurze Zeit unterbrach. Weiter den Luchs beständig blendend, schoben wir das Boot hastig von der Kiesbank. Schnarrend und wild fauchend folgte uns die Raubkatze noch bis in das Wasser!

Ich war davon überzeugt, daß wir gerade dort aufgelaufen waren, wo die Luchsfähe ihre Jungen auf nächtlicher Jagd ausgeführt hatte. Wir waren wohl unglücklicherweise zu dicht aufgerückt, so daß die Mutter nervös wurde und glaubte, ihre Jungen verteidigen zu müssen.

Die Erfahrungen, die ich mit Luchsen gemacht hatte, ließen mich ihnen gegenüber stets skeptisch und sehr vorsichtig sein, und nie empfand ich Liebe zu ihnen. Luchse sind in ihrem Verhalten unberechenbar.

In einem offiziellen Bericht las ich folgendes: „Wayne Drapak war auf dem Wege zu einem See in der Umgebung der Stadt Fort Williams im Nordwesten der Provinz Ontario, um dort zu Eis zu fischen. Plötzlich hörte er über sich einen Schrei und sah vom Ast eines Baumes einen Luchs auf sich zufliegen, der auf seiner Brust landete und ihn mit den nadel- und messerscharfen Krallen seiner Pranten bearbeitete. Es blieb dem Manne nur der Ausweg, das wütende Tier zu erwürgen. Während er seine Hände fest um dessen Hals schloß, verletzten die Krallen sein Gesicht und seine Arme derart, daß er nachher Schwierigkeiten hatte, seine Wunden abzubinden. Mit seiner letzten Kraft konnte er noch ein Anwesen erreichen.“

Mein interessantestes Erlebnis mit Luchsen hatte ich in einem Spätherbst nach dem ersten Schneefall, als ich auf dem Rückweg nach erfolglosem Ansitz unserem Zeltlager zustrebte. Auf einer Lichtung nahm ich eine Bewegung wahr, die mich meine Schritte verhalten ließ.

Ich sah den stärksten Luchs, den ich je zu Gesicht bekam, an einem geschlagenen Stück Wild reißen, konnte aber zunächst nicht erkennen, was für ein Riß es war. Die Entfernung zwischen uns betrug 40 Meter. Eilig lud ich meine Büchse, da ich diesem Burschen nicht traute.

Plötzlich fing die Katze laut zu schreien an, machte einen krummen Buckel und legte die Gehöre flach nach hinten. Und jetzt wurde ich Zeuge des wildesten Kampfes, den ich zwischen Tieren der Wildnis jemals zu sehen bekam. Zwei Timberwölfe versuchten, den Luchs von seinem Riß zu vertreiben. Diese erbitterte Auseinandersetzung mitzuerleben war so erregend, daß ich am ganzen Körper schwitzte. Auf einen der Wölfe mit der Büchse abzukommen, war bei den wilden, schnell wechselnden Bewegungen für mich unmöglich.

Dann nahm mich einer der Wölfe wahr, der nur wenige Schritte an mir vorbeijagte, um dem ihn angreifenden Luchs auszuweichen. Ein kurzer Warnlaut, den er ausstieß, ließ beide Wölfe wie graue Striche fortflüchten, und fauchend verschwand auch der starke Luchs in den Büschen.

Da diese Raubwildart nur mit einer speziellen Genehmigung, die ich nicht hatte, bejagt werden darf, mußte ich die Katze unbeschossen lassen. An ihren Riß wagte ich mich nicht heran!

Erst eine Stunde später kehrte ich mit meinen Freunden dorthin zurück. Die Raubkatze hatte einen etwa 40 Pfund starken Biber während seiner Arbeit, eine Pappel zu fällen, gerissen. Meine Freunde halfen mir, einen Hochsitz anzulegen, von dem aus ich den Kadaver des Bibers gut einsehen konnte. Am nächsten Tage setzte ich mich frühmorgens hier an und konnte erkennen, daß die Katze nachts am Fraß gewesen war.

Was ich erwartet hatte, trat ein. Kurz vor Mittagszeit erschienen die beiden Wölfe, und ich schoß den stärksten von ihnen, einen schweren Altrüden, während sich die Wölfin in einem hohen Sprung über einen Busch hinweg in Sicherheit brachte.

Das, was ich aus persönlichen Erlebnissen und auf Grund eines amtlich bestätigten Berichtes schilderte, soll aber nicht den Eindruck hinterlassen, daß Luchse immer gefährlich sind. Das ist nicht der Fall!

Gewöhnlich weichen sie den Menschen aus, sowie sie von ihnen Witterung bekommen. Jedoch ist es leichtsinnig, sie für harmlose Geschöpfe zu halten. Nie weiß man, wie sich ein Luchs verhalten wird, und darum ist es besser, auf Überraschungen vorbereitet zu sein. In Bedrängnis ist dies Raubwild sehr gefährlich und ein äußerst mutiger Gegner!

Nie hatte ich die Möglichkeit, mit einer Hundemeute auf Luchse zu jagen, wobei diese zum Aufbaumen gezwungen werden. Sie nunmehr aus der Höhe herunterzuschießen, empfinde ich nicht als fair und waidmännisch.

Wenn der Besatz an Schneehasen groß ist, gibt es dort auch viele Luchse, denn sie leben hauptsächlich von diesen Nagern. Vermindert sich die Zahl der Hasen durch Seuchen oder ungünstige Setzjahre, dann wird auch die Zahl derer geringer, die ihnen nachstellen. So ist es auch mit allem anderen Raubwild, für das die Schneehasen das meistbejagte Wild sind. Wenn auch die Timberwölfe immer mehr nach Norden verdrängt werden, so werden Luchse und Wildkatzen auch weiterhin die endlosen Wälder durchstreifen!

DREIZEHNTES KAPITEL

Von einem brunftigen Elch angenommen

„Ist sie nicht prachtvoll? – Und wie sie ausbalanciert in der Hand liegt!“ Mit diesen Worten reichte mir Thomas, ein junger Deutsch-Kanadier, seine neue, erste Büchse, für die er seit seinem Universitätsabschluß eisern gespart hatte. In meinen Händen hielt ich die in einer europäischen Jagdwaffenfabrik hergestellte Hochwild-Büchse. Ihr selten schön geflammter Schaft aus französischem Nußbaum und die eingravierte Jagdszene ließen sie wahrlich die Erfüllung eines Wunschtraumes sein. So teilte ich die Begeisterung ihres stolzen Besitzers und wünschte ihm Waidmannsheil für den ersten Elch, auf den ich ihn zu führen versprach. Daraufhin leuchteten seine Augen voller Vorfreude. Sein Vater und Großvater waren leidenschaftliche Jäger gewesen, und Thomas schien von ihnen Passion und Veranlagung geerbt zu haben, ohne die kein Jungjäger jemals Altjäger werden kann.

Nach vierzehn Stunden Autofahrt waren wir müde, darum schlug ich vor, den Rest des Tages und die kommende Nacht zu verschlafen. Das Zelt hatten wir in einem alten und verlassenen Holzfällercamp aufgestellt, das wir auf einer schon stark verwachsenen Buschstraße vorfanden. Zwei halbzerfallene Blockhäuser beiderseits unseres Zeltes gaben ihm Windschutz, so daß wir es drinnen warm haben würden. Der erste leichte Schnee war gefallen und verschönte die schwermütige Landschaft. Bald würde es Winter werden.

In noch üppiger Farbenpracht spiegelte sich der herbstliche Urwald in dem unter uns liegenden See, aus dem Thomas das Wasser für den Abendtee schöpfte. Wie oft getan, legte ich auch an diesem Abend eine mit Würmern geköderte Grundangel aus, und in kurzer Zeit fingen wir zwei Zander für das Abendessen. Goldbraun brutzelten ihre Filets in meiner alten, gußeisernen Pfanne, in der ich schon so manches delikate Mahl auf meinen Fahrten bereitet hatte. Beim Schmausen vergaßen wir alle Müdigkeit und wollten uns noch einen Zander für das nächste Frühstück angeln. Kaum daß der Wurmköder den Seeboden erreicht hatte, lief die Schnur bereits ab, Thomas drillte und landete einen guten Fisch von fast sieben Pfund Gewicht. Nach der Abwäsche schlüpften wir in die warmen Schlafsäcke und schliefen schnell ein.

Gegen Morgengrauen weckte uns das Heulen der Timberwölfe. Thomas lauschte solchem Konzert zum ersten Male, doch es schien ihn nicht zu erregen, er hatte offenbar gute Nerven. Nach einem kühlen Morgenbad frühstückten wir am neu entfachten Lagerfeuer.

Thomas reichte mir ein Birkenrindenhorn, das er auf einer Ferienfahrt durch den Norden des Landes von einem Indianer gekauft hatte. In seine Rinde war der Kopf eines Elchhirsches gebrannt. Überrascht fragte ich ihn, ob er etwa bereits gelernt hätte, den Ruf eines Schauflers nachzuahmen. Sein junges Gesicht strahlte stolz, als er nun eine sehr gute Wiedergabe des Rufes eines brunftigen Elchhirsches hören ließ. Thomas hatte sich eine Schallplatte gekauft, auf der der Brunftruf eines Hirsches und der eines suchenden Tieres in der Natur aufgenommen worden waren.

Auf seinen zweiten Ruf kam aus der Ferne Antwort! Erregt sprang Thomas auf und lauschte mit geöffnetem Mund in die Richtung, aus der er sie vernommen hatte. Wieder wollte er rufen, doch ich verbot es. Es wäre falsch gewesen, den Hirsch bei dem noch schwachen Licht weiter zu reizen. An diesem Herbstmorgen wurde mir jedoch klar, daß dieser passionierte junge Mann beste Chancen hatte, sich einen Elchhirsch vor die Mündung seiner neuen Büchse zu rufen! In dieser Gegend hatte ich bereits gejagt und gefischt, darum wußte ich, daß Elchwild hier zahlreich war.

Langsam rötete sich der Himmel im Osten stärker. Als meine Blicke zum See hinunterwanderten, faßte ich Thomas am Arm und beschwor ihn flüsternd, sich nicht zu bewegen. Keine hundert Meter entfernt stand am Seeufer ein angehender Elchschaufler und sicherte zu uns hinauf. Als der Junge ihn sah, wurde er blaß im Gesicht und atmete heftig. Dann stürzte er in das Zelt, holte seine Büchse und lud sie. Doch die hastigen Bewegungen hatte der Elch wahrgenommen, trollend verschwand er in den Büschen.

Thomas' erster Ruf hatte also bereits einen Hirsch zustehen lassen, nicht schlecht für den Anfang! Mein junger Freund war so erregt, daß es ihn schüttelte, denn soeben hatte er seinen ersten Elch in freier Wildbahn gesehen.

Bewußt ließ ich mir viel Zeit, unser Frühstück zu beenden und das Geschirr zu reinigen, damit mein junger Kumpan sein Gleichgewicht wiederfinden konnte. Nachdem alles an seinem Platz verstaut war, schoben wir das Frachtkanu in das Wasser und hängten den kleinen Außenbordmotor an. Wie ich schon oft erlebt hatte, tummelten sich zwei Otter unterwegs neugierig um unser Boot. Schließlich steckten sie die Bärte aus dem Wasser und standen wassertretend wie zwei Männlein in der dunklen Flut. Es gibt keine Tiere, die ich mehr liebe!

Dann verließen wir die Bucht des Sees, an der unser Zelt stand, und erreichten eine halbe Stunde später einen sehr verwachsenen Sumpf, in dem ich im Vorjahr einen Schaufler mit gutem Geweih angetroffen hatte. Vielleicht würden wir den Hirsch wiedersehen. Vor dem Sumpfgürtel lief ein alter Biberdamm entlang, der teilweise schon von Weidenbüschen bewachsen war. Hier ließ sich das Kanu gut verblenden. Als dies zu meiner Zufriedenheit getan war, balancierten wir über den alten Damm bis zum anderen Ende, wo eine schmale Waldzunge weit in die Bucht hineinragte. Zwischen zwei dicken Kiefernstämmen wählte ich unseren Stand, der gute Sicht nach drei Seiten bot. Der Wind strich so an uns vorbei, daß er hinaus auf den offenen See wehte.

Thomas versicherte mir, daß er vor der Abfahrt seine Büchse eingeschossen hätte und daß das Trefferbild sehr gut gewesen wäre. Da ich die Verwendung eines Zielfernrohres bei noch gesunden Augen im Busch für unzweckmäßig halte, hatte ich darauf bestanden, daß er es zu Hause ließ. Es galt also, sauber über Kimme und Korn zu schießen. Schließlich ermahnte ich Thomas nochmals, einen zu weiten Schuß zu unterlassen, was er mir versprach.

Nachdem ich ihm zugenickt hatte, schickte er zweimal den heiseren und gedrückten Ruf eines Elchschauflers in den klaren Herbstmorgen. Eine Antwort hörten wir nicht. Die Minuten und Stunden verstrichen. Über den alten Biberdamm schnürte ein Fuchs bis fast vor unsere Füße. Sein entsetzter Luftsprung und die eilige Flucht zurück über den Damm machten unser Ansitzen bereits zu einem Erlebnis. Mein freundliches „Guten Morgen, Gentleman!“ hatte Reineke ungeheuerlich erschreckt.

Gegen 10 Uhr ließ ich Thomas noch einmal rufen. Diesmal kam Antwort aus der Richtung, aus der der Wind stand, und ich war sicher, daß sie ein jüngerer Elchhirsch gegeben hatte. Auch Thomas hatte sie gehört, und wieder schüttelte ihn heftiges Jagdfieber. Seine Rechte hatte den

Pistolengriff der Waffe so fest umfaßt, daß die Fingerknöchel weiß wurden. Ich löste seine verkrampfte Hand und legte sie zur Seite. Das beruhigte ihn.

Als er abermals zum birkenen Horn griff, um zu rufen, winkte ich energisch ab. Es hätte den jungen Elch, der nicht weitab zu stehen schien, nur vergrämen können. Stunde nach Stunde verging, aber wir wurden gut unterhalten. Der Sumpfgürtel war voller Leben. Ein Graureiher stolzierte umher, nach Beute spähend, und Enten gründelten geschäftig. Selbst ein alter, feister Biber zeigte sich uns, unter Tage ein seltener Anblick.

Die Uhr zeigte schon die zweite Nachmittagsstunde, als ich Thomas aufforderte, wieder zu rufen. Er hängte seine Waffe am Riemen über den Hals und ließ einen täuschend guten Ruf hören. Kaum hatte er das Horn abgesetzt, als wir vor uns im Busch von einem Brechen und Krachen überrascht wurden, das schnell näher kam. Dann teilten sich die Büsche des Unterwuchses, und etwa 30 Meter vor uns trat, das Haupt weit vorgestreckt, ein angehender Schaufler heraus. Da wir beide gesessen hatten, sprangen wir unwillkürlich auf. Diese Bewegung löste den Angriff des Riesen aus, ohne Zögern, mit rollenden Lichtern und zurückgelegten Lauschern, nahm er uns an!

Thomas hatte das Birkenhorn fallenlassen und stülpte hastig den Büchsenriemen über den Kopf. Schnell und sicher ging er in Anschlag, dann knallte es auch schon. Viel Zeit war ihm nicht geblieben, denn der junge Hirsch brach nicht weiter als drei Meter vor uns nieder! Ein Fangschuß war nicht mehr notwendig.

Das Gesicht von Thomas war weiß geworden, und langsam setzte er sich zu Boden, weil die Beine ihn nicht mehr tragen wollten. Auch mir schlug das Herz hart gegen die Rippen. Im stillen freute ich mich, daß ich nicht mit- oder nachgeschossen hatte.

Thomas war ein sehr glücklicher Schuß gelungen! Die Kugel war in das Nasenbein eingedrungen und hatte das kleine Gehirn zerstört, so daß der Tod sofort eintrat.

Ich reichte dem jungen Jägersmann seinen ersten und in besonderer Weise wohlverdienten Bruch, und ein kräftiger Schluck aus der Waidflasche half die Nervenanspannung der letzten Sekunden in heiße Freude umschlagen zu lassen. Als Thomas mit der Hand liebkosend und ergriffen über die schwarze Decke des gefällten Riesen strich, wußte ich, daß er zum echten Jäger geworden war!

VIERZEHNTES KAPITEL

Der überlistete Schadbär

Monoton tropfte es durch das undichte Dach der Hütte in die aufgestellten Konservendosen. Derweilen wälzten wir uns von einer Seite auf die andere, um weiter Schlaf zu suchen. Denn bei solcher Nässe würde auch der hungrigste Schwarzbär unter einem Felsenüberhang oder unter einem Windbruch Schutz suchen, denn solche Witterung liebt er nicht.

Zwei Tage hatte es nun schon pausenlos gegossen. Als meine Freunde und ich von zu Hause abgefahren waren, hatte das erste Frühjahrsgewitter diesen drastischen Wetterumschlag eingeleitet. In strömendem Regen waren wir durch die Nacht gefahren, uns gegenseitig am Steuer ablösend, und währenddessen hatte ich nochmals den Brief gelesen, den ich von einem irischen Freunde erhalten hatte. Schon einige Male war ich sein Gast gewesen. Nordwestlich der Gowganda-Berge bewirtschaftete er ein kleines Sägewerk und eine Buschfarm, auf der er Schlachtvieh zog.

Folgendes hatte er mir geschrieben: „Bitte komm bald mit deinen Jagdfreunden und schießt einen großen Bären, der mir schon zwei Stück Jungvieh geschlagen hat. Du wirst dich erinnern, daß ich mein Jungvieh frei im Busch laufen lasse. Die Glocken, die ich einigen Tieren an den Hals hänge, lassen mich immer wissen, wo sie weiden. Ich muß nun fürchten, daß der Bär auf den Geschmack gekommen ist und mir andere Tiere schlagen wird. Selbst kann ich mit einem Gewehr schlecht umgehen, deshalb wäre ich euch dankbar, wenn ihr den Schadbären schießen würdet!“

Sofort nach Ankunft führte uns der Ire zu den Kadavern, die dicht beisammen lagen. Einer der Jungochsen ließ ein gebrochenes Rückgrat erkennen, der andere schien einen mächtigen Schlag auf die Halswirbel unmittelbar hinter dem Kopf erhalten zu haben. Einer der Kadaver war von dem Bären angeschnitten worden, der zweite aber unberührt geblieben. Der Ire hatte die Fährte des Bären gesehen und meinte, daß es sich um einen sehr starken Petz handeln müßte. Der Regen hatte inzwischen alle Sohlenabdrücke ausgewaschen.

Im Frühjahr sind Schwarzbären sehr hungrig. Dennoch kommt es selten vor, daß einer von ihnen Vieh auf der Weide schlägt. Sind sie aber erst einmal auf den Geschmack gekommen, so setzen sie den Vandalismus fort und verursachen dadurch großen Schaden, indem sie selbst ausgewachsenes, starkes Rindvieh schlagen. Franks Sorgen waren also mehr als berechtigt.

Während der ersten zwei Wochen nach ihrem Winterschlaf halten sich die Schwarzbären meist an eine Kost, die aus jungen Gräsern, Knospen, Löwenzahn oder sonstigen ersten Waldgewächsen besteht. Nachts sammeln sie massenhaft Tauwürmer auf, während sie unter Tage bequem Hechte, Zander und andere Fische, die oftmals Rücken an Rücken ihren Laichplätzen zustreben, aus dem seichten Wasser schlagen. Solidere Nahrung bieten den Bären dann die Schneehasen, die in ihrer Deckung unter Geäst und Fallaub überall leicht erbeutet werden können, es sei denn, eine Seuche lichtet ihren Besatz.

Das schien gerade jetzt der Fall zu sein. Auch hatte starkes und lang anhaltendes Hochwasser den Bären das Erbeuten von Fischen erschwert. So hatte gewiß großer Hunger diesen Bären dazu getrieben, sich am Jungvieh des Iren zu vergreifen.

Die beiden Kadaver lagen anderthalb Meilen von dem Gehöft entfernt auf einer großen, sandigen Lichtung zwischen Misch- und Nadelwald. Die sich halbmondförmig von Süden nach Norden erstreckende Blöße, in deren Mitte die geschlagenen Jungochsen lagen, war etwa 300 Meter lang und im Durchschnitt 50 Meter breit, bot also ideales Schußfeld.

Der Ire sagte mir, daß sich hier das Vieh meist gegen Abend sammelte und die Nächte verbrachte, weil ein kleiner Bach neben der Lichtung entlanglief, an dem die Tiere sich tränkten. Dieses Bachtal schien mir der Weg zu sein, den der Schadbär wählen würde, um heimlich und gut gedeckt den Luderplatz anzulaufen, denn nach dem Bach zu fiel das Gelände leicht ab. Ferner war der Unterwuchs entlang des Baches besonders stark und dicht.

Ob es sich um eine starke Bärin oder einen Bären handelte, mußten wir erst erkunden. So sehr wir uns auch umsahen, nirgends fanden wir eine Fährte, die wir nach dem Dauerregen auch nicht erwarten konnten. Darum zogen wir es vor, uns gut auszuschlafen und, wie der Bär, auf besseres Wetter zu warten.

So hatten wir genug Zeit, unser jagdliches Vorhaben eingehend zu besprechen. Weil im Frühjahr der Wind häufig umschlägt, erschien uns der Bau von Hochsitzen unerläßlich. Auch war das Gelände zu offen, um am Erdboden Schirme zu bauen, die dem Bären, der sein Revier genau kannte, sicher auffallen würden. Wir entschieden uns, einen Hochsitz auf einem geeigneten Baum 80 bis 100 Meter nördlich der Kadaver und südwestlich einen zweiten ebensoweit entfernten zu errichten. Einen Schirm konnten wir dort unauffällig aufstellen, wo zwei Felsen bis auf zwei Meter aneinanderrückten. Sie lagen einem Knick des Baches genau gegenüber. Einige Büsche vor diese natürliche Deckung gesteckt, würden ihren Zweck gut erfüllen, und der Aufwind zwischen den Felsen würde unsere Wittrung unbemerkt für den Bären nach oben tragen.

Der Ire und zwei Indianer, Arbeiter seines Sägewerkes, halfen uns, die Hochsitze schnell und gut zu bauen. Das einzige, was nun noch fehlte, war trockenes, freundlicheres Wetter!

Es meldete sich abends an, und als wir am nächsten Morgen noch vor Dämmerung die Hütte verließen, leuchteten die Sterne am Firmament. Meine Erwartung erfüllte sich prompt. Sobald die Sonne über die Baumwipfel lugte und sich die Luft erwärmte, schwärmten Wolken von Schwarzfliegen durch den Busch. Deshalb rieben wir alle freiliegenden Körperteile dick mit Antifliegen-Öl ein. Dennoch begannen die Teufelsfliegen uns zu quälen, und ihr beständiges Schwirren und Summen vor dem Gesicht wurde uns fast unerträglich. Nur sehr passionierte Waidmänner ertragen diese Qual. Wir gehörten zu ihnen, und eisern hielten wir bis zum letzten Büchsenlicht aus, ohne den Schadbären zu sehen.

Ob dieser Wind von uns bekommen hatte oder in seinem Lager noch schlafend verblieben war, war ungeklärt. Ich vermutete das erstere und bestand darauf, daß wir am nächsten Morgen durch unsere Jagdgläser von weitem feststellen sollten, ob der Bär das Luder nachts angenommen hatte. Wenn dies der Fall war, konnten wir Hochsitze und Schirm sofort beziehen, wenn nicht, wollten wir den Platz kreisend umschlagen, um seine Fährte zu finden und seinen Wechsel zu studieren.

So geschah es, denn der Bär war nicht an seinem Fraß gewesen. Unweit vom Luder fanden wir aber seine Fährte im Morast neben dem Bach. Also hatte er tatsächlich von uns Wittrung bekommen und sich still davongedrückt. Wir folgten seiner Fährte entlang des Baches, bis wir auf gute, klar erkennbare Abdrücke seiner Pranten stießen. Einmütig kamen wir zu der Ansicht, daß es ein männlicher und starker Bär war, der hier entlangwechselte.

Das richtige Ansprechen von Spuren und Fährten ist für den Jäger sehr wichtig, da er aus ihnen außer der Stärke auch annähernd das Alter des Wildes und sein Geschlecht erkennen kann. Auch bei einer Schwarzbärenfährte ist dies der Fall. Der Körperbau eines Bären ist kürzer und gedrungener als der einer Bärin, dies besonders, wenn letztere schon einmal geworfen hat. Der Abdruck der hinteren Sohlen eines Bären – wohlbemerkt, nicht der der Vorderpranten – ist voller als der einer Bärin, deren Sohlenbild zeigt, daß sie mehr auf dem Vorderballen auftritt, während der Bär die ganze Sohle gleichmäßig aufsetzt. Bei Jungbären tritt dieser Unterschied noch nicht in Erscheinung.

Aus dem Abdruck der Pranten und Sohlen genaue Rückschlüsse auf Stärke und Lebensalter des Bären zu ziehen, ist nur bedingt möglich und verlangt langjährige Erfahrungen im Ansprechen von Fährten. Die Länge der Krallen, ihr Abstand voneinander, ihre Schärfe oder Stumpfheit, soweit dies alles am Fährtenbild überhaupt sichtbar ist, geben dem Erfahrenen viele Aufschlüsse über Alter und Stärke.

Selbstverständlich besteht ein großer Unterschied zwischen den Fährten von Alt- und Jungbären, weniger in ihrer Größe als in ihrer Form. Genauso wie es kleine Menschen mit großen Händen und Füßen gibt oder große mit kleinen, zarter gebildeten Gliedmaßen, ist es auch bei den Schwarzbären. Ich erwähne dies nur, um auf Überraschungen beim Ansprechen einer Schwarzbärenfährte vorzubereiten. Auch ich erlebte Täuschungen solcher Art trotz einiger Erfahrungen im Fährtenlesen.

Meine Freunde und ich folgten also dem Lauf des Baches, bis wir fanden, wo der Bär in den Urwald eingewechselt war. Schon nach etwa 150 Metern fanden wir die Stelle, wo er das schlechte Wetter verschlafen hatte. Unter einem gefallenen, von üppigem Unterholz überwucherten Stamm hatte er einen sicheren, trockenen und warmen Platz gefunden.

Da wir große Unruhe in das Revier des Schadbären gebracht hatten, beschlossen wir, unsere Ansitze erst am späten Nachmittag wieder zu beziehen. Wie wir es stets taten, um Freundschaften zu erhalten und Jagdneid auszuschließen, losten wir auch diesmal untereinander aus, wo jeder sich ansetzen sollte.

Während morgens der Wind aus Südwesten geblasen hatte, wehte er, als wir uns wieder auf den Weg machten, aus Osten. An diesem

Nachmittag hatte ich meinen Platz auf einem der Hochsitze und erkannte sofort, daß der schwarze Buschläufer am Luder gewesen war, denn er hatte einen der Kadaver näher an den Rand des Nadelwaldes geschleppt, und zwar den bereits angeschnittenen. Darum bezweifelte ich, daß der gesättigte Bär an diesem Abend noch erscheinen würde.

Gerade wollte ich den Hochsitz verlassen, als ein Rotfuchs aus den Büschen trat, auf einen der Kadaver zuschnürte und an ihm sofort zu reißen begann. Fast eine halbe Stunde bot sich mir Gelegenheit, Reineke zu beobachten. Dann warf er plötzlich auf, nahm Wind, sprang in einem eleganten Satz über den Kadaver hinweg und drückte sich. Ein stärkerer Fuchs schnürte heran. Offensichtlich kannten sich die beiden Rotröcke gut, denn ihre gegenseitige Begrüßung war so reizend, daß mir das Herz warm wurde. Wie es auch Wölfe tun, kosten die Füchse liebevoll miteinander. Dann riß der Rüde Fleischstücke aus dem Kadaver und ließ sie sich von der Fähe aus dem Fang nehmen. Wiederholt tat er dies! Diese Beobachtung machte mir diesen Abend unvergeßlich.

Erst als die Dämmerung anbrach, verließ das Paar die Bühne auf der Lichtung. Ich wartete noch ein Weilchen, dann beendete ich fröhlichen Herzens diesen Ansitz.

Als noch die Sterne funkelten, bezogen wir abermals unsere Plätze, doch wir blieben wieder ohne einen Erfolg. Auch die nächsten drei Tage brachten diesen nicht, so daß wir es nach meiner Überzeugung mit einem sehr intelligenten Burschen zu tun hatten, der unseren An- und Abmarsch beobachtete, denn anders konnte ich mir unseren Mißerfolg nicht erklären. Während sich die Freunde zu einem Mittagsschlaf ausgestreckt hatten, suchte ich die Umgebung der Lichtung nach frischen Fährten ab. Und siehe da, ich fand meine Vermutung einwandfrei bestätigt: Unter unserem Wind hatte der alte und weise Buschläufer uns vorbeigehen lassen!

Bei einem Umtrunk an diesem Abend in dem urgemütlichen Heim der irischen Einwanderer schmiedeten wir einen neuen Jagdplan. Ich erinnerte mich der Weisheit eines alten Trappers, die Freunden und mir geholfen hatte, einen alten und listigen Schwarzbären schließlich doch zur Strecke zu bringen. Ich erzählte der Runde, wodurch uns dies gelungen war. Einer der Zuhörer, mein langjähriger Waidgesell Werner Griese, hatte es damals miterlebt und stimmte lebhaft meinem Vorschlag zu, dieselbe Methode bei diesem klugen Bären zu versuchen.

So beschlossen wir, daß der Ire und die beiden Indianer uns in lauter

Unterhaltung zu den Ansitzen begleiten sollten, um dann, ebenfalls laut sprechend, die Lichtung wieder zu verlassen, sobald wir unsere Sitze eingenommen hatten. Vielleicht konnten wir den Bären so überlisten. Nur über den Zeitpunkt des Ansitzens konnten wir uns zunächst nicht einigen. Der Ire und einer meiner Freunde hielten es für besser, noch während der Dämmerung die Plätze zu besetzen, doch Werner und ich waren der Ansicht, daß wir uns dem alten Bären ruhig zeigen sollten, und drangen mit unserer Meinung durch.

Nach einem delikaten Frühstück mit Pfannkuchen und Ahornsirup, zu dem uns die Gattin des Iren eingeladen hatte, marschierten wir los, uns laut und vergnügt unterhaltend. Dann verließen uns der Ire und die Indianer, und wir hörten ihre Unterhaltung noch, bis sie hinter einer Bodensenke verschwanden.

Doch der Petz ließ sich nicht blicken! Nur die Masse der Schwarzfliegen bereitete uns stundenlang Qualen. Mittags brachen wir den Ansitz ab, weil uns die Teufelsfliegen in die Flucht geschlagen hatten.

Eine Stunde vor Beginn der Abenddämmerung begleitete uns unsere Eskorte wieder. Einer der Indianer hatte diesmal eine Axt mitgenommen, die er ab und zu kräftig schwang.

Kaum waren unsere Begleiter laut schwatzend abmarschiert, als sich mir gegenüber an der Stelle, wo der Bach einen Knick machte, die Büsche teilten, und im letzten Abendlicht sah ich den schwarzseidigen Pelz des urigen Bären schimmern.

Er stand fast bewegungslos und war halb gedeckt. Ab und zu hob er den schweren Schädel und nahm Wittrung. Die Minuten, während deren er sichernd zwischen den zartgrünen Büschen verhielt, erschienen mir wie eine Ewigkeit. Ich durfte kein Auge im Kopf rühren. Trotz aller Einreibemittel war ich den Höllenfliegen schutzlos ausgeliefert. Sie krabbelten mir in die Rockärmel und in den Hemdkragen, da brauchte ich all meine Willenskraft, das Jucken und die Bisse bewegungslos zu ertragen.

Der Bär stand mir spitz gegenüber. Nur einen Schlumpschuß hätte ich anbringen können. Die Nachsuche auf einen angeschossenen Schwarzbären ist aber kein reines Vergnügen und wäre, da kein Schnee lag, ziemlich aussichtslos gewesen, wenn der Bär nur schwach schweißen würde. Darum wartete ich, bis er sich mehr aus der Deckung schieben würde.

Endlich trat er aus dem Busch heraus und wendete sich, um an ihm entlang zum Fraß zu trollen.

Das sehr leise Geräusch des Entsicherns der Waffe mußte er gehört haben, denn sofort erstarrten seine Bewegungen. Doch ich lag schon im Anschlag, und meine Kugel faßte ihn gut! Steil stieg er auf der Hinterhand hoch und überschlug sich nach rückwärts! Dann blieb er still liegen, so daß ich sein breites, massiges Haupt regungslos ruhen sah.

Deshalb mußte ich annehmen, daß meine Kugel tödlich gewirkt hatte. Ich sicherte die Waffe und hing sie mir am Riemen vor die Brust, um aus meinem Stand zwischen den Felsen eine Aufnahme zu machen. Während ich zu diesem Zweck ein Teleobjektiv einschraubte, verlor ich für einige Sekunden den Bär aus den Augen. Unmittelbar nach dem Klicken der Kamera wurde das Raubtier plötzlich hoch und — kam auf kürzestem Wege auf mich zu! Die Art des Anlaufens ließ in keiner Weise erkennen, daß er mich wahrgenommen hatte und mich angreifen wollte. Bis ich die Kamera neben mir abgelegt, den Riemen der Büchse über den Kopf gestreift und angebackt hatte, waren viele Sekunden vergangen. Nun erst schien mich der Bär erkannt zu haben, denn er verhielt seine Schritte. Dabei schwankte er, offenbar schwer krank, hin und her. Mein Fangschuß erlöste ihn.

Erst nach weiteren Minuten rief ich die Kameraden, und gemeinsam traten wir an den gestreckten Schadbären heran. Schon sein massiger, breiter Schädel zeigte uns, daß wir vor einem kapitalen Burschen standen, dessen Gewicht wir alle unterschätzt hatten. Glückstrahlend nahm ich den Bruch aus der Hand eines der Freunde entgegen und reichte dem alten Buschläufer den „letzten Bissen“. Dann machten wir uns auf, den Iren zu verständigen, der den Schadbären auf einem Traktor zum Gehöft brachte.

Soweit die alte Zugwaage noch richtig anzeigte, hatte ich einen Frühjahrsbären von 265 Pfund Gewicht erlegt. Sein Pelz war in allerbestem Zustand, dicht, seidig und fein in der Farbe. Die Länge vom Fang bis zum Waidloch betrug 204 cm, die Länge des Schädels 30,5 cm und seine Breite 18,25 cm.

Den Pelz des Schadbären schenkte ich dem irischen Freund, der mir bei späterer Gelegenheit versicherte, daß er, seitdem er sich im Winter in seinem Sorgenstuhl mit dem Bärenpelz zudecken konnte, weder Sorgen noch Rheuma mehr habe!

FÜNFZEHNTES KAPITEL

WENN DER WINTER KOMMT

Jetzt war die Zeit, in der wir uns aufmachten, um auf Weißwedelhirsche zu jagen.

Überall dort, wo Misch- und Laubwälder Deckung und Schatten und ihre Früchte und Samen reichlich Äsung bieten, wird man die großen, weißen Wedel dieses Wildes sehen, wenn es in hohen und weiten Sprüngen graziös flüchtig wird! Durch ihre „Fahne", die bei Bewegung immer hochsteht und pendelt, verrät sich diese Hirschart selbst auf große Entfernung, denn die weiß leuchtende Unterseite des Wedels ist nicht zu übersehen.

Im Farmland des Südens, wo die Weißwedelhirsche an den üppigen Saaten und Feldfrüchten äsen können, werden sie besonders stark und feist, und die männlichen Stücke bilden oftmals prachtvolle Geweihe, die das Herz eines Trophäenjägers höher schlagen lassen.

Jedoch werden sie hier meist jahrelang geschont, da man die Jagd in den dichtbesiedelten Gebieten des Landes nicht schätzt. Oder die Jagd wird nur für wenige Tage unter Verwendung einer Schrotflinte und grober Schrote erlaubt, niemals aber wird der Büchsenschuß gestattet.

In den üppigen Mischwäldern bis zu ihrer nördlichen Grenze, wo die düsteren und stillen Nadelwälder der kanadischen Taiga beginnen, waren die Weißwedelhirsche einst sehr zahlreich. Wölfe, Luchse und Schwarzbären, auch anormal kalte Winter und die Menge der Jäger lichteten ihre Bestände sehr, und im dichtbesiedelten Süden sorgte der große Autoverkehr dafür.

In der Provinz Ontario wurden im Jahre 1967 an Jäger des Landes und an Gastjäger 148 254 spezielle Abschüsse freigegeben, von denen aber nur 17 % erfüllt wurden. Berücksichtigt man die oftmals großen Verluste aus den oben genannten Gründen, dann wird verständlich, wie zahlreich Weißwedelhirsche jetzt wieder vorhanden sind, um solch hohe Abgänge überstehen zu können.

Wo Buchecken- und Eichelmast gegeben sind, findet der Jäger die besten Geweihe. Dort beginnt die Jagd auf Weißwedelhirsche in den ersten Oktobertagen, weiter südlich erst zu Beginn des Novembers, und endet spätestens Mitte Dezember.

Die Jagdmethoden auf Weißwedelhirsche sind vielseitig. Gruppen von Jägern tun sich zusammen und treiben mit Hunden große Gebiete ab. Es sind dies die Schützen, die vorwiegend am Wildbret interessiert sind. Nur einmal nahm ich an solcher Jagd teil und verließ sie bald mit einem schlechten Geschmack auf der Zunge. Auch wurde ich an den Krieg erinnert, in dem mir die Kugeln um die Ohren pfiffen, bekanntlich ein recht unangenehmes Geräusch.

Andere Jäger bevorzugen die Pürsch zu zweit oder zu dritt oder den verteilten Ansitz, indem sie mehrere Wechsel gleichzeitig besetzen. Wer auf Trophäen Wert legt, jagt häufig allein, um das Geweih des Hirsches, den er ausgemacht hat, auf stiller Jagd zu erbeuten.

Eine hohe Kunst ist es, einen Weißwedelhirsch gegen den Wind anzulaufen. Ein alterfahrener Indianer lehrte sie mich. Weißwedelwild hat ein sehr begrenztes Sehvermögen. Beim tiefen Äsen verringert der Blutdruck auf die Membranen im Inneren der Lauscher das Gehör. Auf beides ist das „Anlaufen oder Anspringen“ dieses Wildes abgestimmt!

Wenn es auf Lichtungen oder in offenem Gelände ist, umschlägt man das Wild, bis man guten Wind hat. Senkt das Wild den Kopf beim Äsen, denn pürscht man in schnellen und leichten Sprüngen darauf zu, um sofort zu erstarren, sobald das Wild aufwirft. Natürlich muß man sich völlig bewegungslos verhalten, bis Hirsch oder Tier das Äsen fortsetzen. Dann erscheint der regungslos stehende Jäger dem Wild als ein Baum oder ein Pfahl. Je kräftiger der Wind bläst, desto vorteilhafter ist er für diese Bejagungsart. Sehr leichtes Schuhwerk, wie Mokassins oder Turnschuhe, sind notwendig, um Erschütterungen des Bodens bei dem Aufsetzen der Füße nach dem Sprung unbedingt zu vermeiden.

Ist man auf eine günstige Schußentfernung herangekommen, wird Weißwedelwild meist nervös, pflegt aber für Sekunden auf der Stelle herumzutreten, bevor es flüchtig wird. Diese Zeit reicht für einen Schuß!

Mein indianischer Führer und Lehrer demonstrierte mir einmal solches „Anlaufen“ mit Jagdbogen und Pfeil und erlegte einen Weißwedelhirsch mit einem Treffer auf das Blatt auf nur 15 Meter! Für mich war dies eines der interessantesten Erlebnisse.

Starker Wapiti

Weißwedelhirsch

Polarfuchs *Hasen der Arktis*

Später übte ich diese Kunst mit der Kamera in der Hand, bis es mir auch schließlich gelang, sehr nahe an Weißwedelwild heranzukommen. Dies brachte mir nicht nur gelungene Kameraschüsse ein, sondern ich lernte dabei neben der Beherrschung des Körpers und der Konzentration der Sinne auch viel über das Verhalten dieses Wildes. Da die Jagd mit Bogen und Pfeil immer mehr Freunde fand, hatte ich später noch mehrfach Gelegenheit, Jäger beim „Anspringen“ dieses Wildes zu beobachten, wobei auch mich als Zuschauer die Passion packte.

Dort, wo stark belaufene Wechsel erkennbar sind, führt ein Ansitz meist zu Erfolg, wenn ein Schirm überhöht angelegt wurde. Liegt er auf gleicher Höhe des Wildwechsels, dann wird ein Erfolg meist ausbleiben. Hochsitze sind dort angebracht, wo der Unterwuchs sehr üppig und hoch ist. Sind Urwald und Busch noch belaubt, dann ist es selbst auf kürzeste Entfernung sehr schwierig, Weißwedelwild in ihm zu erkennen, denn es besitzt eine gute Schutzfärbung inmitten der herbstlichen Landschaft.

Eine typische Eigenschaft dieses Wildes ist es, sich in guter Deckung völlig bewegungslos zu halten, wenn ihm menschliche Wittrung zugetragen wird. Oftmals konnte ich dies beobachten! Sowie der Jäger dann auf das Wild zupürscht, wird es in hohen Sprüngen über die Büsche hinweg flüchtig, und der dennoch gewagte hastige Schuß geht natürlich fast immer daneben. Flüchtiges Weißwedelwild zu schießen, verlangt allerbeste Beherrschung der Waffe. Einen Meister in dieser Kunst lernte ich in einem deutschen Freund kennen; keiner von uns konnte seine hervorragende Schießfertigkeit nachahmen!

Meinen ersten schwachen Hirsch erlegte ich, als ich ihn plötzlich 20 Schritte vor mir im Busch erkannte. Schon eine Stunde lang hatte ich dort angesessen, und er muß die ganze Zeit über still ausgehalten haben, wahrscheinlich zunächst im Bett sitzend.

Zu drei Gefährten jagten wir einmal nördlich der Stadt Parry Sound in einem bergigen Gebiet, in dem Seen, Wildbäche und Sümpfe unsere Erkundung äußerst schwierig gestalteten. Zwei Tage brauchten wir dazu, bis jeder von uns einen ihm zusagenden und günstigen Platz für den Ansitz auf Weißwedelhirsche ausgekundschaftet hatte. Der Busch war noch herbstlich belaubt. Wir hatten gerade unsere ausgewählten Ansitze bezogen, als es zu regnen begann, und gegen Abend ging der Regen in Schnee über. Zwei Tage schüttete Frau Holle aus, was sie in ihrem Bettkasten hatte. Wir bekamen kein Stück Wild zu sehen. Aber stark belaufene Wechsel hatten uns verraten, daß die Träger der weißen Wedel hier zahlreich waren, und auf sumpfigen Flächen hatten wir auch die Fährten starker Stücke gefunden. Jeder von uns hatte sich einen hochgelegenen Platz an einem Hang ausgesucht, von dem aus die Wechsel gut einzusehen waren. Jeder dieser Wechsel folgte einem Bach.

Von meinem Sitz aus konnte ich zwischen den Stämmen der Laubbäume hindurch rechts eine große Sumpfniederung einsehen, in deren Mitte ein Wasserbecken lag, das den unter mir vorbeigurgelnden Bach speiste. Seine Ufer waren von dichten Büschen eingefaßt, an deren diesseitigem Rand der Wechsel vorbeiführte. Dieser war, als ich ihn zum ersten Male sah, so tief und breit ausgetreten, daß er wie ein Pfad wirkte. Links von mir verengten sich die Höhen beider Seiten zu einem schmalen Tal, in dem das Wildwasser in Kaskaden eilig einem größeren See zustrebte, der bei unserem Anmarsch voll von Enten und Sägern lag.

Das erste Wild, das mich anlief, war ein Rotfuchs, der auf dem Hirschwechsel entlangschnürte. Ich konnte mir das neckische Spiel nicht verkneifen, ihn laut zu begrüßen. Mich zunächst verblüfft anäugend, machte er einen hohen Luftsprung und sauste dann wie der Blitz in die sicheren Büsche.

Ein wenig später folgte ein Schneehase seiner Spur. Mein leiser Pfiff ließ ihn einen Kegel bauen, dann hoppelte er ohne Argwohn oder Hast weiter. Sein Balg war noch braun und nur teilweise weißgefleckt. Bald würde er einen schneeweißen Winterrock tragen, der ihn fast unsichtbar werden ließ.

Endlich hörte es auf zu schneien, dafür wurde es kälter und schließlich so kalt, daß ich meinen Ansitz abbrach und einen zweistündigen Fußmarsch machte, um meinen Schlafsack zu holen, den ich mir dann bis an die Brust hochzog.

Dafür, daß ich den Ansitz verlassen hatte, wurde ich bestraft. Denn als ich zu ihm zurückkehrte, stand frisch im Schnee auf dem Wildwechsel die Fährte eines Hirsches. Höchstens eine halbe Stunde zuvor mußte er hier durchgezogen sein!

Als es dunkel wurde, machten meine Freunde und ich uns abermals, ohne Erfolg gehabt zu haben, auf den Weg zu unserem Lager. Hier hatten wir inzwischen Besuch gehabt, ein fettes Stachelschwein hatte das Zelt in Unordnung gebracht und die Gewehrtasche eines meiner Waidgesellen vollständig zerpflückt. Dann hatte es sich in der Astgabel einer dichten

Tanne, die nebem dem Zelt stand, befriedigt eingerollt und schlief. Wir störten es nicht, nahmen uns aber vor, das Borstentier morgens gehörig auf den Trab zu bringen.

Noch bevor es wieder hell wurde, saß ein jeder auf seinem Platz.

Einer meiner Freunde saß eine gute Meile von mir entfernt an der entgegengesetzten Seite des Sumpfgebietes. Der andere Freund hatte in einem sehr engen Tal einen Platz ausgewählt, der etwa eine Dreiviertelmeile von mir entfernt lag. Der unter mir vorbeiführende Wechsel war noch nicht wieder belaufen worden.

Es war gerade so hell geworden, daß ich Einzelheiten gut erkennen konnte, als ich einen Schuß in dem schmalen Tal fallen hörte. Bald darauf kamen von rechts zwei Tiere und ein Hirsch in meterhohen Fluchten am Wildbach entlang und auf mich zu. Die Tiere jagten an mir vorbei, doch der Hirsch verhielt unter mir und sicherte in die Richtung, aus der er gekommen war. Meine Kugel fällte ihn, als ob ihn ein Blitz getroffen hätte. Als ich an ihn herantrat, fand ich außer dem Einschuß meiner Kugel einen Streifschuß hoch auf seiner Schulter. Der Freund im engen Tal hatte ihn also auch beschossen.

Als ich den Hirsch aufbrach, knallten in schneller Folge zwei Schüsse aus demselben Tal. Ein einzelnes Tier kam in hohen Fluchten direkt auf mich zu und flog in einem gewaltigen Satz über mich hinweg, während ich auf dem Wechsel neben dem Hirsch kniete. Noch hinter dem Tier hersehend, hörte ich einen Schuß hinter dem Sumpfgelände fallen.

Es war wie auf einem Schützenfest! Eilig machte ich mich auf den Weg zu meinem Gefährten, der den von mir gestreckten Hirsch angebleit hatte, und fand ihn mit der gleichen Arbeit beschäftigt, die ich gerade erledigt hatte. Er hatte einen guten Durchschnittshirsch erlegt, und so gratulierten wir uns gegenseitig.

Gemeinsam machten wir uns auf, um den Schuß aufzuklären, der hinter dem Sumpfgebiet gefallen war. Den dort ansitzenden Waidgenossen fanden wir andächtig vor einem außergewöhnlich starken Weißwedelhirsch stehend, dessen Geweih das kapitalste war, das ich zu sehen bekommen hatte. Mein Hirsch trug zwar auch eine beachtliche Trophäe, die aber mit diesem stolzen Geweih nicht konkurrieren konnte.

Innerhalb von 15 Minuten waren die drei Hirsche gefallen, wahrhaft ein selten guter Jagderfolg!

Die zunehmende Kälte spürten wir drei glücklichen Jäger bei der nun zu leistenden Arbeit nicht mehr. Auf einem Einrad, das aus einem alten Fahrrad ausgebaut worden war, hatten wir auf einem Gestänge vier lange Rohre aufschweißen lassen. Mit diesem idealen Transportmittel brachten wir die drei Hirsche zu meinem Wagen. Zwei Hirsche verschnürten wir auf dem Träger des Daches, den dritten verluden wir in dem großen Kofferraum des Autos. Einer der Freunde blieb als Wächter bei dem Wagen, während wir uns aufmachten, um das zwei Meilen entfernt stehende Zelt abzubrechen und zusammen mit allen Geräten auf dem Einrad zum Auto zu bringen. Ohne uns anzustrengen, hatten wir bald alles bereit zur Abfahrt.

Unser Waidmannsheil feierten wir zu Hause, und selten wird Diana drei so überglückliche Jäger beisammen gesehen haben!

SECHZEHNTES KAPITEL

Im Schneesturm zur Eisfischerei

Nachts heulte ein Blizzard um das Haus und weckte mich. Tosend versuchte er seine Kraft am überhängenden Giebel des Hauses, so daß die Dachsparren stöhnten. Als ich einen Blick aus dem Fenster warf, sah ich die sturmgepeitschten Schneemassen wie eine weiße Wand dahinfegen. Mir kamen Zweifel, ob wir in wenigen Stunden die geplante Fahrt zur Eisfischerei in den Norden würden antreten können.

Es dämmerte, als das Telephon läutete. Die Frau meines Freundes Bob rief mich an und fragte: „Können wir die Fahrt riskieren? Du mußt uns hier abholen, denn unser Wagen ist hoffnungslos eingeschneit. Bob sagte mir, daß du Schneeketten besitzt. Werden sie für diese Schneemassen ausreichen?"

„Das werde ich dir in einer Stunde sagen können", antwortete ich. „Ich werde dann anrufen!"

Während ich die Ketten über die Schneereifen zog, ließ ich den Motor des Wagens warmlaufen. Vor der Einfahrt zu unserem Grundstück hatte sich eine mehr als meterhohe Wehe aufgeschichtet. Wenn ich durch diese hindurchkommen würde, dann war ich zuversichtlich, auch andere Schneewehen überwinden zu können.

Wieder klingelte das Telephon. Freund Werner ließ mich wissen, daß er fertig sei und bereits warte. Für ihn war es selbstverständlich, daß wir uns von einem Schneesturm nicht aufhalten lassen würden. Wir hatten zusammen schon oft rauhes Winterwetter bewältigt.

Ich packte in den Kofferraum des Wagens zwei Sandsäcke, die ich für solche Verhältnisse in jedem Winter bereitliegen hatte. Sie würden durch ihr Gewicht den Reifendruck verstärken. Auch konnte der so mitgeführte Sand uns bei einem Festfahren oder auf Eis beste Dienste leisten.

Nochmals überflog ich die Liste der mitzuführenden Sachen, damit nichts vergessen wurde, dann verabschiedete ich mich von meiner Frau, schnallte mich im Wagen an und trat auf den Gashebel. Ohne Schwierigkeiten schoben die 200 Pferdestärken des Motors den Wagen durch das Hindernis, und damit schwanden meine Bedenken und schwoll meine Zuversicht.

Brigitte und Bob, denen ich meine Abfahrt zuvor gemeldet hatte, begrüßten mich am Fuße des Hügels, auf dem sie sich ihr Haus hatten bauen lassen. Bob gilt als besonders erfolgreicher Sportfischer. Er ist der Manager einer Kosmetikfirma. Gehässige Zungen behaupten, daß darin das Geheimnis seines Petriheils läge, doch Bob belächelt es stets höflich. Tatsache ist, daß er beim Angelsport immer die besten Erfolge hat, selbst dann, wenn seine Partner oder Partnerinnen keinen Schwanz fangen. Irischer Herkunft, heiratete Bob die deutsche Brigitte und lernte aus Liebe zu ihr die deutsche Sprache. Wer sich das anhört, biegt sich vor Lachen, doch das stört ihn nicht im mindesten.

Werner stand als Schneemann vor seinem Hause, als wir verspätet eintrafen. Als junger Mann hatte er das Westfalenland verlassen und inzwischen tiefe Wurzeln in seiner Wahlheimat geschlagen. Außer seinen elektronischen Interessen lebt er ausschließlich der Jagd und Fischwaid. Von meinen Freunden ist er der passionierteste, immer sofort bereit, nach Büchse, Flinte, Spinn- oder Fliegenrute zu greifen. Erfolgreich ist er in allem!

Es schneite weiter, was nur vom Himmel herunter wollte. Nachdem wir die Südwestbucht des großen Binnensees Ontario umfahren hatten, klarte es jedoch auf. Die Schneeschütte, die wir auf der Niagara-Halbinsel erlebt hatten, war ein Geschenk dieser riesigen Wasserfläche, über die der steife Nordwestwind fegte und die Masse seiner Verdunstung über dem Südufer ablud.

Nördlich der Metropole Toronto brach die Sonne durch die Wolken, und schon bald konnte ich die Schneeketten entfernen, da Schneepflüge den Trans-Canada-Highway geräumt hatten. Beiderseits der Fahrbahn blendete der schneebeladene Urwald so, daß uns die Augen schmerzten. Es wurde beständig kälter, je weiter nordwärts wir vordrangen.

Viele Stunden und Meilen blieben hinter uns zurück.

Es dämmerte bereits, als wir den See Timagami am gleichnamigen Ort erreichten. Auf diesem fischreichen See wollten wir zu Eis fischen und unser Petriheil auf schwere Seeforellen, kapitale Zander und möglichst noch stärkere Nordhechte versuchen.

Der „Outfitter“, Dale Godfrey, erwartete uns am nächsten Morgen, um uns mit einem schweren Motorschlitten weit hinaus auf den großen See zu fahren, wo eine geräumige Hütte auf uns wartete. Das Thermometer zeigte 18 Grad Celsius Kälte an, eine Temperatur, die die Eisfischerei außerhalb solchen Schutzes nicht erlaubt, vor allem nicht an windigen Tagen.

Durch die Rundscheiben des Kettenfahrzeuges genossen wir die wechselvolle Landschaft, deren Bild sich beständig wandelte. Als wir eine bewaldete Insel erreichten, sahen wir in ihrem Windschatten die Fischhütte stehen. Der aus ihrem Dach herausragende kleine Blechschornstein verriet uns, daß sie sogar mit einem Ölöfchen ausgerüstet war.

Dale erklärte uns: „Die Hütte habe ich über einem Riff aufgestellt, an dem stets Fische stehen. Die Wassertiefe beträgt dort etwa 6 Meter. Bleiben die ersten Stunden ohne Erfolge, dann müßt ihr die Hütte auf ihren Kufen weiter auf den See hinausschieben und dies so lange wiederholen, bis ihr Anbisse bekommt. Folgt den kleinen Fähnchen, die euch den Verlauf des Riffes zeigen. Einen Eisdriller für das Bohren neuer Löcher findet ihr in der Hütte!" Damit verabschiedete sich Dale bis zum Beginn der Nacht.

Brigitte kochte zunächst Wasser für einen Grog, ohne den der Tag eines „Eisfischermannes" nicht beginnt, und sie braute ihn entsprechend dem nördlichen Breitengrad. Inzwischen fanden wir zwei Fischlöcher innerhalb der Hütte im Eis vorbereitet und beschlossen, mit etwa 7 cm langen, gefrorenen Köderfischen den Sport zu eröffnen. Das Los fiel auf Werner und Bob, so daß Brigitte und ich unsere Geduld für zwei Stunden zügeln mußten.

Während Werner einen Überwasser-„Tipup" aufstellte, verwendete Bob einen Unterwassersatz. Bei dem ersteren ist die Schnurrolle am oberen Teil eines Standholzes befestigt. Über dem Kopf des vertikal aufgestellten Holzes schwebt im Gleichgewicht ein Drahtbügel, an dessen einem Ende ein Tragehaken für die Schnur eingebogen ist, während am anderen, oberen Ende ein kleines Fähnchen angebracht ist. Die Schnur wird über den eingebogenen Drahthaken gelegt, so daß der kleine Fahnenmast in der Horizontale liegt. Beißt ein Fisch an, dann veranlaßt sein Zug das Freispringen und Hochschnellen der Fahne, während die Schnur durch das Sinken des unteren Drahtteiles aus dem Haken gleitet und nunmehr ungestört von der Rolle laufen kann. Dieses System hat den Vorteil, daß die Rolle trocken bleibt. Erfolgt aber der Anbiß eines sehr starken Fisches, dann passiert es leicht, daß die Schnur sich in dem Drahthaken verfängt, und dies kann den Verlust des Fisches bedeuten.

Der Unterwassersatz trägt die Schnurrolle am unteren Teil des vertikalen Mittelstückes eines Holzkreuzes. Seine horizontal liegenden Seitenarme werden beiderseits des Fischloches auf das Eis gelegt, so daß die Rolle unter dem Eis, jedoch gerade noch über der Wasseroberfläche liegt. Dies hat den Nachteil, daß Rolle und Schnur leicht vereisen, jedoch den Vorteil, daß dieses System für schwerere Fische geeigneter ist. Auch bei diesem Satz wird eine Alarmflagge verwendet, die bei geringster Schwingung des Holzkreuzes durch eine Blattfeder hochschnellt. Solche Flaggen sind dann unerläßlich, wenn man außerhalb einer Hütte mehrere solcher Systeme aufstellt.

Schließlich verwenden wir noch ein System, bei dem die Schnurrolle unter der Wasseroberfläche liegt. Das Kreuzprinzip ist das gleiche. Dieser Satz ist der am besten geeignete für kapitale Fische, und er wird bei der Eisfischerei allen anderen Systemen vorgezogen, weil die im Wasser hängende Rolle nicht vereisen kann. Natürlich muß die Rolle nach jedem Fischen auseinandergenommen und innen von der Nässe befreit werden, wenn sie nicht schnell verderben soll.

Damit die Schnüre durch das Scheuern am Eis nicht beschädigt und geschwächt werden, fetten und wachsen wir sie. Kein Waidmann in Kanada wird Hasenfett achtlos wegwerfen, denn es ist das beste Schutzmittel für die Schnüre beim winterlichen Fischen! Auch reines Bienenwachs ist gut geeignet, dagegen kein Kunstwachs, da es die Schnüre zu sehr angreift. Frostschutzmittel sind käuflich, werden aber nur von denen verwendet, die weder Bienenwaben noch Hasenfett bekommen können, also von der Mehrzahl der Eisfischer.

Vorfächer aus rostsicherem, feinem Stahldrahtgeflecht sind unerläßlich, nur bei dem Fang von Seeforellen überflüssig. Da bei dieser Art der Eisfischerei eine elastische Rute fehlt, müssen Schnüre mit hoher Reißfestigkeit benutzt werden, wobei Nylongewebe zu bevorzugen sind, weil große Kälte auf sie keine ungünstigen Einflüsse ausüben kann. Spinnschnüre sind für diese Sportart völlig ungeeignet, denn sie werden steif und brüchig.

Über das Anbringen des Köderfischchens streiten sich kanadische Experten genauso oft und ausdauernd wie die Sportfischer in Deutschland. So will ich meine persönlichen Erfahrungen darlegen.

Drillinge erscheinen mir für die Eisfischerei nicht geeignet, da die Bißfreudigkeit der Fische im Winter nicht so groß wie in wärmeren Jahreszeiten ist. Meist nehmen die Fische den ihnen angebotenen Köder in langsamer Bewegung und sehr vorsichtig, mehr aus Futterneid als aus Hunger. Darum bevorzuge ich die Lippenköderung mit einem möglichst feinen und nadelscharfen Einzelhaken. Bei Oberlippenköderung muß die Hakenspitze nach innen, bei Unterlippenköderung nach außen stehen. Sehr wichtig ist bei der Verwendung eines feinen Einzelhakens, daß er einen kräftigen Widerhaken hat, damit sich der lebende Köderfisch nicht losschlagen kann oder damit er bei einem unlustigen Anbiß nicht abgestreift wird. Die Hakengröße hängt von der Größe der verwendeten Köderfische ab. Zu große Haken sind auch für den Fang von schweren Hechten und ebensolchen Seeforellen von 20 Pfund aufwärts nicht nötig und auch nicht geeignet, da die Fische im Winter durch sie leicht vergrämt werden und den Köder dann loslassen.

Schließlich ist die Lippenköderung jeder anderen Art vorzuziehen, da bei der Eisfischerei bei Anbiß der Haken sofort gesetzt werden soll. Wie schon erwähnt, ist Futterneid die Veranlassung zu einem Biß, weil Fische im Winter in Schulen zusammenstehen, in Kanada auch die Hechte! Diese lassen sich im Winter sehr viel Zeit zum Schlucken und geben den Köder sofort frei, wenn sie einen zu starken Haken spüren.

Da das Schaben der Schnüre am Eis diese schwächt, muß bei der Eisfischerei von einem Drill Abstand genommen werden. Es ist also notwendig, den gehakten Fisch so schnell wie möglich aus dem Eisloch zu heben, und zwar bevor er begriffen hat, daß er in die Bratpfanne wandern soll. Einen ihm gewährten Zweikampf wird meist der Fisch gewinnen!

Wie ich es nun schon viele Jahre gewohnt war, zog auch diesmal Bob den ersten Fisch, einen Zander. Da er groß genug war, machte sich Frau Brigitte sofort über ihn her, und bald brutzelten vier goldgelbe Filets in der Pfanne. Auch den zweiten Fisch holte Bob aus dem Loch, dafür zog Werner wenige Minuten später den ersten Siebenpfünder, auch einen Zander. Noch zwei andere ihrer Art wurden von Bob eingeholt, dann war die Zeit der ersten Schicht abgelaufen.

Brigitte und ich blieben dagegen trotz aller Bemühungen zwei Stunden lang ohne einen einzigen Anbiß! Petrus hatte offenbar keine Sympathien für uns. Bob aber hatte seine Schnur noch keine fünf Minuten wieder im

Wasser, als er schon den nächsten Zander einbrachte. Nach Ablauf der dritten Schicht buchten er elf Fische und Werner fünf Fische, die merkwürdigerweise alle schwerer als die von Bob gefangenen waren.

Brigitte und ich versuchten unser Petriheil erneut, doch wir beide zogen in der ersten Stunde nur je einen Fisch aus dem Eisloch. Dies löste unseren Protest aus, und wir bestanden darauf, die Hütte weiter hinaus auf den See über mehr ergiebige Fischgründe zu schieben, auch um die dort und wahrscheinlich tiefer stehenden Seeforellen zum Beißen zu animieren.

Wir gingen hinaus und bohrten mit dem Eisdriller zwei Löcher, die wir auf 40 cm Breite ausweiteten, denn dies ist der Mindestdurchmesser für störungsfreies Fischen. Dann schoben wir die Hütte auf ihren Kufen über die beiden Fischlöcher, loteten die Tiefe aus, die hier 12 Meter betrug, und versuchten erneut unser Heil.

Bob grinste so niederträchtig, daß ich argwöhnisch wurde, ohne zunächst einen Grund zu finden. Gerade wollte ich den Köder in die Tiefe versenken, als er nach meiner Schnur griff und mich mit gespieltem Mitleid fragte: „Willst du wirklich wieder mit diesem schweren Senker fischen, der deinen Köderfisch flach auf den Seeboden legt?“

Damit kam die Erleuchtung über mich. Auch Brigitte, der ich solchen Senker gegeben hatte, besah sich mißtrauisch das Bleigewicht und verglich es mit dem von Bob verwendeten, das nicht einmal halb so schwer war. Und dann fiel Brigitte über ihren Ehemann her und drohte ihn mit der Pfanne, in der sie vorher die Filets gebraten hatte, zu verprügeln. Auch Werner bekam seinen Teil ab!

Bob belehrte gerne, und jetzt tat er es wieder mit Behagen: „Nun merkt euch endlich, daß Größe und Gewicht des Senkers stets auf die Größe des Köderfischchens abgestimmt sein müssen, das – lebendig oder steif gefroren – gerade über dem Seeboden schwimmen muß. Die Senker sollen bei einem lebenden Fischchen verhindern, daß es steigt, und bei einem toten veranlassen, daß sein Vorfach sich um die Schnur dreht und Leben des Fisches vortäuscht!“

Es waren also nicht die kosmetischen Wohlgerüche, die Bob die Erfolge brachten, sondern Wissen und wohldurchdachtes Können!

Auf dem neuen Platz und nach dem Senkerwechsel kamen auch Brigitte und ich ins Geschäft, denn schon bald lagen die ersten beiden fünfpfündigen Seeforellen neben den Eislöchern. Gerade hörten wir Dale mit dem Motorschlitten kommen, als Brigitte den schwersten Fisch des Tages zog, eine achtpfündige Seeforelle!

Bevor Dale uns zu unserem Hotel in Timagami brachte, zog er die Hütte mit dem Raupenfahrzeug eine Viertelmeile in Richtung des Festlandufers und verankerte sie hier windfest. „Hier ist ein Loch, etwa 15 Meter tief, in dem immer schwere Seeforellen stehen", beriet er uns. „Versucht es hier morgen früh!"

An diesem Abend bereitete uns der Hotelkoch einen lang entbehrten Gaumenschmaus, eisfrische Seeforelle in brauner Butter, die wir in einem „Niagara-Roten" wieder schwimmen ließen.

Am nächsten Vormittag schneite es heftig. Dale sagte uns beste Eisfischerei voraus und sollte recht behalten. Wieder in der Hütte, versenkten Brigitte und ich schleunigst die diesmal lebenden Köderfische im Wasser. Schon nach wenigen Minuten hatten wir je einen Fisch am Ende der Schnüre, die sich – wie könnte es anders sein – unter dem Eis verwikkelten. Dabei verloren wir beide Fische, und dies brachte uns das häßlichste Grinsen von Bob und Werner ein.

Erneut schlugen unsere Fähnchen hoch, und bald kamen zwei Forellen der Fünfpfundklasse aus den Löchern. Und so blieb es während unserer ganzen Schicht! Doch keiner der Fische war schwerer als fünf Pfund.

Dann ließen Werner und Bob ihre Köder sinken, und zu Brigittes und meinem Vergnügen blieben beide eine Stunde lang ohne jeden Biß. Ärgerlich jagte Bob uns drei aus der Hütte, um sie einige Meter weiter hinaus auf den See zu schieben.

Er schien einen sechsten Sinn dafür zu haben, wo gute Fische standen. Kaum hatte sein Köder den Seeboden erreicht, als das Fähnchen seines Systems auch schon hochschnellte. Diesmal zog der Fisch so schnell die Schnur von der Rolle, daß sie zu singen anfing. Bob strahlte, als er eine Seeforelle aus dem Loch zog, deren Gewicht die Waage mit 10,5 Pfund anzeigte!

Darauf wechselte Bob die Schnur gegen eine andere aus, die höhere Reißfestigkeit hatte, und angelte sich aus dem Ködereimer den größten Fisch heraus, den er finden konnte. Dieser Köder brachte ihm eine Seeforelle von 16 Pfund Gewicht ein! Damit erreichte die Stimmung in unserer Fischhütte ihren Höhepunkt, denn der immer zu Streichen aufgelegte Freund überraschte uns auch noch mit einer Flasche spanischen Weinbrands, der die Neidgefühle in unserer Brust dämpfte.

Später verlor Werner einen schweren Fisch, der dem von Bob sicherlich Konkurrenz gemacht hätte. Nur seinen Kopf sahen wir im Eisloch, dann riß das Vorfach. Damit war wieder Schichtwechsel.

Lange rührte sich nichts unter uns in der Tiefe des Wassers, und dies veranlaßte Bob wieder zu seinem ironischen Grinsen. Brigitte wollte ihm deswegen gerade den Marsch blasen, als endlich ihr Fähnchen Alarm gab. Hastig wickelte sie die Nylonschnur um ein Stück Holz und machte damit einen Fehler! Der starke Fisch brachte die Schnur zum Reißen.

„Du wirst nie ein guter Fischermann werden“, nörgelte Bob.

„Wie kann ich auch!“ kam die Antwort prompt zurück.

Kurz vor Ablauf unserer Schicht geriet auch ich endlich in Bewegung und zog einen Zwölfpfünder heraus, den ich wieder in sein Element zurücksetzte. Denn ich hoffte auf schwerere Fische, mit denen ich mein erlaubtes Maß erfüllen konnte.

Bobs nächster Fisch zog mit solcher Kraft ab, daß der Freund die Schnur nicht abbremsen konnte. Geschwind wickelte er sie um die behandschuhte Hand. Dann knallte es, die starke Schnur war gerissen! Bob griff nach dem spanischen Branntwein und nahm einen guten Schluck, während diesmal wir grinsten.

Eine neue Schnur kam auf die Rolle und ein frischer Köderfisch an den Haken. Schon während des Sinkens schnellte die Fahne hoch, und wieder sang die Rolle schrill. Diesmal hatte Bob ein Stück Fensterleder bereit, durch das er die Schnur laufen ließ und sie auf diese Weise abbremste. Schnell brachte er die offenbar starke Seeforelle unter Kontrolle. Seine Hände geschwind umeinander drehend, zog er sie nach oben, wo Werner bereitstand, den Landehaken in ihre Kiemen zu schlagen. Als das Gewicht festgestellt wurde und die Waage 21½ Pfund anzeigte, konnte man in dem kleinen Raum sein eigenes Wort nicht mehr verstehen, und mir schien, daß die ganze Hütte schaukelte!

Dank ausgleichender Gerechtigkeit zogen wir noch einige Seeforellen der Zehnpfundklasse, die wir behielten, da wir am nächsten Tage unser Heil auf die großen Nordhechte versuchen wollten. Wir verluden die brettsteif gefrorenen Fische und fuhren in fröhlichster Stimmung nach Timagami zurück. Die spanische Branntweinflasche war leer geworden!

Dale brachte uns am nächsten Morgen zu einem Platz zwischen zwei Inseln. Dort packten wir unsere kurzen Ruten für die Eisfischerei aus, um mit Blinkern auf Hechte zu angeln.

Diese Ruten sind nur 40 bis 50 cm lang, aus rostfreiem Stahl und etwas elastisch. Glasfiberruten sind für diesen Sport nicht geeignet. Einfache Rollen mit Nylonschnüren von 15 Pfund Reißfestigkeit genügen für alle Ansprüche. Wir befestigten die schweren silbernen Blinker an Stahlvorfächern und ließen sie über dem Seeboden taumeln. Bei Verwendung solcher Ruten muß das Eisloch mindestens 60 cm Durchmesser haben. Dies ist nur dann möglich, wenn die Eisdecke stark genug ist, wie es im kanadischen Norden jedoch meist gegeben ist.

Wir begannen den Sport in 10 Meter Tiefe. Brigitte und Werner bekamen gleichzeitig einen Anbiß. Die Schnüre verhedderten sich, und beide Fische gingen verloren. Nach diesem schnellen Auftakt blieb es für eine Stunde ruhig, deshalb schoben wir die Hütte so lange weiter, bis wir 15 Meter Tiefe ausloten konnten.

Die nun folgenden, unbeschreiblich erregenden Ereignisse kann nur verstehen, wer selbst in kanadischen Gewässern gefischt hat. Die Hechte nahmen die Blinker so freudig, daß wir nur noch durch eines der Löcher fischen konnten. Als Dale bei Beginn der Dämmerung erschien, hatten wir die erlaubte Zahl von Nordhechten gefangen. Der schwerste Fisch wurde von Brigitte eingebracht, er war 112 cm lang und wog 26 Pfund! Zum ersten Male hatte sie ihren Ehemann beim Angelsport geschlagen!

Dale sagte einen Blizzard voraus, und schon eine Stunde später setzte in der Höhe das eigentümliche Heulen ein, das einem Schneesturm vorausgeht. In der Hoffnung, daß dieser sich über Nacht austoben würde, gingen wir zu Bett. Diese Erwartung erfüllte sich jedoch nicht. Wir benötigten für unsere Heimfahrt anderthalb Tage, und uns schmerzten die Arme vom stundenlangen Schneeschippen.

Wie oft wir uns unterwegs festfuhren, zählten wir nicht, doch unserer vergnügten Stimmung konnte dies keinen Abbruch tun.

Ein Schneesturm gehört ebenso zur winterlichen Sportfischerei wie das Eis auf dem See!

SIEBZEHNTES KAPITEL

Mit uns war der Tod

Ein steifer und sehr kalter Ostwind ließ das Wasser des großen Sees unruhig sein. Weiße Wellenköpfe mahnten uns, vorsichtig und wachsam zu navigieren. Ich forderte meinen Freund auf, die Schwimmweste anzulegen. Zwar hatte sich mein 5 Meter langes und doppelwandiges Aluminiumboot in schweren Stürmen bewährt, bei solch bewegtem Wasser sind aber treibende Baumstämme und Untiefen nicht erkennbar, wodurch sich die Gefahren vermehren.

Wir waren auf dem Weg zu einer windgeschützten Bucht, in der die Wildenten bei diesem stürmischen Wetter in großer Zahl zu liegen pflegten. Einen Schirm für das Boot hatten mein Freund Werner und ich schon einige Tage zuvor errichtet, so daß wir bei unserer Anfahrt nur wenig Beunruhigung zu verursachen brauchten.

Jetzt stießen der Sohn des Camp-Eigentümers, Jack, und seine zwei Freunde Larry und Tom zu uns, die an der Entenjagd teilnehmen wollten. Von ihnen wußte ich, daß sie gute Jäger und Sportfischer waren und beste Buscherfahrungen gesammelt hatten. Jacks großes, sechs Meter langes und modernes Boot war mit einem schweren 40-PS-Motor ausgerüstet. Es konnte vier Personen sicher tragen, denn es hatte einen großen Tiefgang. Mit gemischten Gefühlen nahm ich aber wahr, daß die drei Männer offenbar aus einem Boot auf Enten schießen wollten, eine sehr gefährliche Sache, die schon oft zu tödlichen Jagdunfällen geführt hat.

Jack hatte sich einen Bootsschirm im Süden der Bucht gebaut, etwa eine Viertelmeile von dem unseren entfernt. Auf diese Weise würden wir uns bei Beschuß die abstreichenden Wildenten sicherlich gegenseitig zutreiben.

Weil mein Boot nur mit einem 10pferdigen Motor ausgerüstet war, überholte uns Jack mit seinem Fahrzeug bald in hoher Geschwindigkeit, wie mir schien, zu schnell bei dem hohen Wellengang!

Wie Werner und ich erwartet hatten, lag die Bucht voller Enten und

Säger. Sehr langsam fuhren wir auf den Schirm zu, wobei nur wenige Enten Wind unter ihre Schwingen brachten, um schon meist in der Nähe wieder einzufallen. Der Strich war so lebhaft, daß wir beschlossen, keine Lockenten auszusetzen, denn wir würden auch ohne sie genug Anflug haben. Einige der von uns hochgebrachten Wildenten hatten offenbar die Gruppe Jack angeflogen, denn die Flinten bellten lebhaft im Süden der Bucht.

Die meisten Kanadier bevorzugen automatische Flinten oder die halbautomatischen „pumpguns", deren Magazine vier bis fünf Patronen aufnehmen können. Doppelflinten werden wenig benutzt, sieht man solche, dann sind ihre Träger meist europäischer Herkunft. Die Regierung erließ nun aber ein Gesetz, nach dem keine Flinte, welcher Art auch immer, mit mehr als drei Patronen geladen werden darf. Seitdem wird in Kanada ruhiger und besser geschossen, und der vorher oftmals enorme Munitionsverbrauch verminderte sich. Schießen und Jagen sind eben zwei verschiedene Handlungen, und die Regierung des Landes fördert das letztere Tun!

Daß Jack und seine Freunde mit Waffen gut umgehen konnten, war mir bekannt. Darum überraschte es mich auch nicht, daß sie schon nach zwei Stunden die Bucht verließen, weil sie offenbar die erlaubte Tagesstrecke erreicht hatten. Wahrscheinlich wollte Jack die Westbucht nicht beunruhigen, denn ich sah sein Boot die Bucht durch den Südausgang verlassen, um in den großen See zu gelangen. Wir nahmen an, daß die drei Männer zum Camp zurückfahren würden.

Bei Dämmerungsbeginn hatten auch Werner und ich die volle Tagesstrecke gemacht. Nun beeilten wir uns, die Bucht noch vor Einbruch der Dunkelheit zu verlassen, denn treibendes Fallholz machte hier überall das Navigieren schwierig. Den Weg zum Camp konnte ich nicht verfehlen, weil ich den See schon oft befahren hatte und mich auf ihm gut auskannte.

Der Wind war nicht mehr so kräftig wie während des Nachmittags, blies aber noch stark genug, um den Wellen Schaumkronen aufzusetzen. Darum kreuzte ich auf dem See, um im Windschutz seines Ostufers ruhigere Fahrt zu haben.

Wieder im Camp angelangt, eilten Werner und ich in unsere Hütte, weil es uns fröstete. Wir hatten uns am Nachmittag nicht warm genug für den kalten Abend gekleidet. Nach dem Essen begaben wir uns in die Lodge, wo wir uns abends gern in die tiefen Sessel vor dem offenen Kamin setzten, um mit George, dem Eigentümer des Camps, oder seinen Gästen zu plaudern.

Dort fragte ich George: „Sind dein Sohn und seine Freunde schon wieder abgefahren?"

„Wie meinst du das? – Wohin abgefahren?"

„Zurück nach Woodend, wo sie wohnen", sagte ich.

Weiß in seinem Gesicht sprang der alte Herr sofort auf und rief: „Schnell, laßt uns eilen, da ist etwas passiert!" Er winkte einem Engländer zu, und beide verließen hastig die Lodge.

Merkwürdigerweise mußte ich sofort an den einzigen gefährlichen Unterwasserfelsen des Sees denken, über dem schon einige Boote Schiffbruch erlitten hatten. Doch ich beruhigte mich mit dem Gedanken, daß Jack diesen See viele Male befahren hatte und die Lage dieses bedrohlichen Hindernisses genau kennen mußte. Aus eigenen Erfahrungen wußte ich aber auch, daß bei schlechter Sicht Entfernungen sehr oft falsch abgeschätzt werden.

Bis ich unsere Fahrt in die finstere Nacht vorbereitet hatte, vergingen viele kostbare Minuten. George und der englische Gast waren schon abgefahren. In mäßiger Geschwindigkeit folgte ich dem Entschluß, erst den Unterwasserfelsen anzusteuern, den die Besucher des Camps allgemein „the sunken island" nannten. Vermutlich bekam der Felsen oder vielmehr der Felsgürtel diesen Namen, weil er bei niedrigem Wasserstand aus der Flut ragte, bei höherem indessen nicht.

Nach etwa 30 Minuten Fahrtzeit hatte ich dieses Hindernis fast erreicht, als ich am Ufer einer großen Insel, die — von uns aus gesehen – hinter dem gefährlichen Felsgürtel lag, das kurze Aufblitzen eines Lichtes zu sehen glaubte. Ich machte Werner darauf aufmerksam und wies ihm ungefähr die Richtung. Kurz darauf sahen wir beide wieder einen kurzen, kaum wahrnehmbaren Lichtschein. Dann kam, von Süden her, Georges beleuchtetes Boot in hoher Fahrt auf uns zu. Während es an der Insel vorbeifuhr, konnten wir abermals Lichtfunken erkennen. Nun kam Werner der richtige Gedanke. „Das sind die Funken eines Feuerzeuges!"

Sobald George uns erreicht hatte, ließ ich die sehr engstrahlige und weitreichende Suchlampe, die von einer 12-Volt-Batterie gespeist wurde, aufleuchten und suchte mit ihr das etwa 350 Meter entfernt liegende Ufer der Insel ab. Sogleich sahen wir alle dort Bewegung.

Ich ermahnte George, dem Felsen in einem weiten Bogen auszuweichen.

Wildkatze in Verteidigungsstellung

Wüten des Waldbrandes

Dann brauste er mit hoher Bugwelle davon. Bald zeigte mir sein Winken mit einer Taschenlampe, welchen Punkt ich ansteuern mußte, und wenige Minuten später lief mein Boot auf dem gelben Ufersand auf.

Als Werner und ich ihn betraten und das Licht unserer Taschenlampen die Szene beleuchtete, wurde es mir vor Schreck eiskalt im Herzen.

Larry lag auf dem Ufersand. — Er war tot!

Eine Frau und drei Kinder würden vergeblich auf die Rückkehr des Vaters warten. Dies erschütterte mich zutiefst!

Werner und ich zogen unsere Regenanzüge und Jagdjoppen aus und gaben sie Jack und Tom, die vor Nässe, Kälte und Erregung zitterten. Allerschnellstens mußten sie zum Camp gebracht werden, denn die Nacht war sehr kalt. Darum stellten wir keine Fragen, legten den toten Kameraden in Georges Boot, halfen Jack hinein und schoben es hinaus auf die Flut.

Tom nahmen wir in unser Boot. Ich forderte ihn auf, unter den Aufbau im Bug zu kriechen, wo er windgeschützt war. Was mein Motor leisten konnte, holte ich nun aus ihm heraus, und nach 20 Minuten legten wir vor dem Camp an.

Es lag 36 Kilometer tief im Busch, entweder auf einem befahrbaren Sandweg oder mit dem Wasserflugzeug zu erreichen. Einen Telephonanschluß hatte es nicht. Darum nahmen Werner und ich George die nächtliche Fahrt durch den Busch nach Woodend ab, um Meldung über den Unfall zu machen und einen Arzt zu holen, der die Todesursache feststellen sollte.

Die Sonne war schon wieder aufgegangen, als wir zum Camp zurückkehrten. Tom hatte Fieber und Schüttelfrost. Um ihn bekümmerte sich der Arzt zunächst und ließ ihn für einen Transport in ein Krankenhaus vorbereiten. Jack schien dagegen das Schwimmen in dem kalten Wasser und die starke Unterkühlung des Körpers gut überstanden zu haben. Nun erst fragte ich ihn, wie es passiert sei.

„Mein Boot sank!“ Erschüttert über des Freundes Tod wendete er sich ab.

Als der Arzt den Toten untersucht hatte, lautete seine Diagnose Herzschlag! Erst am Abend dieses Tages erfuhren Werner und ich die Einzelheiten dieser Tragödie, die folgendermaßen verlaufen war:

Die drei Freunde hatten nach der erfolgreichen Entenjagd beschlossen, um die versunkene Insel herumzufahren und ihr Heil noch auf eine der starken Seeforellen zu versuchen, die dort stets standen. Da sie nur eine Angel und auch nur einen Köderfisch mithatten, wollten sie sich nicht lange aufhalten.

Doch der Drill nach dem ersten schnell erfolgten Anbiß dauerte fast zwei Stunden, bis man den kapitalen, mehr als 30 Pfund schweren Fisch schließlich an die Wasseroberfläche brachte. Dieser riesige Fisch versetzte die drei Männer in solche Begeisterung, daß alle gleichzeitig in das Heck des Bootes traten. Ihr Gewicht und das des 40pferdigen Motors drückte das vor Anker liegende Boot mit dem Heckteil unter Wasser, während sich der angehobene Bug auf dem Felsen festsetzte. Dann wurde das Boot so schnell in die Tiefe gerissen, daß den drei Männern keine Möglichkeit mehr gegeben war, nach den Schwimmwesten zu greifen!

Die Entfernung vom versunkenen Felsen bis zum Inselufer, auf das die Kameraden zuschwammen, betrug etwa 300 Meter. Sie hielten sich dicht beisammen, um sich gegenseitig helfen zu können.

Auf dem halben Wege stöhnte Larry stockend: „Lebt wohl Freunde – grüßt Frau und Kinder – dies ist mein Ende!“ Dann versank sein Gesicht im Wasser. Er war tot!

Jack und Tom brachten, so schnell sie schwimmen konnten, den leblosen Körper des Freundes an Land. Dort gaben sie erst nach einer langen, bangen Stunde die Wiederbelebungsversuche auf. Dann versuchte Jack mit seinem Feuerzeug ein Feuer in Gang zu bringen, doch es mißlang. Der Docht war naß geworden, und Streichhölzer hatte keiner der Männer eingesteckt.

Aus den Ursachen und dem Ablauf dieser Katastrophe ist vieles zu lernen: Es sollen nicht mehr als zwei Personen in einem Boot zusammen jagen oder fischen, gleich wie viele Personen es auch tragen kann. Die Schwimmwesten sollen zumindest irgendwie an der Bekleidung befestigt werden, damit man die Möglichkeit hat, bei einem Unfall noch in sie hineinzuschlüpfen. Ich machte mir dies schon lange zur Regel. Als ich auf demselben See durch Blitzschlag aus meinem Aluminiumboot geschleudert wurde, half mir die am Gürtel angebundene Weste, trotz hohem Wellengang mein Boot wieder zu erreichen!

Ob auf der Jagd oder bei der Fischwaid, ein Aufstehen im Boot bedeutet immer Gefahr und ist eine Rücksichtslosigkeit gegenüber dem Partner. Ganz besonders gefährlich ist das Aufstehen beim Schießen aus einem Boot.

Ich wurde zweimal Zeuge, als ein Boot umschlug, weil die beiden Insassen zu gleicher Zeit aufstanden und in gleicher Richtung auf Wildenten schossen. In einem dieser Fälle konnten beide Jäger nicht schwimmen, wir mußten zur Hilfe eilen. Dies brachte meinen Freund und mich in große Gefahr, da die Männer sich in ihrer Todesangst an uns festklammerten und unsere Bewegungen behinderten. Uns blieb nichts anderes übrig, als den Männern einen derben Kinnhaken zu versetzen, um uns selbst und damit ihnen helfen zu können.

Stiefel müssen sich leicht abstreifen lassen können, also locker um Waden und Füße schließen. Die schweren und eng anliegenden Lederstiefel Larrys waren sicherlich mit eine Ursache dafür, daß er sich beim Schwimmen überanstrengte.

Wer in der Wildnis jagt oder fischt, *muß* stets wasserdicht verpackte Streichhölzer mit sich führen. Nichts ist wichtiger als sie! Ein Lagerfeuer spendet Wärme, nachts Schutz gegen Raubwild und ist das allerbeste Notzeichen, da sein Rauch auf große Entfernung wahrgenommen wird. Ideal sind leere Patronenhülsen, in denen man Streichhölzer wasserdicht mit Wachs verpacken kann. Diese Hölzer müssen sich natürlich an jeder rauhen Fläche entzünden lassen. Streichhölzer sind oft die zuverlässigsten Lebensretter im wilden Busch!

Wer bei kaltem Wetter aus dem Boot fällt oder gezwungenermaßen um sein Leben schwimmen muß, soll sofort, wenn er Land erreicht – noch bevor er ein Feuer anzünden kann –, die nasse Bekleidung ausziehen, ganz gleich welche Lufttemperatur herrscht! So wird er sicherer überleben, als wenn er die nassen Kleider am Körper behält.

Am allerwichtigsten aber ist, bei einem Unfall kühlen Kopf zu bewahren und nicht der Panik zu verfallen. Sehr wahrscheinlich hätte Larry sein Leben behalten, wenn die Männer, anstatt der Insel zuzuschwimmen, den Unterwasserfelsen als Zufluchtsort gewählt hätten. Selbst wenn sie hier knietief im Wasser die Nacht hindurch hätten stehen müssen, so wäre doch vielleicht das Leben dieses Mannes erhalten geblieben! Daran hatte keiner der drei gedacht.

Alles Waidwerk in der kanadischen Wildnis, ob im Osten, Westen oder Norden, ist mit Gefahren verbunden. Wer sich ihrer bewußt ist, bedachtsam handelt und ihnen überlegt begegnet, wird Unfällen vorbeugen oder solche doch überleben. Alle Buscherfahrenheit aber wird nicht helfen, wenn man sich ihrer im geeigneten Augenblick nicht erinnern kann!

Wer noch keine eigenen Erfahrungen sammeln konnte, *muß* sich einen erfahrenen und gewissenhaften Führer suchen, anderenfalls läuft er Gefahr, daß sein Name mit auf die lange Liste derer kommt, die nie mehr aus dem Busch zurückgekehrt sind.

Mit Rücksichtnahme auf die Gefühle der Beteiligten und Angehörigen wählte ich andere Personen- und Ortsnamen.

ACHTZEHNTES KAPITEL

Zwischen Taiga und Arktis

Außergewöhnliche Erlebnisse schenken die Flüge in den hohen Norden bis zur Arktis! Die Tage, die ich dort verleben konnte, waren so wundervoll, daß ich immer wieder in die nördlichen Regionen zurückkehren werde, so lange ich es noch vermag.

Eines Tages machten sich drei Naturfreunde auf die Reise, Earl Mac' Intoch aus den Vereinigten Staaten, Claus Ruty, ein Schweizer als Gast von Earl, und ich. In Moosonee tankte unser Pilot Fred auf und flog uns weiter nach Nordwesten, wo wir im nördlichsten Gürtel der kanadischen Taiga auf dem See Nowashe niedergehen und an seinem Ufer unser erstes Lager aufschlagen wollten.

Der See liegt etwa 65 Meilen westlich der James-Bay, der Südbucht der großen Hudson-Bay, inmitten des erst vor wenigen Jahren begründeten provinzialen „Polar-Baer-Parks" im hohen Norden Ontarios.

Unsere Pläne waren, hier auf dem See und seinem Abfluß in die James-Bay, dem Nowashe-Creek, auf schwere Saiblinge zu fischen und uns dort, wo die Baumbestände der Taiga sich lichten oder verkrüppelt um ihr Dasein ringen, nach allem Wild umzusehen, das hier unter härtesten Daseinsbedingungen überleben kann. Später wollten wir unseren Flug in die Tundra fortsetzen.

Schönheit, Weite und Einsamkeit, die uns umgaben, machten unsere Augen trunken von allem Schauen! Die dichten, uns endlos erscheinenden Wälder der unter uns dahingleitenden Taiga reichten von Horizont zu Horizont. Mehr und mehr veränderte sich dann ihr Charakter. Lichter wurde der Wald, schwächer der Wuchs der Nadelbäume. Stürme und eisige Kälte hatten sie verkrüppeln lassen, so daß sie oftmals wie Gestalten aus einem Märchenland aussahen.

Als der See, dem wir zustrebten, vor uns schimmerte, verringerte Fred die Umdrehungszahl des Propellers und setzte das Flugzeug weich auf den Wasserspiegel auf. Schon des öfteren war der Pilot hier gewesen, so ließ er die Maschine dort auf das Ufer des Festlandes zuschwimmen, wo der See den Fluß speiste, der sein Wasser in die James-Bay leitete.

Wir hatten unser erstes Ziel erreicht. Sofort begannen wir mit der Arbeit, unser Lager einzurichten, schon bald standen Wohn-, Vorrats- und Küchenzelte, und der Rauch des Lagerfeuers stieg dem blauen Himmel eines Sommertages entgegen.

Fred wollte mit dem Flugzeug während der zwei Wochen bei uns bleiben, um nur, wenn nötig, zur Küste der James Bay zu fliegen und neu aufzutanken.

Claus und ich fuhren alsbald das Wildwasser abwärts, um an geeigneten Stellen unsere Kunst im Fliegenfischen zu üben. Wir hofften, daß die Saiblinge unsere Naßfliegen und „Streamer" annehmen würden. Earl und Fred kundschafteten die Umgebung aus und nahmen ihre Kameras mit in der Hoffnung, interessante Aufnahmen machen zu können.

Als Claus und ich vor uns schnelles Wasser erkannten, paddelten wir das Kanu zum Ufer, um von ihm aus zu fischen. Schon bald brach die Wasseroberfläche, und der Schweizer kämpfte mit seinem ersten kanadischen Saibling. Kritisch beobachtete ich seine Fertigkeit und erkannte schon bald, daß hier ein Meister die Fliegenrute handhabte! Endlich schoß der sich heftig wehrende Fisch aus seinem Element und stellte sich uns vor.

Aufs höchste erregt rief der Schweizer: „Schau, schau, da habe ich den Traum meines Anglerlebens am Haken! Hast du schon mal solchen Saibling gesehen?"

Ungläubig sah er mich an, als ich antwortete: „Ja, oft, Fische dieser Größe sind hier nichts Besonderes!"

Als Claus den Saibling in seinem kleinen Kescher hatte, aus dem die breite Schwanzflosse des Salmoniden heraushing, mußte ich dreimal auf die Skala der kleinen Zugwaage sehen und auch dreimal bestätigen, daß der Saibling wirklich sechs Pfund wog! Da sonst niemand in unserer Nähe war, steigerte ich meine Bewunderung so lange, bis sich mein Sprachschatz erschöpfte.

Dann trat auch ich in Aktion, holte einen gleichgroßen Fisch aus der eilig dahingleitenden, kristallklaren Flut und ließ ihn nunmehr von Claus bewundern. Offensichtlich war er über unsere Doublette erstaunt, aber auch ein wenig enttäuscht. Er holte dann den dritten Saibling ans Ufer heran, der ein Jahr jünger war. Damit hatten wir genug Fische für unsere Abendmahlzeit!

Weiter erfolgte Biß auf Biß, und Fisch auf Fisch setzten wir in das türkisblaue Wasser zurück. Gerade wollte ich Claus abrufen, als sich seine lange Fliegenrute wie ein Flitzbogen krümmte. Was dieser nun am Haken hängende Saibling gewogen hat, sollte ein Geheimnis bleiben. Ganz sicher war er aber ein Rekordfisch, denn er zog die Schnur in einer langen und schnellen Flucht bis auf den letzten Millimeter von der Rolle, ohne daß der routinierte Sportsmann ihn abbremsen konnte. Dann knallte es, und die Rolle war leer!

Mit großen, kreisrund geöffneten Augen staunte Claus und rief: „Ja gibt's denn so was! Der hatte ja mindestens seine zehn Pfund!"

Das konnte stimmen; wahrscheinlich aber war der Saibling noch dichter am Weltrekord von 14½ Pfund! Für einen Moment hatte er den Wasserspiegel gebrochen, so daß ich ihn hatte sehen können. Es war schon ein Mordsfisch!

Über diesen „Supersaibling" sollten wir später täglich wenigstens einmal hören, wie schnell er die Schnur in seiner Flucht abgezogen hatte. Vergaß Claus darüber zu sprechen, dann tat es ein anderer: „Wie groß war eigentlich dieser Saibling, hinter dem du mit leerer Rolle so erstaunt hergesehen hattest?"

Als wir zum Lager zurückkehrten, dampfte schon das Teewasser, und wieder einmal machte ich mich daran, den Koch zu spielen. Der ungemein gesellige Freund aus der Schweiz haderte nicht mehr so sehr mit seinem Schicksal und war des Lobes voll, als er den ersten Bissen der in Butter gebratenen Saiblingsfilets kostete. Behende sprang er auf und brachte eine Flasche – Burgunder! Leider fehlten uns die Kristallkelche dafür, doch er mundete uns auch aus den Plastikbechern.

Fred und Earl hatten auf ihrer Pürsch kein Wild gesehen und dennoch jeder einen Film verschossen.

Am nächsten Tag machten sich Earl und Fred mit einem Gummiboot auf den Weg, um sich nach dem Rekordfisch umzusehen. Augenzwinkernd versprachen sie Claus, ihm den Riesensaibling und seine Schnur wieder zu bringen.

Der Schweizer und ich bewaffneten uns mit den Kameras und verschwanden zwischen den Büschen und den vereinzelt stehenden Tannen, um uns nach Wild umzuschauen. Als wir über eine Anhöhe kamen, sahen wir auf etwa 150 Meter zwei Waldcaribous, und zwar Hirsche, vertraut äsen.

Dieses majestätische Wild des hohen Nordens mit seinem reich verzweigten stolzen Kopfschmuck wird bis 350 kg schwer und in der Schulter bis 180 cm hoch. Die Schalen aller Caribouarten – ob Wald- oder Bergcaribou, das im Westen des Landes lebt, und auch die Barrencaribous, die die Tundra durchwandern – lassen sich von denen des anderen Schalenwildes leicht unterscheiden. Kräftig in ihrer Form, zeigen sie abgerundete Spitzen. Caribous sind das einzige Schalenwild Kanadas, bei dem beide Geschlechter Geweihe tragen. Die der Tiere sind aber weit schwächer und nicht so imponierend wie die der Hirsche.

Während die Barrencaribous zwischen Sommer- und Winterweiden riesige Strecken zurücklegen, halten sich Wald- und Bergcaribou in begrenzten Gebieten auf, wo sie zu allen Jahreszeiten ausreichend Äsung finden können. In kleinen Gruppen, oder auch einzeln, durchstreifen sie ihre Reviere.

Die vor uns äsenden Hirsche hatten eine satte braune Haarfarbe. Ihre Träger leuchteten grauweiß, desgleichen auch die Läufe unmittelbar über den Schalen. Ihre Geweihe schwangen weit nach hinten und in aufwärts führendem Bogen hoch über die Träger und zeigten reich vereckte Schaufeln. Von einer der Vorderstangen führte ein vertikal gewachsenes Schild über die Mitte des Kopfes, dem Caribougeweih seine Eigentümlichkeit gebend. Bei starken Hirschen gelten Doppelschilder als begehrte Trophäen.

Claus und ich versuchten, näher an die äsenden Hirsche heranzukommen, und krochen, jede mögliche Deckung ausnutzend, auf sie zu. Beide Hirsche warfen jedoch auf und entschwanden in leichtem, federndem Trollen unseren Blicken. Diese zwei Hirsche waren die ersten Caribous, die ich zu sehen bekam.

Auf dem Rückmarsch zum Lager faßte mich Claus plötzlich am Rockärmel und zog mich neben sich in die Büsche. „Was ist?“ fragte ich ihn leise. Da deutete er auf eine Gruppe von Büschen zu unserer Linken, und ich glaubte zu träumen, als ein Schwarzbär hinter ihnen hervortrat und auf uns zuzog. Ich hatte zwischen dem 53. und 54. Breitengrad nicht erwartet, hier noch Schwarzbären zu begegnen, deshalb war meine Überraschung groß. Weil der Petz weiter direkt auf uns zukam, zupfte diesmal ich Claus am Ärmel und sagte: „Besser ist, wir zeigen uns dem Bären, bevor er zu dicht herankommt!“

Sofort nahm uns der ausgewachsene Jungbär wahr, dessen Gewicht ich auf etwa 120 Pfund schätzte. Er wurde nicht flüchtig, sondern setzte sich auf seine Keulen und äugte uns interessiert an. Wie ich oft schon sah, puffte er seine Lefzen leicht auf, ein Zeichen von Überraschung oder Neugier. Die Entfernung zwischen uns betrug kaum mehr als 25 Meter, so daß wir Aufnahmen machen konnten.

Übrigens war dies der erste Schwarzbär in brauner Farbe, den ich sah. Nun aber zu sagen, daß er ein Braunbär sei, wäre ein biologischer Unsinn. Die Braunbären, die riesigen Grisly, trollen durch Kanadas Nordwestterritorium und durch die Wälder von Alaska.

Ebenso wie bei einem normal gefärbten Schwarzbären leuchtete sein Pelz seidig im Sonnenlicht. Auch hatte er ein weißes Lätzchen vor der Brust wie diese. Als Claus seine Filmkamera laufen ließ, mißfiel ihr Summen offenbar dem Petz. Ruhig wandte er sich ab und verschwand zwischen den Büschen.

Begeistert äußerte sich der gesprächige Schweizer über seine erste Begegnung mit einem Bären in freier Wildbahn, und geduldig hörte ich ihm zu. Wir hatten schon ein gutes Stück Weg zum Lager zurückgelegt, als der braune Buschläufer wieder neben uns erschien und uns neugierig betrachtete.

Er schien sich nicht klar darüber werden zu können, zu welcher Tiergattung wir gehörten. Fast bis zum Lagerplatz folgte er uns seitlich zwischen Büschen. Blieben wir stehen, dann tat er es, liefen wir schneller, beeilte auch er sich, jedoch hielt er dabei stets den gleichen Abstand von etwa 25 bis 30 Metern. Plötzlich hob er den Fang hoch in die Luft, nahm Wittrung und trollte sich davon. Er hatte den Rauch des Lagerfeuers in die Nase bekommen.

Die Freunde erwarteten uns schon mit einem köstlichen Scherz. Ohne eine Miene zu verziehen, überreichte Fred dem Schweizer einen sehr starken Saibling, aus dessen Maul ein Vorfach und eine sauber aufgerollte Schnur hingen, mit den Worten: „Hier ist dein Fisch mit deiner Schnur!“ Staunend stierte Claus auf den kapitalen Fisch. Unser schallendes Gelächter war nicht mehr zu unterdrücken, als der gutgläubige Claus fragte: „Stand er wieder hinter der Kiesbank, die so weit in den Fluß führt?“ Dann erst erkannte er, daß es nicht seine verlorene Fliegenschnur war und daß er geneckt wurde.

Dieser Saibling hatte ein Gewicht von 8½ Pfund und war der erste Fisch, den Fred, der Pilot, in seinem Leben geangelt hatte! Earl hatte für ihn eine seiner Spinnruten zusammengebaut und ihm gezeigt, wie man sie handhabt. Schon einer der ersten Würfe hatte Fred diesen Erfolg gebracht. Darauf hatte Earl ihm die Rute geschenkt, mit der Fred ein Petriheil hatte, das den meisten Sportfischern ein Leben lang versagt bleibt.

Während wir unsere delikate Fischmahlzeit einnahmen, sprang ein goldbraun leuchtender Nerz nur wenige Meter an uns vorbei. Zweimal machte er einen Kegel und musterte uns mit den dunklen Perlen seiner Seher aufmerksam. Ohne Anzeichen von Furcht oder Scheu setzte er seine munteren Sprünge fort. Earl hatte die Gedärme der Saiblinge am Ufer abgelegt, damit die Möwen sich die Leckerbissen holen sollten. Minuten später war der Nerz erschienen. Damit hatten wir einen Freund gewonden, denn fast täglich kam der Nerz wieder, um sich nach Fraß umzusehen, den er auch meist vorfand, soweit die Möwen nicht schon abgeräumt hatten.

Obwohl ich angenommen hatte, daß hier schon das Reich der arktischen Hasen beginnen würde, hoppelten oftmals Schneehasen dicht an unserem Camp vorbei. Die Farbe ihres Sommerbalges war etwas heller als die der weiter südlich lebenden. Auch schienen sie mir kleiner zu sein. Da Schneehasen allgemein vertraut und neugierig sind, wunderte ich mich nicht über ihr Verhalten.

Will man eine gute Porträtaufnahme von ihnen machen, dann sorgt ein scharfer Pfiff dafür, denn sofort bauen sie einen Kegel und setzen sich in die gewünschte Position. Jäger nutzen diesen Trick, um mit dem leichten Kugelkaliber 22 die Hasen zu erlegen.

Wir führten jedoch nur eine einzige Büchse mit, um das Gefühl unserer persönlichen Sicherheit zu heben. Es war nicht vorgesehen, einen Schuß abzufeuern. Wir taten es auch nicht während der nächsten zwei Wochen, denn wer das Vertrauen der Tierwelt im hohen Norden einmal miterlebte, läßt seine Waffe sowieso im Futteral stecken!

Da es am nächsten Tage leicht regnete und uns der Busch zu naß war, um wieder zu pürschen, fuhren wir morgens mit dem leichten Kanu und dem Schlauchboot den Fluß abwärts, um diesmal mit den Spinnruten zu fischen. Uns interessierte hauptsächlich, welche Fischarten außer den Saiblingen hier vertreten waren. Um Unfälle zu vermeiden, fischten wir grundsätzlich von den Ufern aus. Auch führten wir aus Gründen der Gewichtsersparnis keine hohen Wasserstiefel mit, die uns erlaubt hätten, weit in das Wildwasser hineinzuwaten. So verloren wir aber erwartungsgemäß manchen Fisch und einiges Material.

Als ich meine künstlichen Köder tief auf den Boden des Flusses fallenließ und dann Leben in sie brachte, gab es bald einen Ruck in der Rute. Zunächst dachte ich, daß sich der kleine Drilling hinter einem Stein oder Holzstück verfangen hatte. Doch dann wanderte die Schnur stromabwärts und meldete mir einen Fisch an ihrem Ende. Seine langsame und beständige tiefe Flucht ließ mich einen Zander vermuten, und der war es auch! Der Fünfpfünder wehrte sich in dem kalten Wasser heftig. Ich behielt ihn, um eine Abwechslung auf dem Küchenzettel zu haben.

Dann jubelte Claus neben mir auf. Auch er hatte einen Zander am Haken. Eine halbe Stunde verging, bis er den großen Fisch glücklich an Land brachte. Mit 12 Pfund blieb es der schwerste, den wir hier fingen!

Ich weiß nicht, wie viele Zander wir verloren und wie viele wir landeten und wieder freiließen. Ständig lieferten sie uns Zweikämpfe, bis wir schließlich ermüdet abbrachen und beschlossen, noch einige Zeit die Fliegenruten zu schwingen, um die Saiblinge über den Wasserspiegel tanzen zu lassen.

Ich ruhte mich aus und beobachtete die Kameraden. Während ich die Fische ausweidete, die wir für die Küche behalten hatten, schnürte ein geringer Rotfuchs des Weges. Als er mich wahrnahm, verhoffte er für einige Sekunden und drehte seinen hübschen Kopf wie ein Haushund nach rechts und links. Dann lief er eilig auf den Fraß zu, an dem sich die Möwen schreiend zankten, und machte sich über die Gedärme der Fische her. Die Entfernung zwischen uns betrug nicht mehr als etwa 15 Meter.

Der kleine Kerl gefiel mir so gut, daß ich ihm eine Freude machen wollte. Langsam erhob ich mich, ging zum Ufer zurück, und schon bald hatte ich einen Saibling im Drill. Nachdem ich ihn gelandet hatte, war der Rotrock verschwunden. Deshalb legte ich den Fisch an den gleichen Platz, an dem Reineke soeben geschmaust hatte. Natürlich machten sich die immer zankenden Möwen sofort kreischend über den neuen Fraß her. Prompt erschien aber auch mein kleiner Freund, jagte sie weg, griff sich den Saibling und schnürte mit ihm in den Busch. Er war so arglos, so ohne jede Scheu, weil er wahrscheinlich noch nie mit Menschen in Berührung gekommen war. Welch ein wunderreiches Paradies gab es hier noch!

Gegen Abend brach die Wolkendecke auf, und bald beleuchtete die Sonne die romantische Landschaft. Plaudernd vor unseren Zelten am Lagerfeuer sitzend, genossen wir den tiefen Frieden um uns herum.

Ich hatte einmal gelesen, daß Weißwale während der Sommermonate oftmals in dem breiten Wassergürtel zwischen dem Westufer der James-Bay und dem Ostufer der großen Akismiski-Insel zu sehen sind, und schlug vor, am nächsten Tag dorthin einen Flug zu unternehmen. Fred erwiderte, daß ein solcher Anblick eine reine Glücksache sei, doch auch er habe zu Beginn des Sommers dort schon Weißwale gesichtet. So entschlossen wir uns zu diesem Flug.

Wir folgten dem Nowashe-Creek einige Meilen, dann drehte der Pilot auf Südosten, und schon bald lag die Weite der Bay vor unseren Augen. Fred wasserte das Flugzeug in der Mündung des Attawapiskat-Flusses, die genau der Ostspitze der riesigen Insel gegenüberliegt.

Wir hatten tatsächlich großes Glück, denn in der Morgensonne erkannten wir die Wasserfontänen von drei Weißwalen mit Hilfe unserer Jagdgläser. Leider war die Entfernung groß, und aus Mangel an Treibstoff mußten wir darauf verzichten, die weißen Riesen zu überfliegen.

Der Rückweg bescherte uns ein noch erregenderes Bild: Eine Eisbärin mit zwei Jungen trollte am Ufer des Festlandes entlang. Fred brachte sein Flugzeug tief hinunter und überflog die Gruppe nochmals sehr niedrig. Aufmerksam äugten die drei Eisbären zu uns hinauf, ein unvergeßlicher Anblick!

„Eisbären in dieser Jahreszeit hier zu sehen, ist sehr selten", versicherte uns der Pilot. „Bisher war es mir nur ein einziges Mal vergönnt!"

So hatte uns dieser Abstecher weit mehr geschenkt, als wir erwarten konnten, sahen doch Earl, Claus und ich die weißen Pelzträger außerhalb eines zoologischen Gartens zum ersten Male!

Noch zwei Tage pürschten wir in der Umgebung des Lagers und fischten im Fluß. Dann brachen wir die Zelte ab, um irgendwo in der Tundra auf einem geeigneten Wasserbecken zu landen und ein neues Lager aufzuschlagen.

Der Pilot steuerte sein Flugzeug nach Nordwesten. Schon bald hörte jeder Baumwuchs auf, und die Weite der kanadischen Tundra öffnete sich unter uns. Inmitten ihrer farbfreudigen Landschaft lagen kleine Seen wie Edelsteine in der bunten Palette eingebettet.

Wo die Länge eines Gewässers es gestattete, gingen wir nieder. Noch weiter nach Norden zu fliegen, erlaubte der Treibstoffvorrat nicht Zwar. hätte Fred nötigenfalls einen der Häfen der Hudson-Bay anfliegen können, doch die Entfernungen waren sehr groß. So beschieden wir uns.

Wenn wir auch nicht das Glück hatten, eine Herde der Barrencaribous zu sehen, nach denen weiter nördlich zu suchen war, so wurden wir dennoch reich durch diese Landschaft beschenkt.

Erst auf einem späteren Fluge sollte ich Gelegenheit haben, diese Caribouart zu beobachten. Die Tundra mit ihrer üppigen Vegetation von Moosen, Flechten und unzählbaren Blumenarten gibt den beständig wandernden Herden reiche Äsung. Doch nach den ersten kalten Stürmen ziehen die Rentiere zu Hunderten und aber Hunderten nach Süden, um den Winter im Norden der Taiga zu überstehen, wo sie mehr Schutz und auch mehr Äsung finden.

Kleiner als Wald- und Bergcaribou, erreicht diese Art nur eine Schulterhöhe bis 120 cm und ein Gewicht bis 140 kg. Die Farbe der Decke ist wesentlich heller und wird lichter bis fast weiß in den weiter nördlich liegenden Regionen. Ein Wunder der Natur ist es, daß frisch gesetzte Kälber schon nach wenigen Lebensstunden ihren Müttern zu folgen vermögen.

Anfang September beginnt die Brunftzeit, in der die Hirsche um ihre Rechte und um einen Harem bis zu zehn Tieren kämpfen. Schwache Hirsche müssen sich lange Jahre gedulden, bis sie einen älteren Nebenbuhler abkämpfen und Sieger werden können. Ein abgekämpfter Althirsch fällt meist den Wölfen zum Opfer, weil er sich von der Herde absetzt.

Auf den weiten und langen Märschen zur Sommer- oder Winteräsung reißen die starken, bis zu 100 kg schweren Wölfe des hohen Nordens die kranken Stücke und Schwächlinge. Nur kräftigen und gesunden Tieren verbleibt das Recht zu leben. Auch Luchse, Vielfraße und anderes Raubwild folgen dem Zug der Herden und räumen ab, was ihnen die Wölfe übriglassen. Nur noch in der Sonne bleichende Skelette zeigen die Wege an, auf denen die Rentiere wanderten.

Die weit verbreitete Ansicht, daß die im hohen Norden lebenden Wölfe allgemein ein weißes Fell tragen, ist irrig. Alle Farbspielarten sind dort zu beobachten, vom leuchtenden Weiß mit einer gelblichen Tönung, die vom Kragen bis über den Rücken läuft, vom lichten Silbergrau, satten Dunkelgrau und Blau bis zum fast tiefen Schwarz.

Ein flüchtiges Barrencaribou erfolgreich zu hetzen, ist nur einem Rudel von Wölfen möglich, das in zwei Gruppen taktisch zusammen jagt. Eine Rotte bleibt hinter dem Caribou und hetzt es in einem Bogen vor sich her, während die zweite Rotte dem Rentier auf dem kürzeren Weg der Diagonale die Flucht abschneidet. Gelingt es einem der Wölfe, sich an dem Stück festzubeißen, läßt er nicht mehr los, und bald bringt das Rudel das Opfer zu Fall.

Doch die Caribous wissen, daß sie sofort in Gefahr geraten, wenn sie die Herde, in der sie sich gemeinsam der Angreifer erwehren können, verlassen. Dies tun im allgemeinen auch nur die schwachen oder kranken Stücke aus Not.

Wundervoll ist der Wechsel der Farben am Himmelsdom vor und nach den kurzen nordischen Nächten, wenn der Sommer die Tundra in einen großen Blumengarten verwandelt. Für jeden, der es erleben darf, sind es Stunden der Andacht! Wir genossen sie täglich neu!

Während wir eine Abendmahlzeit vor den Zelten einnahmen, bekamen wir reizenden Besuch. Ein kleiner Fuchs des arktischen Nordens näherte sich uns neugierig bis auf wenige Meter und setzte sich vor uns nieder. Seine kurzen, abgerundeten Gehöre und der ebenso geformte Kopf erinnerten mich mehr an einen kleinen Bären als an einen Fuchs. Sein dichter, bräunlicher Sommerbalg und die sehr buschige, etwa 25 cm lange Rute verliehen diesem kleinen Raubtier eine bezaubernde Schönheit.

Wir alle gewannen den Eindruck, daß er zum ersten Male in seinem sicher noch jungen Lebensalter Menschen zu sehen bekam. Minutenlang verhielt er am selben Platz. Earl öffnete seinetwegen eine Dose mit Wurst und legte den Leckerbissen auf einen kleinen Hügel. Währenddessen war der graziöse kleine Kerl nur wenige Schritte zur Seite gesprungen und nahm dann sofort den ihm angebotenen Fraß an. Von nun an hielt sich unser Gast aus der Tundra in der Nähe unseres Lagers auf, wir sahen ihn täglich.

Naht der Winter, dann wechselt der nordische Fuchs seinen bräunlichen Rock gegen einen schneeweißen Winterpelz aus. Seine Verwandten, die noch weiter nördlich in der Arktis leben, behalten auch im Sommer ihren weißen Balg, und einige tragen ihn im lichten Graublau.

Am nächsten Vormittag wurde uns ein besonders interessantes Erlebnis beschert. Eine „Herde“ von arktischen Hasen hoppelte auf nur etwa 40 Metern an uns vorbei. Die 16 Tiere, die wir zählen konnten, hielten sich dicht beisammen. Einer oder auch einige der Hasen sicherten beständig, indem sie einen Kegel bauten, während die übrigen an den Pflanzen der Tundraästen. Sehr drollig war es, wenn die Hasen manchmal auf ihren Hinterläufen sprangen, wie es Kängeruhs zu tun pflegen.

Gerade jetzt erschien auch unser kleiner Fuchs und hielt auf die Gruppe der Hasen zu. Gespannt warteten wir, was sich ereignen würde. Doch es ereignete sich gar nichts! Nicht weiter als wohl 15 Meter entfernt, schnürte der Polarfuchs an der äsenden Hasengruppe vorbei, ohne seine Gangart zu ändern. Auch die Hasen schienen in keiner Weise beunruhigt zu sein.

Unser kleiner Freund holte sich den auf ihn wartenden Leckerbissen ohne die geringste Scheu. Dann begann er, nicht weitab von uns zu mausen. Genauso wie es die Rotfüchse auch tun, sprang er in hohen Sätzen und mit wehender Standarte durch die Luft, wenn er unter sich im Moos oder Blumenmeer Beute witterte oder hörte. Seine Jagd hatte auch Erfolg, denn er erbeutete anscheinend einen der braunen Lemminge, die zahlreich die Tundra bevölkerten.

Wir unterhielten uns darüber, warum der Fuchs nicht versucht hatte, einen Hasen zu erwischen, und kamen zu der einmütigen Ansicht, daß diese bei geringstem Verdacht sicherlich die Flucht ergriffen hätten. Wahrscheinlich hatte dieser junge Fuchs auch schon mehrfach vergeblich versucht, sich einen Tundrahasen zu greifen und solches Bemühen aufgegeben.

Fast täglich sahen wir später weitere Gruppen von Hasen, teilweise in nur geringer Anzahl, aber auch in Herden bis zu 40 Stück! Ihre Sommerfärbung war graubraun, ihre Löffel waren an den Spitzen schwarz gezeichnet, ihre Blumen schneeweiß. Ihre Gewichte schätzte ich auf durchschnittlich 7 bis 8 Pfund, doch mögen auch schwerere unter ihnen gewesen sein.

Eine kleine Gruppe äste nicht weit von unserem Zeltplatz und blieb völlig unbekümmert, als wir uns erhoben und einige Schritte auf sie zugingen. Erst als wir sie fast erreicht hatten, hoppelten sie einige Meter weiter und setzten das Äsen vertraut fort.

Eines Tages streiften wir gemeinsam durch die Weite, als der scharfsichtige Earl uns auf zwei sich weit entfernt bewegende Punkte aufmerksam machte. Wir wanderten weiter auf sie zu, bis ich in meinem Glase ausmachen konnte, daß es zwei Vielfraße waren. Eine Waffe führten wir nicht mit uns, deshalb war ich nicht daran interessiert, diesen großen Mardern zu nahe auf den Pelz zu rücken, denn ich wußte, daß mit ihnen schlecht Kirschenessen ist. Earl und Claus lachten Fred und mich aber wegen unserer Ängstlichkeit und Vorsicht aus. Das einzige, was wir tun konnten, war, die beiden Männer zu warnen, und das taten wir.

Sie ließen sich jedoch nicht belehren und gingen auf die Tiere zu, die, als sie die beiden Menschen wahrnahmen, völlig bewegungslos an ihrem Platz verhielten. Eines dieser „wolverine" war bedeutend stärker, deshalb vermutete ich, daß es sich um eine Mutter mit ihrem Jungen handelte. Noch einmal rief ich den Freunden eine Warnung nach, doch sie gingen weiter auf die Vielfraße zu, die wie bisher regungslos verharrten.

Als die Männer nur noch etwa 30 bis 40 Meter entfernt stehenblieben, kam das stärkere Tier wild knurrend und graulend schnurstracks auf sie zu und zeigte dabei unmißverständlich das starke Gebiß. Zunächst langsam, dann sehr eilig zogen sich die Freunde auf unsere Stellung zurück. Dann trat ein, was ich erwartet hatte. In einem großen Bogen umschlugen uns die Tiere und ließen uns nicht aus den Augen. Es hätte mich nicht überrascht, wenn sie uns angenommen hätten! Jedoch wurden wir nicht belästigt, und die Tiere verschwanden schließlich unseren Blicken. Dies war das einzige Mal, daß ich nach der Büchse griff und sie lud. Diesen Teufeln traute ich nicht!

Der alte Vielfraß mochte etwa 20 kg, das Jungtier 6 bis 7 kg gewogen haben. Die Farbe der Mutter war schwarzbraun, so daß der gelbe Streifen, der von den Schultern seitlich des Körpers bis zum Ansatz der Rute und über diese verlief, besonders kräftig hervorstach. Auch der Kopf war zwischen den kurzen Gehören und den Sehern gelblich gezeichnet. Ihre sehr starke und buschige Rute trug die alte Fähe leicht abfallend. Die Haarfarbe des Jungtieres war hellbraun, nur die der Rute war dunkel.

Über den Leichtsinn von Earl und Claus war ich nicht erbaut und zögerte auch nicht, es auszudrücken. Für beide waren es die ersten Vielfraße, die sie je sahen. Deshalb erklärten Fred und ich ihnen, wie gefährlich diese Raubtiere sein können. Wahrscheinlich hatten sie sich nur zurückgezogen, weil noch zwei andere Figuren, die ihnen fremd erschienen, in der Tundra standen.

Wenn Vielfraße den Mut aufbringen, sich mit Braun- und Eisbären einzulassen, worüber authentische Berichte vorliegen, dann werden sie auch nicht davor zurückschrecken, Menschen anzunehmen, wie es auch mehrfach bekannt wurde.

Offenbar merkte Earl meine Verstimmung, denn schmunzelnd hielt er uns eine Stunde später im Zelt eine Flasche guten Branntweins unter die Augen und bat mit treuherzigem Augenaufschlag um besseres Wetter. Es trat ein, nachdem die Flasche leer geworden war!

Den nächsten Vormittag verbrachten wir noch damit, Farbaufnahmen von der Tundraflora zu machen, dann besprachen wir, wo wir zum dritten und letzten Male ein Lager aufschlagen wollten.

Als ich den Freunden erklärte, daß in den Mündungen der Flüsse Patchepawapoka und Opinnagau, die einige Meilen nördlich des Nowashe-Creek in die James-Bay münden, der rote Lachs der Arktis stehen soll, beschlossen wir, dorthin zu fliegen, da es auch auf dem Rückwege nach Moosonee lag, wo wir auftanken mußten. Fred bestätigte das, was ich lediglich gelesen hatte, und setzte hinzu, daß wir große Möglichkeiten haben würden, abermals Eisbären zu sehen.

Wir brachen das Lager auch deshalb ab, weil unsere Verpflegung knapp wurde und wir Fische fangen mußten, um uns besser ernähren zu können. In dem See, an dessen Ufer unsere Zelte standen, schien nicht ein einziger Fisch zu leben. Was wir auch versucht hatten, alles war erfolglos geblieben.

Wir waren fast mit unserer Arbeit fertig geworden, als ich etwa 150 Meter von uns entfernt zwei starke Wölfe sah, die uns beobachteten. Einer war hellgrau, an Flanken und Unterleib fast weiß, während der zweite ein graues und bläulich schimmerndes Fell trug. Dieser Wolf hatte eine prachtvolle und besonders starke Rute, wodurch er außergewöhnlich groß wirkte.

Die Wölfe äugten uns lange und aufmerksam an und hoben ihren Fang oftmals, um Wittrung zu bekommen. Dann verschwanden sie so heimlich, wie sie gekommen waren, hinter einer Bodensenke. In dieser setzten sie sich ab und kamen uns erst wieder zu Gesicht, als sie etwa eine halbe Meile entfernt waren.

Vor unserem Abflug wollten wir noch Tee trinken. Deshalb lief Earl zum See, um Wasser zu schöpfen. „Was sind das für große Vögel, die dort drüben sitzen?“ rief er bei seiner Rückkehr.

Es waren drei „Willow-Ptarmigan“, Schneehühner der Arktis, die in der Tundra weit verbreitet sind. Ihr sommerliches Federkleid ist an der Brust und auf dem Rücken rostbraun, die Schwingen sind jedoch weiß, und zu ihnen bilden die schwarzen Stoßfedern einen wundervollen Kontrast. Kommt der Winter, dann wechselt das Federkleid in eine schneeweiße Farbe, nur die Stoßfedern bleiben schwarz.

Mit ihnen verwandt sind die „Rock-Ptarmigan“, die Steinhühner der Arktis. Kleiner als die Schneehühner, leben sie im felsigen Norden der

Tundra und in der schneebedeckten Arktis. Ein schwarzer Streifen, der vom Schnabel aus über die Augen verläuft, unterscheidet sie ebenfalls von den Schneehühnern.

Es wird vielleicht interessieren, daß ich Schneehühner in den Jahren mit frühem Winterbeginn rund 1000 Meilen südlich der Baumgrenze schoß, wodurch bewiesen wurde, daß sie in harten Wintern derart weit nach Süden ausweichen.

Schließlich waren wir damit fertig geworden, alle Gerätschaften in der „Beaver" zu verladen. Dieses langsame, aber sehr zuverlässige Buschflugzeug mit seinem starken Motor und seiner Geräumigkeit ist ideal für Flüge in das Nordland.

Fred füllte noch den Tank aus den Reservekanistern auf, dann begann der Motor zu heulen. Dieser Lärm erschreckte den kleinen Fuchs, den wir so lieb gewonnen hatten, sehr. Entsetzt schleuderte er sich in die Luft und verschwand, wie eine Feder über der Erde schwebend, hinter der nächsten Bodenwelle.

In einem Goldbad glühte die Tundra unter uns. Die Abendsonne ließ das reiche Blumenmeer in hundertfältigen Farben leuchten, und die Schönwetterwolken spiegelten sich in den kleinen, kristallklaren Seen. Schweigsam nahmen wir diese Schönheit in uns auf. Uns fiel der Abschied schwer!

Fred steuerte nach Südosten, und die Schatten waren schon lang geworden, als wir die Küste erreichten. Über ihrem Westufer weiter nach Süden fliegend, sahen wir weit draußen im Meer einige Weißwale, deren Fontänen uns auf sie aufmerksam gemacht hatten.

Schließlich tauchten unter uns die Mündungen des Patchepawapoka-Flusses und des Nowashe-Creek auf, die dicht nebeneinanderliegen. Zunächst gedachten wir, auf der Spitze der Landzunge, die zwischen den Mündungen beider Gewässer liegt, unser Lager aufzuschlagen, um die Bucht der James-Bay übersehen und beiderseits der Landenge in den Strommündungen fischen zu können. Fred äußerte aber Bedenken. Bei steifem Ostwind würde hier nicht genügend Windschutz für das wertvolle Flugzeug gegeben sein. Darum kreiste er, um einen besser geeigneten Lagerplatz zu erkunden. Wir fanden einen solchen am Südufer des Patchepawapoka-Flusses, und Fred zog eine große Schleife hinaus über das offene Wasser, um gegen den Südwestwind vor der Flußmündung einschweben zu können.

Fast hatte die Maschine den Wasserspiegel erreicht, als Fred Vollgas gab und sie wieder hochzog. Erschreckt rief er uns zu: „Das konnte leicht schiefgehen!" Im allerletzten Moment hatte er unter sich zwei Jungwale erkannt, deren noch graue Farbe mit der des Wassers verschmolz.

Fred erklärte uns, daß Weißwale auch in die Ströme eindringen, wenn genügend Wassertiefe gegeben ist. Vor allem Jungwale halten sich gern in ihnen auf, weil sie hier vor den Raubwalen sicherer sind. Diese Augenblicke waren die gefährlichsten auf dieser Nordlandexpedition, und wir konnten an Freds Gesichtsausdruck sehen, daß er sich sehr entsetzt hatte.

Dann nahm uns das breite Mündungsbecken des Flusses auf. Langsam zog der Propeller das Buschflugzeug stromaufwärts, und sein Motorengeräusch brachte unzählige Wildenten und Kanadagänse hoch, in deren Brutparadies wir eingedrungen waren.

Hier sahen wir auch einige „Old Squaw", Enten der Arktis. Sie sind merkwürdig häßlich und müssen lange auf dem Wasserspiegel anlaufen, bis sie genügend Luft unter die Schwingen bekommen. Wir beobachteten, daß sie sich nach nur wenigen Metern Flug erneut im Dauerlauf zu üben schienen. Ein drolliges Bild! Die Paare der Kanadagänse strichen bald wieder zurück, um bei ihren Nistplätzen einzufallen.

Der aus der Vogelschau eingesehene Lagerplatz erwies sich nach der Landung als sehr gut. Büsche gaben uns guten Windschutz, und auf einem sandigen Ufer konnten die Pontons gefahrlos auflaufen.

Wir hatten seit dem Abflug in der Tundra nichts mehr gegessen, unsere Mägen meldeten sich knurrend. Darum baten mich die Kameraden, den Spinner für ein Abendessen zu werfen, während sie das Lager einrichten und die Zelte aufstellen wollten. Ich wählte einen kleinen Spinner, der mit Federn bunt umkleidet war. Sein Gewicht erlaubte weite Würfe mit einer besonders leichten Rute und einer Spinnschnur von fünf Pfund Reißfestigkeit. Eine halbe Stunde blieb ich ohne Anbiß, wahrscheinlich, weil ich den Köder zu tief sinken ließ. So änderte ich meine Taktik und ließ den Spinner etwa einen Meter unter der Wasseroberfläche spielen. Gleich bekam ich Arbeit! Die feine Rute stand regelrecht kopf, als der Fisch abzog, den Wasserspiegel brach und sich als Saibling vorstellte. In dem tiefen Wasser hatte er keine Chance, unseren Zweikampf zu gewinnen, ich brachte den fast vierpfündigen Fisch leicht ein. Ein zweiter Saibling von 6½ Pfund folgte schnell hinterher.

Oberhalb der Bucht sah ich eine steinige Bank in den Fluß hineinragen, hinter der sich das Wasser im Strudel drehte. Dort erwartete ich schwere Fische und watete im Wasser am Ufer entlang zu dieser Stelle. Schon bei dem ersten Wurf hatte ich einen ungemein harten Anbiß. Als der Fisch den Haken spürte, schoß er hinaus in den Fluß, so daß ich große Mühe hatte, seine Flucht abzufangen. Dabei hatte er mir viel Schnur abgezogen, die ich eilig einholen mußte, als er auf mich zukam. Ich ahnte, daß ich den ersten roten Lachs am Ende der Schnur hatte, denn seine Kampfmethode war mir fremd. Oftmals tief tauchend, kam er blitzschnell wieder hoch und schoß unmittelbar unter der Wasseroberfläche entlang, so daß ich ihn erkennen konnte. Nicht ein einziges Mal überrollte er sich, endlich ermüdend, schlug er wild mit dem Fächer, daß das Wasser schäumte. Nun sah ich, daß es tatsächlich ein roter Lachs der Arktis war! Nach etwa 20 Minuten harten Kampfes brachte ich den acht Pfund schweren Fisch an Land.

Die Freunde hatten indessen ihre Arbeit unterbrochen und den Zweikampf in allen Phasen verfolgt. Earl verlor dabei seine Wette mit Claus, denn er hatte behauptet, daß ich diesen stark kämpfenden Fisch mit der feinen Rute und „Minirolle“ niemals würde einbringen können.

Als Makler an Geschäftemachen gewöhnt, fragte er Claus schmunzelnd: „Was ist dir lieber, die Fünfdollarnote oder ein guter Schluck?“

Der gutmütige Claus zürnte: „Du Scheusal hast doch nicht etwa noch eine gute Flasche, die du uns so lange vorenthalten hast?“

Unter großem Hallo zog Earl eine Pulle mit Weinbrand aus seiner Ledertasche und rief: „Freunde, es ist eine Kunst hauszuhalten!“ Damit öffnete er die Flasche und ließ das einzige Schnapsglas herumgehen, das er mitgenommen hatte. „Solch guter Tropfen schmeckt eben nicht aus Aluminium oder Plastik“, meinte er und hatte damit ohne Zweifel recht.

Der ausgezeichnete Schluck auf den leeren Magen brachte uns in ausgelassene Stimmung. Still wurden wir erst, als wir die Fischfilets am späten Abend verspeisten. Die in dem reinen und kühlen Wasser gefangenen Saiblinge waren schon eine wahre Delikatesse, wurden jedoch vom roten Lachs weit überboten. Seine Filets waren das köstlichste, das unsere Zungen je geschmeckt hatten!

Am nächsten Morgen fragte mich Fred, ob ich ihm einen der Spinner geben könnte, mit dem ich meinen ersten roten Lachs gefangen hätte. Ich führte so viele mit, daß ich allen Freunden einen solchen geben konnte.

Dann hatte es ausgerechnet der Mann, der noch vor kurzer Zeit behauptet hatte, Fische nur in der Bratpfanne und auf dem Teller zu schätzen, am eiligsten, an den Platz zu kommen, wo ich den roten Salmoniden fing. Gespannt beobachteten wir ihn, doch es erfolgte kein Anbiß.

„Du läßt den Spinner zu tief sinken", rief ich ihm zu. „Halte ihn etwa einen Yard unter Wasser und bewege ihn in kurzen Rucken, so wie ein kleiner Fisch in der Flucht schwimmt!"

Er hob seinen Arm zum Zeichen, daß er mich verstanden hatte, und der nächste Wurf brachte den ersten Anbiß. Mit wahrem Vergnügen sahen wir zu, wie der schwere Fisch Fred zu schaffen machte. Doch keiner von uns erhob sich, um dem noch unerfahrenen Petrijünger zu helfen. Dann knallte es, und die Schnur war gerissen!

Ich brachte Fred einen neuen Spinner und kontrollierte seine Rolle. Ihre Bremse war zu stark angezogen, so daß die Kupplung nicht arbeiten konnte. Deshalb war es nicht verwunderlich, daß er den Fisch verloren hatte.

Mit dem dritten Wurf hatte Fred den nächsten Lachs am Haken und holte in nach genau 24 Minuten langem Kampf auf den Ufersand!

Um Fred nicht an seinem Platz zu behindern, brachten wir Schlauchboot und Kanu zu Wasser und fischten hinter den Bänken, die in den Fluß führten. Jedoch keiner der roten Lachse war hier schwerer als 3 oder 4 Pfund! Hinter der Bank, auf der Fred stand, schien ein besonders tiefes Loch zu sein, in dem schwere Fische standen.

Darum drifteten wir stromabwärts, um hier unser Heil zu versuchen. Während des Treibens schleppte ich unbewußt den Spinner hinter dem Kanu her. Da brach hinter mir der Wasserspiegel, und nun begann der härteste Kampf, den ich mit einem Fisch auf dieser Reise erlebte. Er währte 30 Minuten und brachte einen roten Lachs von fast 10 Pfund in das Boot, von dem aus ich ihm die Freiheit wiedergab. Die drei- und vierpfündigen Fische behielten wir ihres feineren Geschmacks wegen für unsere Mahlzeiten.

Schließlich müde geworden von dem Spinnerwerfen und dem Einholen der Saiblinge und roten Lachse, fuhren wir mit den Booten an den Ufern des Flusses entlang und hielten unsere Augen offen. Alles, was der hohe Norden an Wasserflugwild hat, zeigte er uns hier. Wir sahen viele Vögel, die wir nicht ansprechen konnten, deshalb bedauerte ich sehr, meinen ornithologischen Führer nicht mitgenommen zu haben. In Erstaunen setzten uns auch die vielen Vogelarten, die den Busch bevölkerten. Es zirpte, sang und zwitscherte überall. Vor allem waren Meisenarten hier zu sehen, und Freund „Whisky-Jack“, der elegante Dieb der Taiga, besuchte uns oftmals. Völlig vertraut, ließ er sich auf unsere Schultern oder Hände nieder und klaute, was er stehlen konnte!

Er wirkt sehr elegant in seinem hellgrauen Frack mit der lichten Weste und der schwarzen Brille. Das ebenso schwarze Priesterkäppchen verleiht ihm einen würdevollen Ausdruck, der bei seiner offenbar angeborenen Sucht zu stehlen den perfektesten Hochstapler abgibt.

Earl stibitzte er den Verschluß der letzten Weinbrandflasche, wofür wir ihm aufrichtig dankten, denn damit war der haushälterische Geiz des geschäftlich erfolgreichen Amerikaners überwunden!

Auch vor diesem Lagerplatz stellten sich Besucher ein, die vom Kreischen der Möwen angelockt wurden. Die Tiere der Wildnis verstanden offenbar die Sprache untereinander! Mehrmals besuchte uns ein sehr starker Baummarder und tat sich an den Eingeweiden der Fische gütlich. Oft sahen wir hier Nerze, die ohne jede Scheu dicht an uns vorbeisprangen und immer auf Suche nach Beute waren. Ihre Haarfarbe variierte sehr, teilweise war sie schokoladenbraun, teilweise lichtbraun mit silbrig schimmernden Spitzen der Grannenhaare. Hochwild bekamen wir hier nicht zu sehen, soviel wir uns auch umsahen.

Allzu bald kam der letzte Tag, an dem wir uns auf die Heimreise begeben mußten. Er stieg wolkenlos aus der Taufe, und bald glühte die wundersame Natur wieder in der Goldflut des Sonnenlichtes.

Fred flog noch eine Schleife über der Mündung des Flusses und hielt dann auf Moosonee zu, wo wir mit fast leerem Tank wasserten.

In Cochrane schüttelten wir vier Freunde uns die Hände mit dem Versprechen, bei dem nächsten Flug die Hochgebirgswelt zu erkunden.

NEUNZEHNTES KAPITEL

DER STOLZE WAPITI

Dieser majestätische Hirsch war einstmals über den nord- und mittelamerikanischen Kontinent weit verbreitet. Jetzt aber sind größere Bestände in Kanada nur noch in den Provinzen Alberta, Saskatchewan und Manitoba vorhanden. In der Provinz British-Columbia vermehrten sich die Restbestände in den letzten zwei Dekaden wieder, und in die Provinz Ontario ist versuchsweise ein Bestand aus anderen Gegenden verpflanzt worden. Auch hier scheinen sich die damit verknüpften Hoffnungen zu erfüllen.

In den Vereinigten Staaten von Amerika blieben gleichfalls große Wapitibestände erhalten, und zwar in den Staaten Montana, Wyoming und Colorado.

In Kanada wachen die lokalen Jagdbehörden darüber, daß die Bestände nicht nur erhalten bleiben, sondern sich wieder vermehren, und diese Bemühungen sind von großem Erfolg begleitet. Schonzeiten für bestimmte Gebiete und Beschränkungen in der Ausgabe spezieller Jagdscheine auf dieses edle Hochwild gewährleisten seine Erhaltung für die Zukunft.

So können Jäger nicht erwarten, überall ohne weiteres einen Abschußschein zu erhalten, jedoch werden die Behörden stets bestrebt sein, eine Gelegenheit zur Jagd auf den stolzen Wapiti zu ermöglichen, wenn auch oftmals nicht in einem Gebiet, in dem man gleichzeitig auch auf anderes Wild waidwerken kann.

In der Provinz Ontario wird die Jagd auf den Wapiti bis auf weiteres nicht freigegeben. Notwendige Hegeabschüsse werden hier nur von ausgewählten Personen vorgenommen.

Den edlen Recken in seiner stolzen Haltung und mit seinem oftmals imponierenden Geweih zu sehen, bleibt ein unvergeßliches Bild! Starke Hirsche erreichen ein Gewicht bis 500 kg und eine Schulterhöhe bis 150 cm. Die Haarfarbe des Trägers ist tiefbraun, sehr oft dunkel wie

Nußbaumholz. Dazu tragen die Hirsche eine auffallende Mähne, die ihre majestätische Erscheinung noch unterstreicht. Typisch ist bei dem Wapiti der gelb-weiße oder auch grau-weiße Spiegel, der den hellen Wedel herzförmig umkränzt. Die Läufe sind tiefbraun bis schwarz gezeichnet und verstärken den Kontrast der Haarfarben. Im Winter ist das Haar der Decke sehr lang und läßt den Wapiti dann noch wuchtiger erscheinen.

Die sich Anfang April neu entwickelnden Geweihe erreichen im September ihre volle Stärke. Ein Zwölfender wird hier „Royal Stag“, ein Vierzehnender „Imperial Stag“ genannt. Ich sah Geweihe, die ich auf eine Länge von fast 200 cm und auf eine Auslage von 110 cm schätzte. Der Stangenumfang ist oft enorm.

Während das Sehvermögen des Weißwedelhirsches schlecht ist, ist das des Wapiti vorzüglich. Er nimmt die kleinste Bewegung wahr. Ebenso gut ausgeprägt sind sein Wittrungsvermögen und sein Gehör. Es gehören also viel Erfahrung und ausgezeichnete Beherrschung des Körpers dazu, einen Wapiti mit Erfolg anzupürschen.

Die Menge seiner Feinde hält die Sinne dieses Hochwildes geschärft. Wölfe, Bären und Raubkatzen stellen ihm nach. Selbst der Luchs springt den Wapiti gelegentlich an und versucht, ihn nach einem wilden Ritt zu reißen. Doch beide Geschlechter des Wapiti wissen sich erfolgreich mit ihren harten und scharfen Schalen zu verteidigen und erteilen mit ihnen zielsichere und oft tödliche Schläge. An einen wehrhaften Hirsch wagt sich das Raubwild nur selten heran; denn er ist selbst für einen Bären ein vollwertiger Gegner!

Mir wurde erzählt, daß bei einem flüchtenden Wapiti eine Geschwindigkeit von 50 km pro Stunde abgestoppt wurde. Selbst konnte ich dies nicht ermitteln, jedoch sah ich einmal zwei Wapiti einen Windbruch hochflüchtig überfliehen und stellte dessen Höhe mit 235 cm fest!

Der Brunftschrei des Wapitihirsches ist längst nicht so imposant wie der unseres heimischen Rothirsches. In der Brunftzeit sind die Hirsche oft sehr schlecht gelaunt und angriffslustig. Als wir eine Autofahrt durch Südmanitoba unternahmen, erprobte ein Brunfthirsch seine Stärke am Kühler unseres parkenden Wagens, während wir auf einer Rastbank einen Imbiß einnahmen. Nachdem er die Frontverkleidung des Autos ruiniert hatte, brachte der schlecht gelaunte Recke uns selbst in den Laufschritt!

Die Anfang Juni gesetzten Kälber folgen schon bald der Mutter und beginnen bereits nach wenigen Tagen zu äsen.

Erst in den letzten Jahren hatte ich Gelegenheit, an einer Jagd auf Wapiti teilzunehmen. Mein Führer war ein sehr erfolgreicher und erfahrener Jäger, in dessen Heim ich einige prachtvolle Wapitigeweihe bewundert hatte.

Am Tag unserer Abfahrt war das Wetter nach vorausgegangenem ersten Frost nochmals umgeschlagen. Es war so warm geworden, daß wir während der Fahrt alle Fenster des Autos geöffnet hielten. Auch am folgenden Tage, an dem wir unser Ziel erreichten, brannte die Sonne erbarmungslos vom wolkenlosen Himmel. Kein Lüftchen erfrischte uns. Das Laub war schon gefallen und bot keinen Schatten.

Sobald das Lager eingerichtet worden war, machten wir uns auf, um das vorgesehene Jagdgebiet abzulaufen und nach dem begehrten Wild Umschau zu halten. Ich verwende das Wort „ablaufen", da ich nicht weiß, wie ich mich besser ausdrücken könnte. So will ich zu beschreiben versuchen, wie eine solche „Pürsch" im kanadischen Busch vor sich geht:

In dem beständigen Bestreben, sein Gleichgewicht zu erhalten, tastet man mit den Füßen vorwärts. Zwar helfen die Augen, den möglichst leichtesten Weg im Gewirre dieser Wildnis zu finden, doch Trugschlüsse lassen sich damit nicht ausschalten und stellen Fallen. Windbrüche, Fallholz und Massen von totem Astwerk liegen überall, wo man sich auch hinwendet. Wo es nicht liegt, stolpert man über Felsen, oder man muß einen verzweifelten Kampf gegen Unterwuchs, Buschwerk und Schlingpflanzen aufnehmen, oder man bricht knietief oder auch einmal bis zur Hüfte in morsches, verfaultes Holz, Laub und Nadelwerk ein. Steile Hänge über tiefen Tälern erschweren das Vorwärtskommen, und Sümpfe, Wildwasser und Flüsse erzwingen, daß man entweder große Umwege machen muß oder bis auf die Haut durchnäßt wird.

Man „arbeitet" sich eine Strecke voran, bis sich eine Gelegenheit bietet, einen größeren Ausschnitt der Landschaft mit dem Glase sorgfältig abzuleuchten. Ohne solche „Erholungspause" ließe sich eine Pürsch im Urwald kaum aushalten. Die Suche durch das Glas muß sehr konzentriert geschehen, wenn man Jagderfolg haben will. Sie nimmt stets längere Zeit in Anspruch.

Fiel Schnee, dann wird solche Pürsch zu einer doppelten Strapaze, bis er hoch genug liegt, um Schneeschuhe verwenden zu können. Der ungewohnte, breitbeinige Gang überanstrengt alle Muskeln des Körpers grausam, bis man sich daran gewöhnt hat. Dies dauert mindestens drei Tage.

Ich wüßte keinen Sport, der alle Gliedmaßen und Muskeln so intensiv beansprucht, wie eine Pürsch durch kanadischen Busch!

Um Wild, das man sucht, sehen zu können, muß man bei dieser strapazenvollen Buschwanderung auch noch versuchen, sich so leise wie möglich zu bewegen. Solches Bemühen stellt weitere Höchstansprüche an den Jäger. Jedoch im Laufe der Jahre lernt man es, sich erstaunlich geräuschlos zu bewegen, und so wachsen mit den Jahren auch die Erfolge. Wer sich diesem langwierigen Training nicht unterwerfen will, wird kaum auf einer Pürsch Wild zu sehen bekommen!

Darum müssen Jäger, die in dieser Wildnis erfolgreich waidwerken wollen, aus kernigem Holz geschnitzt sein und eine gute Portion Willensstärke mitbringen!

Am späten Nachmittag des ersten Jagdtages hatten wir eine Anhöhe erklettert, wo wir uns niederlegten, um ein unter uns liegendes Tal und seinen Gegenhang mit dem Glas abzusuchen. Nach geraumer Weile entdeckten wir auf mehr als 200 Meter einen starken Wapiti auf einer felsigen, offenen Platte. Um ihn gegen den Wind anzupürschen, hätten wir einen weiten Bogen schlagen müssen. Mein Führer mahnte zum Aufbruch, doch ich streikte. Um 17 Jahre jünger als ich, hatte er meinen Körperkräften schon allzuviel zugemutet. Völlig erschöpft trug ich Bedenken, ob ich den Weg zurück zum Lager dann noch würde bewältigen können. Mein Begleiter war sichtlich verstimmt, doch mein Widerstand zwang ihn zum Rückzug.

Am nächsten Morgen rüttelte mein Führer mich schon wach, als es noch stockfinster war. Nach dem Frühstück, das er vorbereitet hatte, machten wir uns bei erstem Dämmerlicht wieder auf den Weg, ich mit steifen Beinen. Überall spürte ich Schmerzen, gleich ob ich saß, gebückt oder aufrecht marschierte. Nach einer halben Stunde des Kampfes mit den Hindernissen des Urwaldes fühlte ich mich besser und frischer.

Sehr überraschte es mich, daß mein Führer denselben Weg einzuhalten schien, auf dem wir uns am Vortage durchgerungen hatten. Dieses Orientierungsvermögen imponierte mir sehr. Genau am gleichen Platz angekommen, von dem aus wir den starken Hirsch gesehen hatten, suchten wir eine Stunde lang das Gelände mit den Gläsern ab, Busch für Busch, Lichtung für Lichtung, Senke für Senke, jedoch vergeblich.

Da der Wind noch aus der gleichen Richtung wehte, umschlugen wir den Hang, an dem wir den Wapiti gesehen hatten, und arbeiteten uns eine Meile entfernt an ihm wieder hinauf. Sehr langsam und jeden Schritt prüfend pürschten wir uns vor, bis sich unter uns eine Mulde öffnete, in der wir die freie, felsige Platte wieder erkannten. Nun setzten wir uns nieder und leuchteten die Umgebung ab. Schon nach wenigen Minuten stieß mich mein Führer an und wies auf eine Lichtung, in der der Hirsch breit auf etwa 80 Meter stand!

Anstatt mir schnell aus meiner Jagdjoppe eine Auflage zu schaffen, vertraute ich meiner altgewohnten Schießkunst, ging drauf und – schoß vorbei! Der Hirsch flüchtete so schnell, daß ich keine zweite Kugel mehr anbringen konnte.

Mein Führer schneuzte sich hörbar die Nase, und aus Verlegenheit tat ich das gleiche. Der Weg zum Lager wurde schweigend zurückgelegt.

Wäre der Wapiti erst zwei oder drei Stunden später unter uns in das Blickfeld gekommen, dann hätte ich — von den Strapazen des weiten Weges inzwischen wieder erholt — ihn wahrscheinlich nicht gefehlt! Daß ich Dianas große Gunst nicht genutzt hatte, war verständlich aber ärgerlich, denn dieser Hirsch trug Stangen von ungewöhnlicher Stärke und mit vielen gleichförmigen Enden.

So erfüllte sich bis heute mein Wunschtraum, eine starke Wapititrophäe heimzubringen, nicht, aber ich fühle, daß er dennoch einmal Wirklichkeit werden wird!

ZWANZIGSTES KAPITEL

Panik im brennenden Urwald

Während eines ungewöhnlich heißen und trockenen Herbstes jagten und fischten mein Freund Bob und ich in dem besonders seenreichen Nordwesten Ontarios. Zweieinhalb Monate war hier nicht ein Tropfen Regen gefallen, und die Hitze war so groß, daß wir täglich voller Sehnsucht den kühlen Abend erwarteten. So oft wir auch ein Bad nahmen, es brachte nur für wenige Augenblicke Erfrischung. Auf den Spitzen unserer Ohren und Nasen hatten sich dicke Blasen durch Sonnenbrand gebildet, und auch unsere Augenlider hatten sich entzündet. Die Haut auf unseren Armen und Händen war versengt. Die Blätter der Laubbäume und Büsche trugen nicht den sonst so leuchtenden Herbstschmuck, sondern hingen welk und vertrocknet an den Zweigen herab, ein deprimierendes Bild!

Nur wenig Wild sahen wir, denn apathisch hielt es sich in schattenspendenden Dickungen auf. Die Elche standen in den heißesten Mittagsstunden bis zur Schulter im Wasser des Sees, das lauwarm war.

Selten biß ein Fisch an, und auch dann nur zaghaft und unlustig. Nachts hatten wir aber einige Erfolge, so daß wir uns ausreichend ernähren konnten. Wir hatten die weite Fahrt unternommen, um die Landschaft der nordwestlichen Provinz, in der wir wohnen, kennenzulernen und hier auf Haselhühner und Wasserflugwild zu jagen und zu fischen. Die Erbauung und Lebensfreude, die wir suchten, konnten wir jedoch nicht finden.

Selbst die Vogelwelt hielt sich heimlich. Enten gingen erst hoch, wenn man unmittelbar vor ihnen stand, und nicht anders verhielten sich die Haselhühner. Schließlich wurde uns die Hitze unerträglich, und Bob und ich beschlossen, am nächsten Tage heimzufahren.

Als wir morgens aus dem Zelt traten, erfrischte uns jedoch ein angenehmer Wind, der kräftig aus Osten blies. Die Wellen des Sees zeigten leichte Schaumköpfe. Schleierartige Windwolken zogen eilig am Himmel dahin, und die Sonne hatte einen weißlichen Schein, der auf einen baldigen Wetterumschlag hindeutete. Darum beschlossen wir, unsere Abfahrt auf einen späteren Tag zu verlegen. Schließlich hatten wir fast 2000 Kilometer zurückgelegt, um dieses uns noch fremde Paradies für Jäger und Fischer kennenzulernen.

Der Wind wurde gegen Mittag kräftiger. Dunkle Wolken zeigten sich im Osten. Während wir etwa eine Viertelmeile vom Ostufer entfernt fischten, wurde der See weiß, und unser Boot schaukelte kräftig, so daß wir die Schwimmwesten anlegten.

Als wir unter dem Ufer Windschutz suchten, nahmen meine Augen eine Bewegung am Rande des sehr dichten Urwaldes wahr. Ein Elchtier und zwei halbwüchsige Kälber traten dort aus und trollten eilig in das Wasser des Sees. Zu unserem Erstaunen rannen sie nach Westen und hielten auf die Insel zu, auf der wir unser Lager errichtet hatten. Sie lag schätzungsweise eine halbe Meile vom Ostufer entfernt.

Während wir die drei seitlich von uns vor dem Winde rinnenden Tiere beobachteten, hoben Bob und ich gleichzeitig erschreckt unsere Nasen, und im selben Augenblick sahen wir im Osten dunkle Rauchwolken aufsteigen, die schnell auf uns zuwehten. Urwald und Busch brannten! Unfaßbar schnell wurde der Rauch dichter und nahm eine fast schwarze Farbe an, während sich der Himmel über uns verdunkelte. Bob und ich sahen uns besorgt an.

Wer je in diesem Lande einen Waldbrand miterlebte, weiß, wie rasend schnell er sich ausbreitet. Bei dem Wind, wie er an diesem Tage blies, würden die Feuerschlangen so schnell durch Urwald und Busch jagen, daß ein Entrinnen kaum möglich wäre. Zudem sahen wir bei dieser Trokkenheit eine Katastrophe auf uns zukommen!

Der starke Teergehalt der Birkenrinde läßt Waldbrände hier so gefährlich sein. Selbst nach tagelangem Regen nimmt diese Rinde sofort das Feuer eines Streichholzes an, wodurch es bei Nässe leicht ist, ein Lagerfeuer in Gang zu bringen. Bei solcher Trockenheit aber wirkt die Rinde wie Zündstoff!

Schon nach wenigen Minuten konnten wir erkennen, daß der Brand sich zu einem Inferno entwickelte. Dichter grauschwarzer Qualm quoll durch den Busch, und pechschwarze Wolken ließen den Tag fast zur Nacht werden. Schon spürten wir die sengende Glut im Gesicht! Schnell mußten wir eine Entscheidung treffen, wie und wo wir uns in Sicherheit bringen konnten.

Bob und ich studierten zunächst hastig den Verlauf der Ufer des Sees und seine Breiten auf einer Karte. Mit dem Kompaß stellten wir genau die Windrichtung fest, er kam aus ONO.

Der See war etwa 35 Meilen lang, aber im Norden, wo wir meinen Wagen bei einem Jagdcamp an einem Buschweg stehengelassen hatten, betrug die Breite des Sees im Durchschnitt nur eine halbe bis eine Meile. Erst 15 Meilen weiter südlich weitete der See sich nach Westen aus und erreichte schließlich im Süden die größte Breite, die ich auf der Karte mit etwa 5½ Meilen ablesen konnte. Von der Insel, die unser Lager barg, bis zum Westufer breiteten sich ungefähr drei Meilen Wasserfläche aus.

Also mußten wir nach Südwesten fahren, um den größten Abstand von dem Feuer zu gewinnen. Sollte dieses um die Südspitze des Sees herumlaufen, dann würde die größte Brandhitze von Osten her schon über uns hinweggezogen sein, und wir konnten unbehelligt nach der Seemitte ausweichen.

Wie sich der riesige Brand nach Norden und Süden ausbreitete, erschien es uns wahrscheinlich, daß das Jagdcamp mit erfaßt werden würde. Seinem Eigentümer hatte ich, wie ich es meist tat, mein Scheckbuch, die größeren Geldnoten und die Autoschlüssel anvertraut, letztere mit der Bitte, die Fenster des Wagens zu schließen, falls es Regen geben sollte. So war ich um die Sicherheit des Autos nicht beunruhigt. Im Gegenteil, die Menschen würden sicher auch den schweren, geräumigen Tourenwagen mitverwenden, um wichtigstes Hab und Gut vor dem Feuer zu retten, wenn es das Camp erfassen sollte.

Die Hitze und der Funkenflug mahnten uns zur höchsten Eile, unsere Insel zu erreichen, das Zelt abzubrechen und alle Geräte und Waffen in das Boot zu bringen. Qualm und Rauch waren inzwischen so dick und undurchsichtig geworden, daß wir kaum weiter als 20 Meter sehen konnten. So brauchten wir fast eine halbe Stunde, bis wir die kleine Insel fanden. Ohne Kreiselkompaß, Handkompaß und Karte wäre es uns nicht mehr möglich gewesen!

Ich erwähne dies, damit man versteht, wie wichtig diese Ausrüstungsgegenstände sind! In der kanadischen Wildnis sind sie einfach unerläßlich. Der Handkompaß soll so konstruiert sein, daß man ihn auch für einwandfreie Navigation verwenden kann. Für Märsche durch den Busch ist richtige Verwendung des Kompasses oft entscheidend für Überleben oder Tod! Aber Kompaßlesen muß auch verstanden sein!

An der Insel angelangt, waren wir überzeugt, daß der enorme Funkenflug sie bald in Flammen setzen würde. Rücksichtslos schnitten wir die Haltetaue von den Pflöcken, die das Zelt unter Spannung hielten. In allergrößter Eile brachten wir unser Hab und Gut zum Boot. Damit fertig geworden, sahen wir uns noch einmal um, ob wir nichts vergessen hatten. Da fielen unsere Blicke auf ein Bild, das uns erschütterte! Nur wenige Meter seitlich von uns stand die Elchmutter über den am Erdboden ruhenden Kälbern. Ab und zu senkte sie den Kopf und berührte sie mit dem Äser liebkosend. Dann windete sie wieder in Richtung des Riesenfeuers, ohne von uns Kenntnis zu nehmen.

Als ich meinen Freund ansah, waren seine Augen feucht geworden, und auch mir würgte es im Halse. Ob die Kraft der halbwüchsigen Kälber ausreichen würde, das rettende Westufer rinnend zu erreichen?

Als wir uns mit dem Boot abgesetzt hatten, sahen wir, wie die Elchmutter die Kälber vor sich her in das Wasser des Sees schob. Wir überlegten hin und her, ob wir den Tieren helfen könnten, doch dies hätte ihre Panik nur vergrößert.

Weil ich mich auf die Beobachtung des Kreiselkompasses konzentrierte, erschrak ich regelrecht, als Bob aufschrie: „Paß auf, stopp!" Unmittelbar vor uns rann ein großer Schwarzbär nach Westen. Kräftig holte er mit den Vorderpranten aus und machte gute Fahrt. Wir wichen ihm aus. Er würde sicherlich das andere Ufer erreichen!

Bevor wir das südwestliche Ufer des Sees erreichten, sahen wir noch einmal einen guten Schwimmer. Diesmal war es wieder ein Elchtier, das mit hoher Bugwelle vor der Brust in gleichmäßigen und starken Bewegungen der Rettung entgegenrann. In keiner einzigen Stunde meines die Natur liebenden Lebens hatte ich mich mit ihren Geschöpfen so innig verbunden gefühlt wie in dieser. Ich bangte um ihr Leben, wie ich um Menschen bangen würde, die ich im Herzen trage. Bob empfand ebenso!

Als wir das Boot auf dem Ufersand auflaufen ließen, konnten wir nur noch 20 bis 25 Meter weit die Umgebung erkennen. Haut und Augen brannten uns, als ob Feuer sie berührt hätte, und das Atmen fiel uns schwer. Die Flugasche fiel so dicht, daß unsere ganze Bekleidung mit ihr bedeckt war. Mehr und mehr spürten wir den Sog, den der riesige Waldbrand verursachte. Kleine Wirbelwinde sausten gespensterhaft an uns vorbei.

Wir befeuchteten die Plane des Zeltes und bauten uns mit ihm einen primitiven Schutz, hinter den wir uns ermattet niederlegten. Doch die nun folgenden, dramatischsten Erlebnisse, die ich je in diesem Lande hatte, ließen uns nicht zur Ruhe kommen. Unmittelbar neben uns, rechts und links, sahen wir nach und nach folgende Tiere das Westufer erreichen:

Einen starken Schwarzbären, zwei halbwüchsige Jungbären, einen jungen, etwa dreijährigen Elchhirsch, ein einzelnes Elchtier und ein führendes Elchtier mit Kalb sowie einen Rotfuchs. Dabei war, wohlbemerkt, unsere Sicht nicht weiter als etwa 25 Meter!

Bei dem starken Bären konnte es sich um denselben gehandelt haben, auf den unser Boot fast aufgelaufen wäre. Dieser Petz war völlig erschöpft und legte sich sogleich schwer atmend auf dem Ufersand nieder. Erst viele Minuten später erhob er sich, äugte uns sekundenlang ruhig an und schlich dann langsamen Schrittes in den Busch. Im Gegensatz zu ihm waren die Jungbären erstaunlich frisch, denn sofort, nachdem sie aus dem Wasser gestiegen waren, trollten sie eilig weiter nach Westen. Die größte Überraschung für uns war aber, daß auch das Elchkalb nicht ermüdet zu sein schien und auf Land der Mutter sogleich in ruhigem, sicherem Troll folgte. Der Fuchs dagegen war offenbar am Ende seiner Kraft. Schwankend schnürte er langsam in die hinter uns liegenden Büsche.

Ob es nun der Zufall gewollt hatte, daß so viele Tiere am gleichen Platz das Westufer erreichten, oder ob eine noch größere Anzahl sich ungesehen von uns in Sicherheit gebracht hatte, blieb ungeklärt.

Als es zu dunkeln begann, lag über dem Ostufer des Sees rote Glut, die den Qualm und den Rauch geisterhaft beleuchtete. Nach einer Weile hatten wir den Eindruck, daß die Rauchschwaden sich lichteten. Jedoch, der Brand hatte sich weit nach Norden und Süden ausgeweitet. Sollte er südlich um den See herum kommen, würden wir unseren Platz bald verlassen müssen.

Wenige Minuten vor Mitternacht ließ ein Donnerschlag Bob und mich hochfahren. Dann öffnete der Himmel seine Schleusen! Dem Inferno folgte ein schweres Gewitter!

Bob und ich sprangen auf die Füße und umarmten uns lachend und laut schreiend. Freude und Erschütterung übermannten uns. Die Flut, die nun vom Himmel stürzte, empfanden wir als eine Erlösung, nie zuvor oder später sind uns Kühle und Nässe so willkommen gewesen!

Gottlob goß es bis zum nächsten Nachmittag ununterbrochen, so daß der kräftige Regen die Feuersbrunst schnell erstickte.

Plötzlich flog ein Wasserflugzeug auf uns zu. Als wir beide die Arme hoben und winkten, schaukelte der Pilot mit den Tragflächen und setzte dann in großer Schleife zum Wassern an. Beamte des „Department of Lands- and Forests" kletterten aus der gelben Maschine und schüttelten uns die Hände als wären wir alte Freunde. Der Eigentümer des Jagdcamps hatte gemeldet, daß wir auf dem See waren, und besorgt hatten die beiden Beamten nach uns Ausschau gehalten.

Von ihnen hörten wir, daß das Jagdcamp erhalten geblieben war. Eine Kolonne von Männern hatte mit Motorsägen breite Schneisen ausgeschnitten, und schnell eingesetzte Raupenschlepper hatten die Gassen von allem Holz und Busch freigemacht. Auch mein Wagen war für Transporte benutzt und dabei ein wenig beschädigt worden. Die Beulen erwiesen sich später als unwesentlich. Eine Stunde saßen wir beisammen und sprachen uns über die dramatischen Erlebnisse aus.

Als wir am nächsten Tage am Ostufer des Sees entlangwanderten, schwelte es noch in einer verkohlten, traurigen Landschaft, die bei unserer Ankunft herrlicher Urwald gewesen war. Tief hatte sich die Glut in den Humus hineingefressen, so daß es noch Tage dauern würde, bis jede Gefahr vorüber war. Der Anblick war trostlos!

Bob und ich fanden eine winzige Insel, die der Feuersturm verschont hatte. Hier richteten wir uns wieder ein, um Kräfte für die Heimfahrt zu sammeln. Im Austausch unserer Gedanken flogen die Stunden dahin.

Wir hatten erkannt, daß Urwald und Busch auch verödet und ohne Leben sein können, und daß wir alle danach streben müssen, die Natur und ihre Schätze zu bewahren.

Wir empfanden in diesen Stunden, daß wir bescheidener in unseren Wünschen werden müssen, und daß es unsere vornehmste Aufgabe sein muß, überall die Tierwelt zu schützen!

Besonders alle, die das ehrenvolle Recht haben, eine Jagdwaffe zu führen oder eine Angelrute zu schwingen, müssen mit den Gaben der Natur haushalten, um Kindern und Kindeskindern zu erhalten, was uns gegenwärtig Lebensfreude und Erholung schenkt.

Die heranwachsende Jugend hat hier besonders große Aufgaben, die zu erfüllen nicht leicht sein wird! Was ihre Großväter und Väter aus Mangel an Voraussicht, durch Gleichgültigkeit und auch durch Rücksichtslosigkeit versäumten und der kommenden Generation als ein schlechtes Erbe hinterließen, muß die Jugend bessern und teilweise schon neu aufbauen. Sonst wird der Tag kommen, an dem ein Glas klares Wasser kostbar geworden ist. Und wie würde die Welt aussehen und wie einsam würde es in Wald und Flur werden, wenn nur der Mensch allein darin noch leben würde?

EINUNDZWANZIGSTES KAPITEL

Wintersnot

Während ich das letzte Kapitel zu schreiben begann, lag der Norden des Landes im eisigen Griff des Winters. Nur hundert Meilen nördlich der Metropole Toronto herrschte eine Kälte von 33 Graden Celsius. Dort, wo Earl, Claus, Fred und ich voneinander Abschied genommen hatten, meldete der Wetterbericht 40 Grad Kälte. Einhundertfünfzig Meilen weiter nördlich fiel die Quecksilbersäule in dieser Nacht auf 46 Grad unter Null, und die Wetterstation Moosonee an der James-Bay notierte 51 Grad unter dem Gefrierpunkt!

Daß das Wild in diesen extremen Temperaturen und den Unbilden der wechselhaften Witterung den Winter überleben kann, muß uns als ein Wunder erscheinen. Die Winterkälte hält allerdings grausame Ernte unter der Tierwelt und zehntet oftmals ihre Bestände. Nur starke, gesunde Stücke können überleben, die schwachen dagegen erhalten durch ihren Tod das Leben des Raubwildes. So geht im Kreislauf der Natur nichts ungenutzt verloren!

Mit größtem Interesse habe ich mich in den rückliegenden Jahren auch während der Winter aufgemacht, um zu erkunden, wie und warum die Tiere die eisigen Winter überleben können. Die Äsung ist knapp und meist auch sehr schwierig zu finden, weil große Schneefälle, Eisregen und Vereisung die Aufnahme tage- und wochenlang fast unmöglich machen. Obendrein ist das Leben der pflanzenfressenden Tiere jetzt durch die Menge des Raubwildes ständig gefährdet.

Das Niederwild hat es noch am leichtesten, die Winter zu überstehen. Die Schneehasen graben sich tief unter hohem Schnee ihre Laufgänge zu Zedern, Balsamtannen, Weichhölzern und Büschen, wo sie an Rinden, Knospen und vertrockneten Halmen genug Nahrung finden. Vor allem die zarten kleinen Knospen der Büsche versorgen die Hasen mit den wichtigsten Nährstoffen, die die Funktionen des Körpers lebensstark erhalten.

Die größere Gefahr für die Löffelmänner sind nicht Winterkälte oder

Schnee, sondern Nerze, Marder, Wiesel und anderes Raubwild, die sie in ihren Verstecken aufstöbern. Auch Vielfraße, Wölfe und Füchse folgen den frischen, wittrungsträchtigen Spuren der Hasen, wenn sie sich bei sonnigem Wetter auf der Schneedecke tummeln, und nachts schwebt der Tod aus den Lüften als lautloser Schatten auf sie zu, und die nadelscharfen Griffe der Eulen bringen das Ende.

So werden auch die Reihen der Schneehasen stark gelichtet. Meist bleiben aber genug am Leben, um sich im Sommer wieder reichlich vermehren zu können. Doch Eisregen, zu schnelle Schneeschmelze und das damit verbundene Hochwasser können ihren Besatz bis auf wenige Tiere vernichten. So wird schon im Winter bestimmt, ob das Raubwild, das vorwiegend von den Hasen lebt, den kommenden Sommer in großer oder kleiner Zahl überstehen kann. Auch nach aufgetretenen Seuchen der Hasen nimmt alles Raubwild rapide ab, und erst nach mehreren Jahren sieht man die Spuren aller dieser Tierarten wieder häufiger.

Die Biber leben geschützt unter dem dicken Eis der Seen und Flüsse, aber auch sie sind nicht gefahrlos geborgen! Extrem lange Winter lassen die Zweige, die die Biber für ihre winterliche Nahrung unter dem Eis horteten, knapp werden und schließlich ausgehen. Die Knüppel, mit denen sie ihre Burgen erbauten, trocknen aus und verlieren alle Nährkräfte, und die noch verbliebenen Unterwasserpflanzen reichen dann nicht aus, um die vielen Mäuler einer Biberfamilie zu sättigen.

Zu lange bleiben diese Nager oftmals Gefangene unter dem dicken Eis, und viele von ihnen sterben vor Hunger, bevor endlich die Eis- und Schneeschmelze kommt. Tritt sie aber zu plötzlich ein, dann ertrinken in meilenweiten Gebieten die Biber, weil sich die Wohnräume in ihren Burgen mit Wasser füllen. Es fließt durch die Schlupf- und Luftlöcher hinein, während das noch dicke Eis dem wachsenden Wasserdruck standhält. Oder das Hochwasser überflutet die Burgen der Biber bei Ausgang des Winters und nimmt den sichersten Schutz vor dem Raubwild, dem sie nun leichter zum Opfer fallen.

Die Haselhühner der Mischwälder und die Waldhühner der Nadelwälder verbringen die Winter im Geäst der Bäume, deren Knospen, Samen und Beeren sie reichlich ernähren. Die dicht benadelten Zedern und Tannen schützen sie vor Kälte und Wind, nicht aber vor Baummarder, Nerz, Luchs und Wildkatze. Auch Greifvögel lichten ihre Reihen.

In großer Kälte plustern sie ihr Federkleid auf und rücken auf den

Schlafästen dicht aufeinander, um sich gegenseitig zu wärmen. Bis zu sieben Vögel sah ich dicht nebeneinander sitzen und neugierig oder erstaunt zu mir hinabäugen.

Die in den Mischwäldern lebenden Weißwedelhirsche lassen sich in windgeschützten Dickungen, Senken und engen Tälern einschneien und pflegen regelmäßig zu diesen Plätzen zurückzukehren, wie es mir der Verlauf ihrer Wechsel oftmals verriet, denn ich fand winterliche Lagerplätze, wo mit Sicherheit mehrere Tiere zusammen Schutz und Deckung gesucht und sich gegenseitig warmgehalten hatten.

Da die grimmigen Winter schwaches Weißwedelwild verenden lassen, finden Wölfe und Raubkatzen reichlich Fraß, wodurch sie weniger gezwungen werden, gesunde Stücke zu hetzen und zu reißen.

Weißwedelwild, das sich einschneien ließ, wird dann erst hoch, wenn man unmittelbar vor ihm steht. Plötzlich explodiert der Schnee, und in einem riesigen Satz überflieht das Wild mit hochgestelltem Wedel den nächsten Busch, um wie ein Schemen den Blicken zu entschwinden. Kaum ein besserer Platz bietet sich als der im Windschatten eines dichten Windbruches, hinter dem sich schnell eine Schneewehe bildet. Sie gewährt dem Weißwedelwild besten Schutz, und hier läßt es die Jäger nahe an sich vorbeilaufen.

Die Zahl der Weißwedelhirsche, die in eisiger Kälte erfrieren, ist groß, weit größer als die Zahl der von Raubwild gerissenen Stücke. Niemand füttert Schalenwild in diesem Lande, es sei denn, ein Buschfarmer drückt beide Augen zu, wenn sein Heustadel immer kleiner wird. Das Wild muß mit dem vorliebnehmen, was die in Eis und Schnee erstarrte Natur ihm bieten kann. Dennoch bleibt das Weißwedelwild in großen Beständen erhalten.

Die urigen Elche schlagen sich zusammen, um die Winter überleben zu können, vor allem aber um das Leben der Kälber zu erhalten. Die Hirsche und Alttiere nehmen sie in ihre Mitte, um sie warmzuhalten und gegen die Rudel der Wölfe zu beschützen. Mag eine Wolfsrotte noch so stark sein, sie wird kaum Gelegenheit finden, eines der gesunden Jungtiere zu reißen. Schwache und kranke Stücke, ob alt oder jung, werden jedoch von den Alttieren und Hirschen aus ihrem Schutzkreis gedrängt und den Wölfen überliefert. Das Gesetz der Natur fordert eine solche Auslese zur Erhaltung lebensstarken Wildes.

Die gesunden Elche überstehen die Härten der Winter allerdings unter großen Entbehrungen. Solange die Schneedecke nicht vereist, finden sie ausreichende Äsung; bei Vereisung und Eisregen aber kann eine große Notzeit für sie anbrechen.

Dort, wo das urige Wild sich zusammenschlägt, tritt es durch beständiges Wandern im Kreise den Schnee nieder, einmal um auf diese Weise einen tiefliegenden Kessel zu schaffen, der sie vor eisigen Winden und gierigen Wölfen schützt, zum anderen um sich durch Bewegung warmzuhalten. Von diesen Kesseln aus treiben die Elche breite Trampelpfade in Urwald und Busch hinein, um nach Äsung zu suchen. Nicht ein Halm bleibt hier übrig. Die Rinde der Balsamtannen und der Weichhölzer schälen die Elche ab, so weit sie reichen können, und in großer Notzeit äsen sie sogar an den Zweigen der Nadelhölzer.

So beginnt eine harte Zeit für alle Kreaturen, wenn der erste Blizzard heulend einen neuen Winter ankündet. Erst viele Monate später, wenn endlich das Rauschen und Gurgeln der Schmelzwasser in den Wildbächen, Flüssen und Strömen und das fröhliche Honken der heimkehrenden Wildgänse einen neuen Frühling ankünden, werden alle Geschöpfe der Wildnis von den Härten der langen, eisigen Zeit erlöst.

In Staunen und Verwunderung erkennen wir dann im Jubel des Lenzes, daß tausendfältiges Leben erhalten geblieben ist und unser Auge, Herz und Gemüt erfreut! –

Während ich dies schreibe, regiert aber noch der Winter, liegen Urwald und Busch noch verschüttet unter Lasten von Schnee und die Ströme und Bäche gefangen unter dem dicken Panzer des Eises. Doch meine Gedanken sind frei, schweifen zurück zu allen Zeiten des Jahres und verweilen bei den vielfältigen Abenteuern, die die Wildnis mir schenkte. Meine Betrachtungen wandern zurück zum ersten Elchwild, das ich sah, zu dem Timberwolf, der mir Schrecken einjagte, zu meinem getreuen Waidgesell „Seppel" und dem Waschbären „Coony", deren Freundschaft mein Herz erwärmte. Ich sehe wieder den Tiger-Musky aus dem „Lauten Wasser" schnellen, den alten Buschläufer auf einen Fisch warten und den kleinen Polarfuchs Lemminge fangen. Mein dankbares Erinnern verweilt bei den Freunden und Waidgesellen, und wenn mein Blick auf die Schaufeln meines Traumelches fällt, sehe ich wieder das geheimnisvolle Glühen des Washiamakasees – das Licht der Ewigkeit!

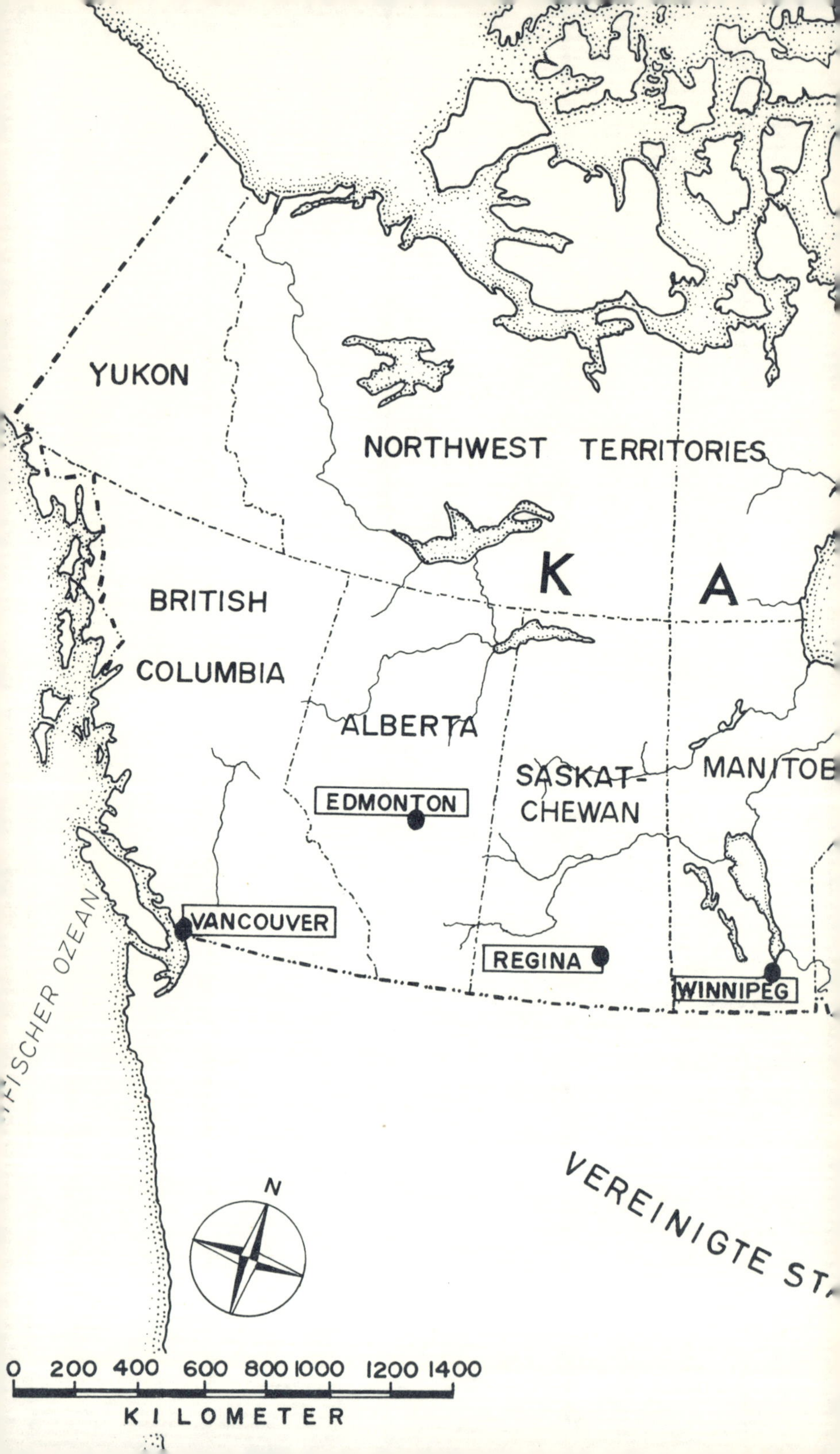
YUKON
NORTHWEST TERRITORIES
K A
BRITISH
COLUMBIA
ALBERTA
SASKAT-
CHEWAN
MANITOB
EDMONTON
VANCOUVER
REGINA
WINNIPEG
FISCHER OZEAN
VEREINIGTE ST
N
0 200 400 600 800 1000 1200 1400
KILOMETER